权威·前沿·原创

皮书系列为
“十二五”“十三五”国家重点图书出版规划项目

BLUE BOOK

智库成果出版与传播平台

中国社会科学院创新工程学术出版资助项目

法治蓝皮书
BLUE BOOK OF RULE OF LAW

中国法治发展报告 No.18（2020）

ANNUAL REPORT ON RULE OF LAW IN CHINA No.18 (2020)

中国社会科学院法学研究所
主　　编 / 陈　甦　田　禾
执行主编 / 吕艳滨
副 主 编 / 王小梅

社会科学文献出版社
SOCIAL SCIENCES ACADEMIC PRESS (CHINA)

图书在版编目(CIP)数据

中国法治发展报告. No.18，2020 / 陈甦，田禾主编
. -- 北京：社会科学文献出版社，2020.5
（法治蓝皮书）
ISBN 978-7-5201-6682-9

Ⅰ. ①中… Ⅱ. ①陈… ②田… Ⅲ. ①社会主义法制
- 研究报告 - 中国 - 2020 Ⅳ. ①D920.0

中国版本图书馆CIP数据核字（2020）第079797号

法治蓝皮书

中国法治发展报告No.18（2020）

主　　编 / 陈　甦　田　禾
执行主编 / 吕艳滨
副 主 编 / 王小梅

出 版 人 / 谢寿光
组稿编辑 / 曹长香
责任编辑 / 曹长香

出　　版 / 社会科学文献出版社 · 联合出版中心（010）59367162
地址：北京市北三环中路甲29号院华龙大厦　邮编：100029
网址：www.ssap.com.cn
发　　行 / 市场营销中心（010）59367081　59367083
印　　装 / 三河市东方印刷有限公司

规　　格 / 开　本：787mm × 1092mm　1/16
印　张：22.5　字　数：334千字
版　　次 / 2020年5月第1版　2020年5月第1次印刷
书　　号 / ISBN 978-7-5201-6682-9
定　　价 / 128. 00元

田　禾　田纯才　田昕昕　代玲玲　冯迎迎
吕艳滨　任天华　任　蕾　刘小妹　刘洪岩
刘雁鹏　刘智群　齐　仪　闫涵承　米晓敏
祁建建　李士局　李　元　李玉东　李红平
来雅娜　吴　峻　何欧阳　宋君杰　张文广
张亚军　张忠利　张　强　张　蕾　张　鹏
陆麒元　陈　文　陈占炜　陈军生　范登殿
林　嘉　林潇潇　岳小花　周　圆　孟　涛
胡昌明　洪　梅　姚　佳　栗燕杰　夏小雄
顾晨瀚　柴金鸽　候素枝　徐　卉　高长见
郭楚滢　梁　琪　彭镜聿　窦海阳　翟国强
戴瑞君

官方微博　@法治蓝皮书（新浪）

官方微信　法治蓝皮书（lawbluebook）　法治指数（lawindex）

官方小程序　法治指数（lawindex）

主要编撰者简介

主　编　陈　甦

中国社会科学院学部委员，法学研究所所长、研究员。

主要研究领域：民商法、经济法。

主　编　田　禾

中国社会科学院国家法治指数研究中心主任，法学研究所研究员。

主要研究领域：刑法学、司法制度、实证法学。

执行主编　吕艳滨

中国社会科学院法学研究所法治国情调研室主任，研究员。

主要研究领域：行政法、信息法、实证法学。

副主编　王小梅

中国社会科学院法学研究所法治国情调研室副主任，副研究员。

主要研究领域：行政法与行政诉讼法、传媒信息法、司法制度。

摘　要

2020年度“法治蓝皮书”《中国法治发展报告No.18（2020）》全面总结了2019年中国立法、法治政府、民商经济法治、刑事法治、社会法治等的发展状况，对2019年中国人权保障、犯罪形势、司法改革、证券市场、营商环境、互联网平台用工、5G时代法律准备等进行了专题分析，系统梳理了新中国宪法和社会法七十年的发展成就，并对2020年中国法治发展形势进行了预测。

2020年度“法治蓝皮书”继续推出系列法治指数评估报告。中国社会科学院法学研究所法治指数创新工程项目组以门户网站为依托，通过网站观察、电话验证等方法，继续对全国254家政府机关的政府透明度、94家法院的司法透明度、82家检察院的检务透明度、36家公安机关的警务透明度和10家海事法院的海事司法透明度进行了指数评估，客观呈现了中国公权力运行的公开成效，聚焦深层次问题，并提出完善建议。

2020年度“法治蓝皮书”推出多篇法治国情调研报告，对司法治理的珠海实践、党建统领下的衢州社会治理、余杭基层治理进行了全方位的梳理、分析，对其经验进行了总结。

目　录

Ⅰ　总报告

Ⅱ　专题报告

Ⅲ 新中国法治七十年

Ⅳ 法治指数

Ⅴ 法治国情调研

皮书数据库阅读**使用指南**

总报告

General Report

B.1

2019年中国法治发展与2020年形势预测

中国社会科学院法学研究所法治指数创新工程项目组*

摘　要：2019年，中国在法治建设和发展中，坚持和完善党对依法治国的领导，科学民主立法、回应社会需求，推进依法行政、建设法治政府，加强民商经济法治、优化营商环境，完善刑事法治、保障司法人权，深化司法改革、维护公平正义，加强民生保障、共建法治社会与美丽中国，取得了更全面更辉煌的伟大成就，为决胜

* 项目组负责人：田禾，中国社会科学院国家法治指数研究中心主任，法学研究所研究员；吕艳滨，中国社会科学院法学研究所研究员、法治国情调研室主任。项目组成员：马可、王小梅、王天玉、王祎茗、王雅凤、田纯才、任蕾、刘洪岩、刘雁鹏、刘智群、齐仪、李士局、来雅娜、张忠利、张鹏、张蕾、陆麒元、陈文、林潇潇、岳小花、胡昌明、栗燕杰、夏小雄、顾晨瀚、候素枝、徐卉、高长见、郭楚滢、窦海阳（按姓氏笔画排序）。执笔人：王小梅、王祎茗、田禾、吕艳滨、刘雁鹏、胡昌明、栗燕杰（按姓氏笔画排序）。

全面建成小康社会打下了坚实的法治基础。2020 年，面对疫情压力和国内外严峻形势，中国应压实各地依法治理责任，加强重点领域立法，严格依法行政，全面深化司法体制改革，加强市域社会治理，建设更高水平的平安中国。

关键词：法治　重大行政决策　依法行政　司法　营商环境

2019 年是中华人民共和国成立七十周年、澳门回归二十周年，也是全面建成小康社会、实现第一个百年奋斗目标的关键之年。十九届四中全会提出，“坚持和完善中国特色社会主义制度、推进国家治理体系和治理能力现代化”，表明执政党对社会政治发展规律有了新的认识，标志着从技术治国向制度治国的理念转变。2019 年，中国继续全面深化改革，在行政审批制度改革、执法体制改革、司法体制改革等方面持续发力；推动法治中国、法治政府和法治社会一体建设，在政府法治、民商法治、刑事法治以及社会环境法治等方面成效显著，营商环境优化取得明显成效。2019 年，中国也面临经济下行、贸易摩擦等空前严峻复杂的国内国际环境，全球风险点明显增多、世界格局加速裂变调整。

一　坚持和完善党对依法治国的领导

（一）加强党对全面依法治国的领导

全面依法治国是一项长期的系统工程，也是一场深刻的社会革命，迫切需要党中央加强统筹协调。2018 年成立的中央全面依法治国委员会作为党中央决策议事协调机构，其使命就是加强党对全面依法治国的集中统一领导，统筹推进全面依法治国工作。

2019 年 2 月，中央全面依法治国委员会第二次会议召开，强调要完善法治建设规划，提高立法工作质量和效率，保障和服务改革发展，营造和谐稳定的社会环境，加强涉外法治建设，为推进改革发展稳定工作营造良好的法治环境。会议审议通过了《中央全面依法治国委员会2019年工作要点》《2019年中央党内法规制定计划》《全国人大常委会 2019 年立法工作计划》《国务院2019 年立法工作计划》《关于开展法治政府建设示范创建活动的意见》《关于全面推进海南法治建设、支持海南全面深化改革开放的意见》《重大行政决策程序暂行条例（草案）》等文件稿。

为加强党对法治政府建设的集中统一领导，充分发挥督察工作对法治政府建设与责任落实的督促推动作用，2019 年 5 月，中共中央办公厅、国务院办公厅印发《法治政府建设与责任落实督察工作规定》，明确中央全面依法治国委员会办公室组织负责督察各省（自治区、直辖市）和国务院各部门法治政府建设与责任落实情况。中央全面依法治国委员会办公室及甘肃、河南、内蒙古、山西、广东等地相继启动法治政府建设督察，督促推动各地法治政府建设与责任落实。

2019 年 5 月，中央全面依法治国委员会办公室印发了《关于开展法治政府建设示范创建活动的意见》，明确全国范围的法治政府建设示范创建活动作为各地区各部门找差距、补短板、激发内生动力的重要引领，不断把法治政府建设向纵深推进。

针对全国法院 2016 年至 2018 年用两到三年基本解决执行难取得的成效，中央全面依法治国委员会发布了 2019 年一号文件，即《关于加强综合治理从源头切实解决执行难问题的意见》，以进一步促进各地区各有关部门重视、支持和保障执行工作，充分发挥综合治理、源头治理对执行工作的重要推动作用，确保完成党中央提出的“切实解决执行难”目标任务。

中国的法治建设必须依靠地方的有效落实。各省、自治区、直辖市积极响应中央号召，组建省（自治区、直辖市）党委全面依法治省（区、市）委员会，并召开会议、开展活动，推进当地法治建设。

按照中央全面依法治国委员会要求，各地党委全面依法治省（区、市）委员会应建立立法协调小组、执法协调小组、司法协调小组和守法普法小组，以及法治督察组、调研组等。调研发现，各地反应迅速，既全面落实又重点突出。例如，北京、内蒙古、上海、江苏、湖北、贵州、云南、甘肃和青海等9个省（自治区、直辖市）的立法协调小组协调当地人大常委会制订本地的年度法规立法计划，协调地方政府建设法治政府、制订政府规章的年度立法计划；北京、辽宁、上海、江苏、浙江、海南、四川和云南等8个省份执法协调小组联合政府监督政府法治实施情况，促进政府依法行政；重庆、云南、宁夏等地的司法协调小组主要负责在司法领域与法院、检察院、公安机关、司法行政部门等职能部门进行协调，切实维护司法公正；北京、天津、辽宁、上海、江苏、浙江、山东、湖北、广东、四川、云南、陕西、甘肃和青海等14个省份守法普法协调小组负责引导公民守法和各部门普法中的“谁执法、谁普法”落实责任制。各地委员会及其下属机构开展的具体法治活动范围广，主要涉及法治示范创建活动、宪法宣传周、食品药品监管等领域的督察、优化营商环境、保护民营经济等。

各地党委全面依法治省（自治区、直辖市）委员会及其办公室为落实中央全面依法治国的各项部署，立足当地实际情况，注重推进当地法治建设的制度完善和机制建设、协调立法执法司法工作，加强法治文化建设，充分体现和落实党对全面依法治国的领导。

（二）推动新时代党内法规制度建设

党的十八大以来，中央高度重视全面从严治党、依规治党，十八届四中全会提出“形成完善的党内法规体系”，十九届四中全会强调“加快形成完善的党内法规体系”。2012年以来，中共中央采取一系列有力举措推进党内法规制度建设，先后制定和修订了180多部中央党内法规，出台了一批标志性、关键性、基础性法规制度，总体上实现了有规可依。2019年，中共中央根据最新的发展形势，对部分制度进行修订，并颁布出台新的党内法规执行制度文件，推动新时代党内法规制度建设与完善。

2019年8月，为提高党内法规制定质量，构建系统完备、科学规范、运行有效的制度体系，中共中央对《中国共产党党内法规制定条例》进行修订，通过明确党内法规制定主体、事项、权限，健全制定工作的程序和保障机制，以提升党内法规制度体系的系统性集成性。

2019 年 8 月，在系统总结备案审查工作经验的基础上，中共中央对《中国共产党党内法规和规范性文件备案审查规定》进行了修订，就备案审查的基本原则、职责任务、工作要求等作了更为详细的规定。针对党内法规执行过程中存在的问题，2019 年 9 月，中共中央发布《中国共产党党内法规执行责任制规定（试行）》，落实党内法规执行责任制，进一步明确各级各类党组织和党员领导干部的“执规”责任，力图从根本上破解党内法规“执行难”问题。

上述三部党内法规构成中国共产党立规、执规的“规矩”，各地区各部门党委（党组）部署开展多种形式的学习“规矩”活动，以树立和提升规范治党的理念和意识。

（三）提升全面从严治党法治化水平

2019 年 9 月，中共中央根据新的形势、任务和要求对《中国共产党问责条例》进行修订，聚焦管党治党政治责任，坚持严字当头，针对实践中出现的问责不力、泛化简单化等问题，着力提高党的问责工作的政治性、精准性、实效性。

条例颁布后，各省（自治区、直辖市）党委对辖区内学习贯彻条例进行了安排部署，各级纪检监察机关开展学习条例活动，将新的制度贯彻执行到日常的纪检监察工作中。有不少地方的纪检监察机关将学习宣传和贯彻执行条例情况纳入巡视巡察和派驻监督重点，作为全面从严治党主体责任和监督责任检查考核、述责述廉的重要内容。

（四）强化党对编制工作的集中领导

为落实党管机构编制原则，2019 年 8 月，中共中央印发《中国共产党机构编制工作条例》，强化党对机构编制工作的集中统一领导，推进新时代机构编制法定化建设，提升机构编制工作水平。中央组织部、中央机构编制委员会办公室会同有关部门负责统筹协调、督促指导条例的实施。

二　科学民主立法、回应社会需求

（一）用立法保障和巩固改革成果

全面深化改革与全面依法治国是新时代两大主旋律，因此要正确处理好改革与立法的关系。一方面，要加强法律立改废工作，保障重大改革于法有据；另一方面，应及时以法律形式巩固已有的改革成果。

在调整法律适用方面，全国人大常委会通过了《全国人民代表大会常务委员会关于授权国务院在自由贸易试验区暂时调整适用有关法律规定的决定》，自2019年12月1日起，在上海、广东、天津、福建、辽宁、浙江、河南、湖北、重庆、四川、陕西、海南、山东、江苏、广西、河北、云南、黑龙江等自由贸易试验区，对所有涉企经营许可事项实行全覆盖清单管理，按照直接取消审批、审批改为备案、实行告知承诺、优化审批服务等四种方式分类推进改革，为在全国实现“证照分离”改革全覆盖形成可复制可推广的制度创新成果。在巩固改革成果方面，2019年《法官法》《检察官法》的修改巩固了司法体制改革取得的重大成果，保障了中央对司法体制改革一系列重大决策部署于法有据，对进一步提高司法公信力、完善中国特色社会主义法治体系意义重大。

（二）拓宽公众参与立法渠道

公众参与是民主立法的重要体现，也是提高立法质量的重要保障。2019年，全国人大常委会不断拓宽渠道，推动公众参与立法。一是建立立法联络点。全国人大常委会在湖北省襄阳市、江西省景德镇市、甘肃省临洮县的人大常委会以及上海市长宁区虹桥街道办事处设立了第一批立法联络点，加强了同基层的沟通，同时也为基层公众参与立法提供了渠道。例如，全国人大常委会法制工作委员会的工作人员会同上海虹桥街道下辖的学校、社区、社会教育机构以及司法机构的代表们，就《未成年人保护法（修订草案）》和《预防未成年人犯罪法（修订草案）》情况进行了充分交流。二是推动立法全过程公开。全国人大常委会推动立法全方位公开，不仅公开法律草案和说明，还公开了每次审议过程中的争议信息。例如，2019 年 8 月，全国人民代表大会宪法和法律委员会关于《全国人民代表大会常务委员会关于修改〈中华人民共和国土地管理法〉〈中华人民共和国城市房地产管理法〉的决定（草案）》修改意见的报告在网上及时公开，方便公众了解立法进度。

（三）有效开展各类执法检查

执法检查是人大开展监督工作的主要抓手之一，是检验法律实施情况的重要方式，也是修改或者废止法律的重要参考。2019 年，全国人大常委会针对《水污染防治法》《就业促进法》《中小企业促进法》开展了执法检查工作。执法检查有助于全国人大常委会了解法律实施运行情况，发现了一些制度层面的问题。例如，通过对《中小企业促进法》开展执法检查，发现法律规定的坚持各类企业权利平等、机会平等、规则平等的原则在实践中尚未真正落实，未来应当着力破解制约中小企业发展的瓶颈，依法促进中小企业健康发展。

（四）立法回应社会迫切需求

针对社会公众对《药品管理法》的新需求，2019 年 8 月，十三届全国人大常委会修订《药品管理法》，对假药、劣药进行了重新界定，对于国内未批的境外合法新药不再按假药论处；对未经批准进口少量境外已合法上市的药品，情节较轻的，可以减轻处罚；没有造成人身伤害后果或者延误治疗的，可以免予处罚。《药品管理法》的修改，一方面可以让广大患者合法获得治病的药物；另一方面充分说明，近年来的法律制定、修改，注重积极及时回应社会关切。

尽管修订《未成年人保护法》《预防未成年人犯罪法》并未列入 2019 年全国人大立法计划，但由于校园欺凌、校园暴力、未成年人犯罪引发了极大的社会关注，全国人大常委会及时开展了上述两部法律的修改工作。其中《未成年人保护法（修订草案）》征求意见共收到了 4.9 万条修改意见，近半数由未成年人提出。《预防未成年人犯罪法》修改则引发了人大代表、政协委员、专家学者、社会公众的广泛讨论。

三 推进依法行政、建设法治政府

党的十八大把法治政府基本建成确立为2020年全面建成小康社会的重要目标之一，中共中央、国务院印发了《法治政府建设实施纲要（2015~2020年）》。法治政府的衡量标准是，政府职能依法全面履行，行政制度体系完备，行政决策科学民主合法，宪法法律严格公正实施，行政权力规范透明运行，人民权益切实有效保障，依法行政能力普遍提高。由于法治政府建设的复杂性，2017年10月，党的十九大进一步明确2035年实现法治国家、法治政府、法治社会基本建成的目标。2019年是法治政府建设的重要一年，中国在法治政府建设方面主要采取了以下举措。

（一）深化审批制度改革、优化政务服务

2019年，中央政府进一步取消和下放行政许可事项。国务院印发《国务院关于取消和下放一批行政许可事项的决定》，决定取消25项行政许可事项，下调6项行政许可事项的管理层级。随后，地方各级政府对涉及取消的行政许可事项进行清理，并做好下放行政许可事项的承接工作，如北京市政府行政审批改革办公室下发了《关于公布北京市第五批取消证明和保留证明目录（2019年11月版）的通知》，并层层落实。

进一步清理证明事项。为落实《国务院办公厅关于做好证明事项清理工作的通知》，民政部、自然资源部、农业农村部、工业和信息化部等国务院部门以及北京、吉林、江苏、浙江、安徽、云南等省份公布了取消的证明事项目录，其中云南省对证明材料清单实行一网公示，包括各行业系统保留的证明事项清单、基层开具证明材料清单以及基本证照凭证清单。截至2019年7月底，各地区各部门共取消证明事项13000多项。

行业行政审批制度改革取得进展。国务院办公厅下发《国务院办公厅关

于全面开展工程建设项目审批制度改革的实施意见》，在 2018 年试点的基础上，提出在全国推开工程建设项目审批制度改革。中央全面深化改革委员会审议通过了《关于深化消防执法改革的意见》，提出取消和精简 3 项消防审批事项。

政务服务事项全面实现目录式管理。各地政务服务网普遍公开了行政权力清单、部门责任清单、证明事项清单、中介服务事项清单、收费目录清单。以浙江政务服务网为例，其《服务清单》栏目公开了政务服务清单、公共服务清单、收费清单、中介清单、其他清单等五类共计二百余项清单。

地方加快推进了相对集中行政许可权工作。从 2019 年 1 月开始，江苏在全省推广组建行政审批局，将由各职能部门行使的审批权力全部或绝大部分划转至行政审批局。

政务服务走向网上集约化办理。2019 年 4 月，《国务院关于在线政务服务的若干规定》提出，加快建设全国一体化在线政务服务平台。2019 年 9 月，全国一体化在线政务服务平台上线运行，该平台已联通 31 个省（自治区、直辖市）及新疆生产建设兵团、40 余个国务院部门政务服务平台，接入地方部门 300 余万项政务服务事项和一大批高频热点公共服务。另外，长三角、京津冀加强政务服务的区域融合，实现了政务服务“一网通办”和异地办理。2019 年，全国投资项目在线审批监管平台上线，开通了 31 个省级、兵团和深圳、宁波、青岛、大连、厦门 5 个计划单列市投资项目在线审批监管平台；天津、浙江、湖南、重庆、安徽、宁波、湖州等地开通了工程建设项目审批管理系统。

政务服务以人民满意为宗旨。2019 年，山东、浙江、重庆、广东、西藏、贵州等地实行政务服务“好差评”制度。2019 年 12 月，国务院办公厅印发《国务院办公厅关于建立政务服务“好差评”制度　提高政务服务水平的意见》，在全国范围内推广“好差评”制度。

（二）决策法治化取得突破性进展

决策是行政权力运行的起点，也是行政法治规范的重点。一项既定的行政决策往往是大量具体行政行为的依据，影响十分广泛，因此，规范决策程序、确保依法科学民主决策尤为重要。

2019年4月，国务院在地方立法的基础上出台了《重大行政决策程序暂行条例》，标志着中国决策法治化迈上了新台阶。条例对重大行政决策事项范围、重大行政决策的作出和调整程序、重大行政决策责任追究等方面作了具体规定。为维护法制统一，一些地方政府根据条例内容，对已经出台的关于重大行政决策的地方规章和规范性文件进行修订（如广州）或废止（如宁波）。

（三）依法行政制度体系日趋完备

提高政府立法质量，构建系统完备、科学规范、运行有效的依法行政制度体系是法治政府建设的重要方面。为此，要不断完善政府立法体制机制，加强对规范性文件的管理，对规范性文件实行公平竞争审查。

首先，完善和落实立法项目征集和论证制度。2018年5月1日起实施的新的《行政法规制定程序条例》和《规章制定程序条例》确立了行政法规、规章的立法项目征集和论证制度，随后，各地普遍健全和落实立法项目征集和论证制度，以提升行政立法的科学性。例如，江苏省出台《立法项目征集和论证办法》，明确“立法项目的征集和论证工作作为编制年度立法工作计划的前置程序”。2019年11月，多地召开2020年立法计划建议项目立项论证会。为提升论证效果，贵州省司法厅还创设了申报单位陈述演示和专家学者提问回答环节。

其次，探索开展立法前评估。2019年5月，苏州市政府出台《苏州市人民政府立法前评估办法》，以地方政府规章的形式规定了立法前评估制度，将立法质量的关口前移至立法前，并对立法前评估的概念、原则、主体、程序、报告内容及结果运用等进行了明确和细化。

再次，加强规范性文件管理。2019年5月，上海市政府颁布新的《上海市行政规范性文件管理规定》，强调从源头上控制文件数量，聚焦起草环节、提升文件质量，完善文件合法性审核机制，完善文件评估和清理制度，健全监督检查机制等。各地政府建立专门的数据库，对规范性文件实现目录和文本动态化、信息化管理，各级政府及其部门及时向社会公布了规范性文件立改废情况。

最后，对规范性文件进行公平竞争审查。截至 2019 年 2 月底，全国共废止或修订涉及地方保护、指定交易、市场壁垒的文件 2 万多份。2019 年，国家市场监督管理总局发布了《制止滥用行政权力排除、限制竞争行为暂行规定》，首次对滥用行政权力影响竞争行为进行系统规范，任何机关“不得滥用行政权力，以规定、办法、决定、公告、通知、意见、会议纪要等形式，制定、发布含有排除、限制竞争内容的市场准入、产业发展、招商引资、招标投标、政府采购、经营行为规范、资质标准等涉及市场主体经济活动的规章、规范性文件和其他政策措施”。

（四）健全完善行政执法体制机制

法律的生命在于实施，行政执法是法律实施的关键环节，也是政府的基本职能，因此深化行政执法体制改革、推动规范执法，直接关系到政府依法全面履行职能，关系到国家治理体系和治理能力现代化，关系到经济社会持续健康发展。

组建综合执法队伍，有助于切实解决多头、多层和重复执法问题，解决违规违法、执法扰民问题。2019 年，各地按照中央机构改革精神，综合执法改革与机构改革统筹部署、同步推开。例如，陕西省委编办、江西省委编办等落实推进基层整合审批服务执法力量。根据中共中央印发的《深化党和国家机构改革方案》，全国要组建市场监管、生态环境保护、文化市场、交通运输、农业五个新的综合执法队伍。2019 年 9 月，浙江省宁波市印发 5 个领域综合行政执法改革实施方案，组建市场监管、文化市场、生态环境保护、交通运输、农业等 5 个领域综合执法队伍。全国已有 99% 的地市和 92% 的县（市、区）组建了文化市场综合执法机构。

针对行政执法中不严格、不规范、不文明、不透明等问题，《中共中央关于全面推进依法治国若干重大问题的决定》和《法治政府建设实施纲要（2015~2020 年）》提出，全面推行行政执法公示制度、执法全过程记录制度、重大执法决定法制审核制度（以下简称行政执法“三项制度”）。2019 年 1 月，国务院办公厅印发了《关于全面推行行政执法公示制度执法全过程记录制度重大执法决定法制审核制度的指导意见》。随后，江苏、江西、广西、上海等地制订具体贯彻落实的实施方案、办法。2019 年 2 月，广东省行政执法信息公示平台上线运行，集中公开了 5155 家行政执法主体 2018 年度行政执法数据信息。各地政府已普遍建立执法信息公示平台，对行政执法信息进行事前、事中和事后公开，方便公众了解行政执法的静态、动态和结果信息。在全面推行执法全过程记录制度方面，各地出台文件要求完善文字记录，规范音像记录，尤其对查封扣押财产、强制拆除等直接涉及人身自由、生命健康、重大财产权益的现场执法活动和执法办案场所，要推行全程音像记录。例如，2019 年 7 月，辽宁省全面推进依法行政工作领导小组印发《辽宁省行政执法全过程记录实施办法》，要求执法全过程留痕和可回溯管理。在全面推行重大执法决定法制审核制度方面，不少地方建立“重大执法决定法制审核目录清单”，对需要进行法制审核的重大执法决定实行目录式清单管理。“三项制度”聚焦行政执法源头、过程和结果，有利于促进严格规范公正文明执法。

为落实 2015 年新的《食品安全法》，2019 年 3 月，国务院修订《食品安全法实施条例》，进一步明确职责、强化食品安全监管。为保障人民“舌尖上的安全”，2019 年经中央全面依法治国委员会批准，中央全面依法治国委员会办公室会同中央政法委、最高人民法院、最高人民检察院、教育部、公安部、司法部等 13 家单位，组成五个督察组，赴辽宁、福建、河南、湖北、四川开展食品药品监管执法司法督察，并部署各地依法治省（自治区、直辖市）办公室开展了本地区食品药品监管执法司法督察工作。各督察组明察暗访各类食品药品单位近 800 家①，发现有的地方对食品药品安全重视程度逐级递减，层层弱化，食品药品常态化监管不够。

① 刘子阳、侯建斌、刘志月：《中央依法治国办食品药品监管执法司法实地督察工作完成 启动督察反馈》，《法制日报》2019 年 8 月 1 日，第 2 版。

（五）全方位监督和制约行政权力

法治政府意味着行政权力运行要受到全方位的监督，及时有效化解与相对人之间的争议。全方位监督制约行政权力，需要建设诚信廉洁的政府。

政府守信践诺是社会诚信建设的重要基石。各级政府及其工作部门应遵守承诺，认真履行在招商引资、政府与社会资本合作等活动中与投资主体依法签订的各类合同，不得以政府换届、领导更替等理由违约毁约，因违约毁约侵犯合法权益的，应承担法律和经济责任。为依法公正、及时审理行政协议案件，2019 年 12 月，最高人民法院发布《最高人民法院关于审理行政协议案件若干问题的规定》，将行政协议纳入行政诉讼范围，接受司法权的监督，有助于推动责任政府、诚信政府建设落到实处。

四　加强民商经济法治、优化营商环境

市场经济就是法治经济，市场经济的深化发展需要民商经济法治的有效保障。近年来，为更好地发挥市场在资源配置中的决定性作用，中国不断推动民商经济制度改革和民商经济法治完善，以切实保护产权、维护契约、统一市场、平等交换、公平竞争、有效监管为基本导向，更新民商经济法律体系、优化营商法律环境、加强行政监管执法、提升民商事司法效能，特别是通过关键领域的制度创新解决了市场经济发展面临的理论挑战和实践难题。

（一）民法典编纂临近完成

2019 年 12 月 28 日，十三届全国人大常委会第十五次会议对《民法典（草案）》进行了审议，并在中国人大网公开征求意见，提请 2020 年召开的十三届全国人大三次会议审议。这是民法典各分编草案与 2017 年制定的《民法总则》合体后，首次以完整版中国民法典草案的形式呈现，完整的民法典问世在即。

（二）统一民商事诉讼裁判思路

针对民商事审判中的前沿疑难争议问题，最高人民法院于2019年11月14日出台《全国法院民商事审判工作会议纪要》，以统一裁判思路，规范法官自由裁量权，增强民商事审判的公开性、透明度以及可预期性。

为充分发挥司法审判的惩罚、规范和预防功能，依法妥善审理高空抛物、坠物案件，切实维护人民群众“头顶上的安全”，最高人民法院出台《最高人民法院关于依法妥善审理高空抛物、坠物案件的意见》，要求严格区分坠落物、抛掷物法律适用规则，分别适用《侵权责任法》第85条的规定或者《刑法》关于以危险方法危害公共安全罪、故意伤害罪或故意杀人罪的规定。

（三）外资法结束“分治”格局

2019年出台的《外商投资法》为中国外商投资领域新的基础性法律，对外商投资的准入、促进、保护、管理等作出了全面规定，并对外国投资者和外商投资企业长期关注的国民待遇、技术转让等问题进行了充分回应。这部法律标志着中国外商投资立法进入了大一统时代，有利于保护外商投资合法权益、规范外商投资管理，将进一步促进外商积极投资中国，优化营商环境，形成全面开放新格局。

国务院修改了《技术进出口管理条例》，删除了其中关于技术进口合同不得含有限制性条款及改进技术成果权属等规定，使技术进口合同与国内技术转让合同均受《合同法》等约束。《国务院关于进一步做好利用外资工作的意见》以及《外商投资法实施条例》的颁布、《台湾同胞投资保护法》的修订通过，都将助力外资法的实施。

（四）改革和完善资本市场体系

市场经济的深化发展要求资本市场不断改革。目前，完善资本市场体系、增强资本市场功能、优化证券法律规则是中国证券法治发展亟待解决的难题。

2019年，中国正式推出科创板并试点施行证券发行的注册制。科创板对于完善多层次资本市场体系、提升资本市场服务实体经济的能力、促进上海国际金融中心建设具有重要价值。

2019 年中国全面深化资本市场改革还体现在《证券法》修改、完善配套规范方面。《证券法》的修改通过凸显了注册制全面推广、加大证券违法成本、投资者保护改革三条主线。2019 年，中国证监会还发布实施了《期货公司监督管理办法》和《证券公司股权管理规定》，强化期货公司的股东义务，加强了对期货公司分支和经营机构的管理，进一步明确了证券公司的分类监管方向及要求。

（五）扩大金融业对外开放格局

为促进习近平主席在博鳌亚洲论坛 2018 年年会上宣布的包括金融业在内的多项开放举措尽快落地，金融监管部门发布了一系列开放政策。2019 年 5 月，中国银行保险监督管理委员会从取消股比限制、放宽市场准入条件、拓宽商业存在和扩大业务范围等方面提出了 12 条开放政策措施。2019 年 7 月，国务院金融稳定发展委员会办公室公布《关于进一步扩大金融业对外开放的有关举措》，推出 11 条金融业对外开放措施，进一步扩大了外资金融机构股权投资的范围。

为落实开放举措，修订后的《外资银行管理条例》降低了外国银行来华设立外资法人银行和分行的门槛，分别取消了 100 亿美元总资产和 200 亿美元总资产的要求。此外，条例还放宽了中外合资银行中方股东限制，不再要求中方唯一或者主要股东必须是金融机构，便利了外资银行股权投资。此次修改还进一步扩大了外资银行的业务范围，实现了业务准入国民待遇。

与《外资银行管理条例》同步修订的《外资保险公司管理条例》降低了外资保险公司的准入门槛，取消了外国保险公司申请设立外资保险公司“经营保险业务 30 年以上”和“在中国境内已经设立代表机构 2 年以上”的条件要求，鼓励有经营特色和专长的保险机构进入中国市场；允许外国保险集团公司在中国境内投资设立外资保险公司，允许境外金融机构入股外资保险公司；授权国务院保险监督管理机构制定进一步丰富外资保险公司股东类型的具体管理办法。

（六）加大知识产权保护力度

中共中央办公厅、国务院办公厅印发《关于强化知识产权保护的意见》，从审查授权、行政执法、司法保护、仲裁调解、行业自律等环节统筹推进知识产权保护。修改后的《商标法》明确规定，“不以使用为目的的恶意商标注册申请，应当予以驳回”，并加大商标侵权的惩罚力度。

2019 年，中国继续加强知识产权司法保护领域的改革。2019 年 1 月 1 日，《全国人民代表大会常务委员会关于专利等知识产权案件诉讼程序若干问题的决定》施行，与之同步施行的还有最高人民法院《关于知识产权法庭若干问题的规定》和《关于审查知识产权纠纷行为保全案件适用法律若干问题的规定》。2019 年 1 月 1 日，最高人民法院知识产权法庭成立，主要负责审理专利等专业技术性较强的知识产权民事和行政上诉案件，标志着中国在国家层面建立了专门的知识产权案件上诉审理机制，有利于促进知识产权案件审理的专业化和集约化，为建设知识产权强国和世界科技强国助力。最高人民法院出台《关于技术调查官参与知识产权案件诉讼活动的若干规定》，从 2019 年 5 月 1 日起，技术类知识产权案件审理开始施行技术调查官制度，以提高知识产权案件审判质量。

在知识产权行政执法领域，尤其是在商标领域，行政执法部门持续保持打击商标专用权侵权假冒工作的高压态势，严厉打击商标恶意抢注行为，加大对驰名商标、地理标志、涉外商标、老字号商标等的保护力度，持续推动商标监管执法跨部门、跨地域协作，加强行政执法与刑事司法衔接配合。

（七）全方位优化法治营商环境

习近平总书记指出，“法治是最好的营商环境”，强调了营商环境与法治的紧密关系。2019 年 10 月，《优化营商环境条例》公布，自 2020 年 1 月 1 日起施行。世界银行发布的中国营商环境国际排名从 2017 年的第 78 位提升到 2019 年的第 31 位，连续两年成为全球营商环境改善幅度最大的经济体之一。

首先，强化对中小股东权益的保护。中小投资者权益保护水平的高低能够充分反映营商法治环境的优劣。《最高人民法院适用〈中华人民共和国公司法〉若干问题的规定（五）》出台，强化中小股东权益保护，为营商环境优化提供司法保障。

其次，全面推广“证照分离”。“证照分离”改革是推进简政放权、转变政府职能、释放创新创业活力的载体和抓手。《国务院关于在自由贸易试验区开展“证照分离”改革全覆盖试点的通知》决定在全国各自由贸易试验区对所有涉企经营许可事项实行清单管理，开展“证照分离”改革全覆盖试点。自2019年12月1日起，自由贸易试验区对所有涉企经营许可事项实行全覆盖清单管理，按照直接取消审批、审批改为备案、实行告知承诺、优化审批服务等四种方式分类推进改革。为全面落实《优化营商环境条例》，浙江决定将“证照分离”改革纳入省域治理现代化重大事项来统筹谋划，从2020年1月1日起在全省范围内推进“证照分离”全覆盖改革试点。

再次，减税降费减轻企业负担。面对经济下行压力，为减轻企业负担，激发市场活力，2019年，中国出台了有史以来力度最大、规模空前的减税降费政策。实施小微企业普惠性减税、个人所得税专项附加扣除政策，实施深化增值税改革措施，实施降低社会保险费率政策，实施清理规范行政事业性收费和政府性基金措施。根据2019年12月25日《国务院关于减税降费工作情况的报告》，2019年1~10月，全国实现减税降费19688.94亿元，其中减税16473.26亿元，降低社会保险费3215.68亿元。民营企业是减税政策的主要受益者，2019年1~10月，民营企业各项政策合计减税10511.84亿元，占全部减税数额的比例达到63.8%。

最后，完善市场主体退出机制。《最高人民法院关于适用〈中华人民共和国企业破产法〉若干问题的规定（三）》（以下简称《破产法司法解释（三）》）出台，对破产审判机制建设，依法处置“僵尸企业”，进一步发挥破产制度在优化营商环境、深化供给侧结构改革有积极作用。《破产法司法解释（三）》也对《2019年世界营商环境报告》关注的问题进行了回应。针对实践中中国市场主体退出比例低、与市场主体规模和经济运行周期不相适应等问题，国家发展改革委等部门联合印发《加快完善市场主体退出制度改革方案》，重点对破产退出、清算注销退出、特殊主体退出中的制度改革和配套制度建设作了系统设计，为市场在资源配置中起决定性作用奠定坚实基础。2019 年 8 月，为积极推进办理破产便利化，浙江省高级人民法院联合浙江省委全面深化改革委员会办公室（省最多跑一次改革办公室）等 13 个部门共同制定并印发了《浙江省优化营商环境　办理破产便利化行动方案》。

为督促各地区为民营企业发展提供坚实的法治保障，2019 年 10 月，根据中央全面依法治国委员会办公室部署，上海、安徽、湖南等 31 个省份启动了营造法治化营商环境专项督察。

五　完善刑事法治、保障司法人权

（一）特赦贯彻宽严相济刑事政策

适逢中华人民共和国成立 70 周年，为彰显依法治国理念和人道主义精神，2019 年 6 月 29 日，根据十三届全国人大常委会决定，国家主席习近平签署发布特赦令，对依据 2019 年 1 月 1 日前人民法院作出的生效判决正在服刑的九类罪犯 23593 人实行特赦。这次特赦是新中国成立之后第九次特赦，也是 2018 年修宪之后直接以宪法为依据的一次重大宪法实践活动，充分彰显了中华文明慎刑恤囚、明刑弼教的传统，也体现了依宪治国、依宪执政的理念，有助于在全社会树立宪法权威。

（二）认罪认罚从宽制度深入推进

认罪认罚从宽是 2018 年修改后的《刑事诉讼法》所规定的一项重要制度，对及时有效惩治犯罪、加强人权司法保障、优化司法资源配置、提高刑事诉讼效率、化解社会矛盾纠纷、促进社会和谐稳定具有重要意义。

最高人民法院、最高人民检察院、公安部、国家安全部、司法部等联合印发了《关于适用认罪认罚从宽制度的指导意见》，提出建立绿色通道、专人联络、定期通报、联席会议等制度，及时研究解决实践中出现的问题，形成贯彻实施合力。2019 年 1~9 月，全国检察机关办理刑事案件认罪认罚从宽制度平均适用率为 40.1%，其中重庆、天津、江苏等省份平均适用率超过 70%。山东法院还开展了刑事案件速裁和认罪认罚从宽制度试点，案件平均审理期限 7 天，当庭宣判率达 97.5%。

（三）扫黑除恶专项斗争系统展开

2019 年是“扫黑除恶”专项斗争的第二年和攻坚之年。为在“扫黑除恶”专项斗争中明确法律政策界限，2019 年 4 月，最高人民法院、最高人民检察院、公安部、司法部联合印发了《关于办理恶势力刑事案件若干问题的意见》《关于办理“套路贷”刑事案件若干问题的意见》《关于办理黑恶势力刑事案件中财产处置若干问题的意见》《关于办理实施“软暴力”的刑事案件若干问题的意见》等四个规范性文件。这些文件明确了“扫黑除恶”中的政策法律界限，在坚持严厉打击各类黑恶势力违法犯罪的同时，又强化办案质量，提升办理相关案件的法治化水平。

2019 年 7 月，最高人民法院、最高人民检察院、公安部、司法部联合印发《关于办理利用信息网络实施黑恶势力犯罪刑事案件若干问题的意见》，明确了利用信息网络实施犯罪的黑恶势力犯罪行为的认定标准以及案件管辖范围。2019 年 1~9 月，全国检察机关共受理审查逮捕黑恶犯罪嫌疑人 65115 人，同比下降 14.3%，批准和决定逮捕 50373 人，同比下降 9.8%。其中批捕黑恶势力保护伞 637 人，同比上升 204.8%；受理审查起诉黑恶犯罪 102733 人，同比上升 38.3%，提起公诉 67557 人，同比上升 129.4%，其中起诉黑恶势力保护伞 970 人，同比上升 457.5%，“打伞破网”成效明显①。

（四）加强未成年人权利司法保障

为加强未成年人刑事法律援助工作，司法部发布《全国刑事法律援助服务规范》，作为刑事法律援助服务行业标准，专节对律师承办未成年人刑事法

① 《2019 年 1 至 9 月全国检察机关主要办案数据》,《检察日报》2019 年 10 月 31 日，第 1 版。

律援助案件设置服务标准，以提高未成年人的诉权保障水平。

2019 年 5 月，最高人民法院在全国首次发布“保护未成年人权益十大优秀案例”，包括全国首例撤销监护人资格案、全国首例保护未成年人的“人身安全保护令”案、全国首例跨省救助未成年被害人案等，发布相关案例有助于推动完善中国特色社会主义少年司法制度。

2019 年 1~9 月，全国检察机关对侵害未成年人权益犯罪，批准逮捕 37514 人，提起公诉 43640 人，同比分别上升 23.2%、27.6%；对贫困户、刑事被害人的未成年近亲属、残疾人、军人军属等其他当事人，共开展救助 1101 人，同比上升 6.9%[①]。2019 年 12 月 20 日，最高人民检察院召开专题发布会，发布了检察机关依法严惩侵害未成年人犯罪、加强未成年人司法保护典型案例。

六　深化司法改革、维护公平正义

2019 年，中国司法体制改革在顶层设计、内设机构、制度机制等方面进行了有成效的探索，各方面取得显著进步，进入了全新的发展阶段。《中共中央关于坚持和完善中国特色社会主义制度　推进国家治理体系和治理能力现代化若干重大问题的决定》再次强调进行司法体制综合配套改革，健全社会公平正义法治保障制度。

（一）顶层设计明确司法改革方向

2019 年 1 月，中央全面深化改革委员会审议通过了《关于政法领域全面深化改革的实施意见》，阐明了新时代人民法院司法体制改革的主要目标、基本原则和重点任务。为贯彻落实中央改革部署，最高人民法院于 2019 年 2 月 27 日印发《关于深化人民法院司法体制综合配套改革的意见——人民法院第五个五年改革纲要（2019~2023）》（以下简称《五五改革纲要》），通

① 《最高检首次按季度对外公布检察业务数据》，《检察日报》2019 年 10 月 31 日，第 1 版。

过 10 个方面 65 项措施，精准对接党中央部署的各项司法体制改革任务，明确健全以司法责任制为核心的权力运行体系，首次提出明确院庭长的权力清单和监督管理职责，健全履职指引和案件监管全程留痕制度，并谋划了未来五年的改革创新举措。2019 年 2 月，最高人民检察院发布《2018~2022 年检察改革工作规划》，重点部署了检察机关的 46 项重要改革举措，包括检察人员分类管理、完善检察官办案责任制、基本落实检察人员职业保障政策等内容。

2019 年，全国人大常委会修订了《法官法》《检察官法》，进一步明确法官、检察官的权利义务，对法官、检察官遴选、任免、管理、考核奖励以及职业保障等方面作了更加完善的规定。

（二）深化司法机关内设机构改革

2019 年，根据中央机构编制委员会办公室、最高人民法院发布的《关于积极推进省以下人民法院内设机构改革工作的通知》，全国各级法院进行了内设机构改革。年内，全国基层法院的内设机构改革已经全部到位，推动审判业务骨干回归办案一线、简化办案层级。例如，河北全省 170 个基层法院内设机构改革全部完成，精简比例达 40.61%，黑龙江全省基层法院精简比例达 31.54%，江苏全省基层法院精简比例达 34.9%。

2019 年 1 月，最高人民检察院内设机构实施“重塑性”变革，重新设立十大检察厅，形成刑事、民事、行政、公益诉讼等职能并行的法律监督总体布局。一是针对批捕、起诉职能关联性强，将捕诉分离改为捕诉一体，同一案件批捕、起诉由同一办案组织、同一检察官负责到底；二是针对民事、行政申诉，分别设立民事、行政检察机构；三是针对检察机关公益诉讼职能的强化，设立检察机关公益诉讼专门机构。

（三）进一步落实司法责任制改革

为全面落实司法责任制，进一步促进法律的正确统一适用，提高司法裁判质量，加强对审判权力运行的监督，最高人民法院相继出台了一系列配套文件。《进一步加强最高人民法院审判监督管理工作的意见（试行）》要求，所有案件网上流转、依法公开、全程留痕，严格遵循卷宗归档、流转及使用的审批流程；《最高人民法院关于健全完善人民法院审判委员会工作机制的意见》详细规定了审判委员会的组织构成、职能定位、运行机制、保障监督等，明确要求“法官负责认定事实，审判委员会讨论决定法律适用”“审判委员会讨论案件的决定及其理由应当在裁判文书中公开”等。最高人民法院印发的《关于建立法律适用分歧解决机制实施办法》构建了存在法律适用分歧时的分歧解决机制，有利于统一法律适用和裁判尺度。

为深化检察机关司法体制综合配套改革，全面落实司法责任制，健全检察监督体系，2019 年 4 月，最高人民检察院下发了《关于检察长、副检察长、检察委员会专职委员办理案件有关问题的意见》，对领导干部办案的方式、职责等作出明确规定，要求领导干部要以主办检察官或者独任检察官的身份直接办案、完整办案。

（四）全面推行网上跨域立案改革

最高人民法院把全面推行网上立案作为 2019 年的重点工作，并加快推进跨域立案诉讼服务改革，逐步实现跨域立案服务全覆盖，推动诉讼事项跨区域远程办理、跨层级联动办理，以解决异地诉讼不便难题。

至 2019 年底，全国已有 84% 的法院开通了网上立案服务，32% 的法院提供了省内跨域立案服务。最高人民法院建立了全国法院跨域立案接入平台和应用标准，要求各地法院通过诉讼服务指导中心信息平台建设，实现数据共享、集约管理和实时监督，明确跨域立案工作机制和流程。

最高人民法院除对跨域立案服务提出原则性规定外，还专门对跨域立案服务工作规范和技术规范作了规定。

（五）完善民事证据制度、保障诉权

2019 年 12 月，最高人民法院发布了《关于修改〈关于民事诉讼证据的若干规定〉的决定》。本次修改旨在进一步完善民事诉讼证据制度，规范诉讼

主体的证据行为，推动民事审判程序规范化，使民事审判证据的调查、审核、采信更加规范，以实现司法审判工作“事实认定符合客观真相、办案结果符合实体公正、办案过程符合程序公正”的目标，充分保障当事人的诉讼权利。本次民事证据制度的修改完善，主要集中在证据收集、自认制度、制裁虚假鉴定和电子数据这四个方面。本次修改完善，在加大当事人提供证据责任的同时，较为科学地设定了法官调取证据方面的责任，以期达到充分调动当事人提供证据的积极性、提高审判效率、减少法官滥用职权、提高司法公信力的目的。

（六）健全解决执行难长效机制

2019 年 3 月，最高人民法院在全国两会上宣布，人民法院用两到三年时间基本解决执行难达到预期目标，尽管如此，执行难要得到根本解决仍须继续努力。2019 年，法院的执行工作进入新的历史阶段。《五五改革纲要》提出，“依法保障胜诉当事人及时实现权益，推动完善和发展中国特色社会主义现代化执行制度，构建切实解决执行难长效制度体系”。2019 年 6 月，最高人民法院发布《最高人民法院关于深化执行改革　健全解决执行难长效机制的意见》（即《人民法院执行工作纲要（2019~2023）》），提出未来五年人民法院执行工作发展目标。

为进一步健全完善综合治理执行难工作大格局，确保切实解决执行难目标实现，深化执行联动机制建设，中央全面依法治国委员会发布 2019 年“一号文件”《关于加强综合治理　从源头切实解决执行难问题的意见》，要求各地加强推进执行联动机制建设、加强和改进人民法院执行工作、强化执行难源头治理制度建设、全面加强组织保障和工作保障，确保切实解决执行难目标实现。

在新的历史时期，无论是中央全面依法治国委员会，还是最高人民法院，都深刻意识到，要切实解决执行难，必须建立执行长效机制。执行长效机制的建立仍然是凸显执行工作的“一性两化”，即依法突出执行工作的强制性，全力推进执行工作信息化，大力加强执行工作规范化。另外，按照中央立法规划，最高人民法院正加快推进完善强制执行法律体系及配套制度，已经完成了民事强制执行法调研起草工作。

（七）深入开展检察公益诉讼工作

2019 年 4 月，立法机关将公益诉讼检察职权写进《检察官法》。近年来，全国检察机关集中办理生态环境和资源保护、食品药品安全、国有资产保护、国有土地使用权出让、英烈权益保护等领域的公益诉讼案件。检察机关坚持把诉前实现维护公益目的作为最佳司法状态，2019 年 1~10 月，行政机关对检察建议的回复整改率达 97.1%，绝大多数公益受损问题在诉前得到解决[①]。

2019 年 9 月，河北、内蒙古、吉林、山东、河南、湖南、广西、云南等八个省级人大常委会出台加强检察公益诉讼工作的决定。江苏、辽宁、重庆、江西、青海等地人大常委会审议检察机关关于开展公益诉讼工作的报告。2019 年 11 月，重庆市人民检察院出台《关于贯彻落实市人大常委会对市检察院开展公益诉讼工作情况报告审议意见的整改方案》，提出五方面 20 项工作措施，推动检察公益诉讼工作实现新发展。

七　加强社会法治、建设美丽中国

随着国家治理体系和治理能力现代化的深入推进，在脱贫攻坚战的关键阶段，2019 年社会法治围绕社会治理和保障改善民生两大主题不断丰富和发展。党的十九届四中全会决定强调，“必须健全幼有所育、学有所教、劳有所得、病有所医、老有所养、住有所居、弱有所扶等方面国家基本公共服务制度体系。要健全有利于更充分更高质量就业的促进机制，构建服务全民终身学习的教育体系，完善覆盖全民的社会保障体系。坚决打赢脱贫攻坚战，建立解决相对贫困的长效机制”。继 2018 年末完成《劳动法》《职业病防治法》

① 李春薇:《行政机关对检察建议的回复整改率达 97.1%》,《检察日报》2019 年 10 月 11 日，第 1 版。

《社会保险法》《老年人权益保障法》修订之后，2019 年有更多的配套制度得到进一步完善。

（一）劳动权益保护更加有力

就业是最大的民生，劳动权是人权的基础。2019 年，劳动权益保护方面进展显著。

首先，用法治手段治理欠薪难题。2019 年，人力资源和社会保障部发布《关于印发建筑工人实名制管理办法（试行）的通知》和《关于实施“护薪”行动　全力做好拖欠农民工工资争议处理工作的通知》，对工资支付制度的情况进行监督检查，规范企业日常工资支付行为。2019 年 12 月，国务院通过《保障农民工工资支付条例》，明确用人单位主体责任、政府属地责任和部门监管责任，要求按约定及时足额支付农民工工资，在以往专项治理基础上，以法治手段治理拖欠农民工工资问题。2019 年，清理拖欠民营企业账款工作总体进展顺利。截至 11 月底，全国各级政府部门和大型国有企业共偿还拖欠中小民营企业账款 5800 多亿元。其中，中央层面清偿占 80% 左右，完成进度为 91%；地方层面清偿占 20% 左右，完成进度为 61%。截至 11 月底，有 30 个省份已经完成 2019 年清欠目标任务[①]。

其次，规范新业态劳动用工。新业态已成为吸纳就业的主力军。《国务院办公厅关于促进平台经济规范健康发展的指导意见》要求，“抓紧研究完善平台企业用工和灵活就业等从业人员社保政策，开展职业伤害保障试点，积极推进全民参保计划，引导更多平台从业人员参保。加强对平台从业人员的职业技能培训，将其纳入职业技能提升行动”。为保护广大新业态从业人员和新业态企业双方的合法权益，化解劳动用工问题，促进新业态经济健康发展，浙江省人力资源和社会保障厅发布《关于优化新业态劳动用工服务的指导意见》，规定了“签订电子劳动合同”“双重劳动关系”“建立劳动关系的新业态从业人员应当依法参加社会保险”“探索新业态从业人员职业伤害保障机制”

① 祝君壁:《三十个省区市完成年度目标——清理拖欠民企账款工作进展顺利》,《经济日报》2019 年 12 月 19 日，第 3 版。

等新业态劳动用工新规则。

再次，就业反歧视取得进展。人力资源和社会保障部等部门的《关于进一步规范招聘行为 促进妇女就业的通知》要求，招聘环节不得限定性别，不得询问妇女婚育情况，不得将妊娠测试作为入职体检项目，不得将限制生育作为录用条件等。

又次，进一步明确休假保障。人力资源和社会保障部发布《我国法定年节假日等休假相关标准》，对包括休息日、法定节假日、年休假、探亲假、婚丧假五类休假标准予以明确。

最后，劳动争议解决更加多元。为提高劳动人事争议调解工作效率、减少群众跑腿次数，人力资源和社会保障部办公厅发布《关于在全国推广使用“互联网+调解”服务平台的通知》，在全国推广使用调解服务平台。在司法保障方面，劳动争议成为各地司法文件关注的重点，如重庆市《劳动争议案件法律适用问题专题座谈会纪要》、安徽省《劳动人事争议仲裁案例研讨会纪要》、山东省《关于审理劳动人事争议案件若干问题会议纪要》等。

（二）社会保障法治日益完善

合理调整社会保险费率，既是优化营商环境、降低企业负担的有力举措，也是社会保险制度完善的重要内容。近年来，中央多次出台方案降低或阶段性降低社会保险费率。2019年，国务院办公厅印发《降低社会保险费率综合方案》（国办发〔2019〕13号），要求降低养老保险单位缴费比例，继续阶段性降低失业、工伤保险费率，调整缴费基数。人力资源和社会保障部、财政部、国家税务总局、国家医疗保障局等部门出台了贯彻落实的文件通知。自2019年5月1日起，各地出台文件落实国务院文件精神，统一下调城镇职工基本养老保险单位缴费比例至16%。这一举措有利于降低企业社保负担，激发企业活力、特别是民营企业和小微企业的活力，营造良好的营商环境，进一步稳定社保体系。

社会保险经办服务效能明显提升。2018年底《社会保险法》修改通过后，2019 年国务院办公厅出台《关于全面推进生育保险和职工基本医疗保险合并实施的意见》，全面推进这两项社会保险的合并实施，并提升经办服务水平。自 2019 年 1 月 1 日起，各项社会保险费的征收工作由税务机关统一负责。2019 年 3 月，《国务院关于修改部分行政法规的决定》对《社会保险费征缴暂行条例》第 8 条予以修改，企业在办理登记注册时，同步办理社会保险登记。人力资源和社会保障部发布《关于废止〈社会保险登记管理暂行办法〉的决定》，体现了多证合一、一网通办等优化政务服务改革的精神。

在社会优抚领域，《关于做好国家综合性消防救援队伍人员有关优待工作的通知》《关于解决部分退役士兵社会保险问题的意见》《关于解决部分退役士兵社会保险问题中央财政补助资金有关事项的通知》等文件也相继发布，把对烈属、军属、残疾军人、退役军人的优抚安置作为社会保障的重要组成部分，是中国社会保障革命传统的重要体现。退役军人事务部组建以来，退役军人保障法律制度快速推进。2019 年，“退役军人保障法”制定驶入快车道，《退役军人安置条例》《军人抚恤优待条例》《烈士褒扬条例》等行政法规规章的制（修）订工作也在按计划有序推进。为规范和加强退役军人的伤残抚恤工作，退役军人事务部于 2019 年 8 月公布了《伤残抚恤管理办法（征求意见稿）》。

（三）医疗卫生法治实现重大突破

2019 年颁布的《基本医疗卫生与健康促进法》首次以法律形式明确了国家建立基本医疗卫生制度，是落实党中央、国务院在基本医疗卫生与健康促进方面战略部署的一项顶层的综合性制度安排。《基本医疗卫生与健康促进法》作为医疗卫生健康领域的基本法，将统领《传染病防治法》《执业医师法》《精神卫生法》等十余部现行专门法律，并引领未来相关立法。

（四）强化生态环境资源保护

2019 年度，生态环境政策主要集中在强化国土空间治理、健全自然资源资产产权制度、完善绿色消费和绿色生活制度等方面。中央全面深化改革委员会审议通过了《关于建立以国家公园为主体的自然保护地体系指导意见》《关于建立国土空间规划体系并监督实施的若干意见》《关于在国土空间规划中统筹划定落实三条控制线的指导意见》，旨在优化国土空间开发格局，推动完善国土空间治理法制；审议通过《天然林保护修复制度方案》《关于统筹推进自然资源资产产权制度改革的指导意见》《关于完善建设用地使用权转让、出租、抵押二级市场的指导意见》，以促进生态文明建设，健全自然资源资产产权制度，促进土地集约利用；颁布《关于构建市场导向的绿色技术创新体系的指导意见》《国家生态文明试验区（海南）实施方案》《海南热带雨林国家公园体制试点方案》《绿色生活创建行动总体方案》《关于进一步加强塑料污染治理的意见》，促进绿色生产和绿色消费，推动经济社会实现绿色发展。为实现生态环保督察的制度化和规范化，2019 年中共中央办公厅、国务院办公厅印发《中央生态环境保护督察工作规定》，成为生态环境保护领域的第一部专门性党内法规，为提高地方生态环境执法效能、解决地方生态环境执法中出现的环保“一刀切”问题、实现绿色高质量发展提供了制度性保障。

为满足生态文明法制建设的客观需要，落实中共中央关于生态建设制度保障的战略决策部署，全国人大常委会在生态文明法制建设工作中开始从环境污染防治转向自然资源管理、生态系统保护、推动高质量和促进绿色技术进步。2019 年全国人大常委会完成了《资源税法》立法和《土地管理法》《城市房地产管理法》《森林法》的修订。在环境污染防治方面，《固体废物污染环境防治法》在生效实施 24 年之后进入大修阶段，生态垃圾分类由“鼓励”转向“强制”，开启法治化进程，并进一步加大危险废弃物污染防治力度、加大对固体废物污染环境行为的监管和处罚力度。2019 年 7 月 1 日被称为“史上最严”的《上海市生活垃圾管理条例》正式实施，对生活垃圾实行严格分类，明确了个人违规投放的处罚细则。在上海垃圾分类地方立法的引领下，各地生活垃圾分类与治理也迈向法治化。

（五）多方探索创新社会治理

社会治理是国家治理的重要内容。2019 年，中国在多个方面探索社会治理手段和方法。

首先，及时回应公众诉求。积极回应公众在日常工作生活中的各类具体诉求，积极回应此类关切，解决群众实际困难，是社会治理的根本着眼点。近年来，各地利用 12345 市民热线、网络问政平台等，广泛收集群众的投诉、举报、建议，解决群众身边困难，了解群众各类诉求，及时改善自身管理，在一定程度上提升了治理水平和治理能力。2019 年以来，北京市以“街乡吹哨、部门报到”工作机制为基础，依托 12345 市民服务热线平台，以“接诉即办”机制为抓手，从“民有所呼”的大数据积累中，梳理出高频问题、重点区域，未诉先办、主动治理，为构建新时代城市规范高效的基层治理体系、提高社会主义现代化国际大都市治理能力和水平探索新路。随着《中共成都市委书记信箱工作办法》《成都市网络理政工作办法》的出台，成都基本形成了针对网络理政平台社情民意受理的“2+1+10”管理制度。2019 年 1~10 月，市委书记信箱共受理群众来电来信 24023 件，诉求解决率 90.11%，群众满意率 90.96%；成都市网络理政平台访问量达 316.02 万人（次），同比（249.4 万）增长 26.71%，共受理群众来电来信 275.04 万件。

其次，完善公共法律服务体系。2019 年，中共中央办公厅、国务院办公厅印发《关于加快推进公共法律服务体系建设的意见》，提出公共法律服务是政府公共职能的重要组成部分，是全面依法治国的基础性、服务性和保障性工作。公共法律服务体系建设是保障和改善民生的重要举措，可以更好地满足广大人民群众日益增长的美好生活需要，有助于完善国家治理体系和提高治理能力。为指导地方贯彻落实，司法部编制公共法律服务事项清单，明确提出 16 项公共法律服务事项。2019 年 10 月，司法部印发《关于促进律师参与公益法律服务的意见》，提出大力发展公益法律服务事业。2019 年 11 月，河北省出台《河北省基本公共法律服务实施标准（2019~2022 年）》。

再次，以多元纠纷化解促进诉源治理。当前社会矛盾纠纷易发多发，多元纠纷化解机制备受瞩目。2019 年，司法部强调人民调解基础性作用，加强行政调解、行业性专业性调解工作，加强各类调解衔接联动，积极主动防范风险、化解矛盾。人民法院也将多元化纠纷解决机制作为裁判方式的一种重要补充。2019 年 8 月，最高人民法院发布了《最高人民法院关于建设一站式多元解纷机制　一站式诉讼服务中心的意见》，将多元纠纷解决与一站式诉讼服务相衔接，提出到 2020 年底，全国法院一站式多元解纷机制基本健全。最高人民法院诉讼服务指导中心信息平台于 2019 年 6 月底上线；全国 83% 的法院开通诉讼服务网，75% 的法院建立诉调对接平台。此外，人民法院还将多元纠纷解决与开展诉源治理相结合，加强一体化矛盾纠纷调处中心建设，按照自愿、合法原则，开展立案前先行调解，完善委派调解工作机制，从源头减少进入法院的案件。例如，北京深入推进“多元调解 + 速裁”诉调对接机制建设，2019 年 1~6 月，通过该机制对接办结了 148433 件纠纷，平均审理天数为 36 天，比后端民事案件审理天数缩短了 25 天。浙江将“诉讼治理”置于党委政府大治理格局之中，2019 年 1~11 月，浙江全省法院新收各类案件 157.9 万件，同比下降 4%①。

最后，加强基层组织建设。继《上海市街道办事处条例》之后，2019 年《北京市街道办事处条例》出台，明确了街道办事处的七项职权和七项职责，同时以法规形式将党建引领“街乡吹哨、部门报到”“接诉即办”机制加以固化。根据《北京市街道办事处条例》规定，北京市、区两级政府将综合考虑街道功能定位、区域面积、人口规模等因素，进一步整合基层的审批、服务、执法等力量，优化资源配置，推动人力向街道办倾斜。

八　挑战与展望

法治建设是一项系统工程，需要全社会从理念、思维到行为模式作出深刻转变。2019 年，中国在法治建设和发展中，坚持和完善党的领导，在科学

① 姜佩杉:《最高人民法院发布〈意见〉 建设一站式多元解纷机制 一站式诉讼服务中心》，《人民法院报》2019 年 8 月 2 日，第 1 版。

民主立法、回应社会需求，依法行政、建设法治政府，加强民商经济法治、优化营商环境，完善刑事法治、保障人权，深化司法改革、维护公平正义，加强民生保障、共建法治社会与美丽中国等方面积极作为，取得了较为全面的成就，为全面建成小康社会进一步奠定了坚实的法治基础。同时，中国的法治建设仍面临一些新旧问题，与实现国家治理体系和治理能力现代化的目标还有一定差距。

2020 年初爆发的新型冠状病毒疫情给中国突发公共卫生事件应对、基层社会治理乃至经济社会发展造成了严峻考验，也给世界经济秩序和政治秩序带来巨大挑战。截至发稿时，中国已经取得了抗击新型冠状病毒的阶段性胜利。此次病毒袭击来势之猛、影响之大、危害之巨，在新中国前所未有。疫情发生后，中国政府迅速行动，调集各方面力量与凶猛的病毒赛跑，成效显著，目前疫情控制还在进行当中。一方面中国的制度优势明显，另一方面也暴露了社会治理的不少短板。此次疫情对中国公共卫生体系是一大挑战，亟须修法，以更加短平快地应对疫情；此次疫情也是对中国行政体系效能的一大考验，如何让合适的人在合适的岗位，是干部选人用人制度的重点。因为政治路线确定以后，干部就是决定性因素。此次疫情更是对依法治国成效的一大检验，断路、截留救灾物资等现象说明依法治国道路还很漫长。这次疫情之后，相信中国会进一步完善公共卫生体系，在依法治国方面迈出更大的步伐。

2020 年是全面建成小康社会、实现第一个百年奋斗目标的决胜之年，是“十三五”规划收官之年。中国仍将面对纷繁复杂的国内国际形势，特别是受疫情影响，经济下行压力巨大，如何保就业、促稳定将是各级政府面临的重要课题。为此，中国必将全面贯彻落实十九届四中全会精神，不断完善中国特色社会主义法治体系，提升国家治理能力和社会治理法治化水平，优化和提升法治化营商环境，理性处理和审慎对待法治与发展、法治与改革、法治与创新的关系。

（一）压实各地依法治理的责任，全面提升法治水平

建立健全依法治国的体制机制，2020 年各地应系统公开依法治省（治

区、治市）委员会履职情况，形成全社会参与、共享、监督依法治省（治区、治市）成效的机制，体现全面依法治国和社会治理共建、共治、共享的理念。在一些涉及依法治省（治区、治市）的重大政策制定环节，应逐步探索群众有序参与的机制，更加尊重和吸纳民意，确保决策的民主科学，推进全社会关注全面依法治国、形成崇尚法治的氛围。各地依法治理委员会通过召开会议、印发文件，落实中央要求，建立健全制度机制，更要关注制度落实情况，通过第三方评估客观掌握制度实施状况。以优化营商环境的法治保障为例，不但要在决策环节多听企业代表的意见建议，更要在实施环节了解企业办事的实际状况、掌握制度执行效果。此外，还应当对依法治省（治区、治市）工作探索实行任务清单制，具体明确工作任务、进度安排、主责单位，提升全面依法治国的实际成效。

（二）加强重点领域立法，建立更加完备的法律体系

完备的法律体系是建设中国特色社会主义法治体系的前提和重要组成部分，不仅要使经济社会各领域有法可依，更要确保各领域法律子体系协调共生。尽管中国立法已经取得了重大成就，但是仍存在部分领域法律缺位、法律冲突、个别法律可操作性不强等问题。2020 年立法将贯彻落实党的十九届四中全会精神，紧扣全面建成小康社会目标任务，积极推进重点领域立法，提高立法质量，满足人民群众对美好生活的新期待。2020 年，《民法典》将出台，这是中国立法史上的一件大事。同时，立法机关将推动监察官法、个人信息保护法、数据安全法、乡村振兴促进法、社会救助法、法律援助法等的立法工作；加快修改全国人民代表大会组织法、选举法、著作权法、行政处罚法、行政复议法、治安管理处罚法、海上交通安全法、动物防疫法、安全生产法；加强人工智能、区块链等新技术应用以及社会信用等新领域相关研究。2020 年是实现税收法定的收官之年，与人民群众密切相关的税收单行立法再次加速。土地增值税法、增值税法、消费税法、契税法和城市建设税法等税收单行立法将继续加快立法进度。新型冠状病毒疫情的爆发也必将促使立法机关研判疫情防控、医疗卫生、突发事件应对方面的法律法规的立改废

问题。

此外，加强制度设计的科学性和民主性是立法机关 2020 年仍需重视的问题。立法机关立法时应进一步加强立法前调研，立法过程中贯彻民主立法原则，提高立法透明度，吸纳各界意见建议，提升可操作性。

（三）严格依法行政，打造透明、诚信、服务、高效政府

建设法治政府是全面依法治国的重点任务和主体工程，政府依法行政能力直接决定法治国家的实现程度。2020 年，各级政府必将进一步提高法治化水平，提升透明度、公信力及服务水平。

进一步提升领导干部法治意识，仍然是法治政府建设的关键。领导干部作为“关键少数”，其法治意识和法治理念在很大程度上决定了当地政府的治理能力。2020 年，中央和各地不仅应将领导干部学法、述法、考法作为领导干部选拔任用的条件，更要将法治政府督察考核与干部政绩评价紧密挂钩，让各级干部树立对法律的敬畏、对法治的尊崇，并最终转化和落实到思维方式和行为方式上。

2020 年，各级政府将进一步完善科学、民主、依法决策机制。结合 2019 年颁布实施的《重大行政决策程序暂行条例》，各级政府正在探索重大行政决策公众有序参与机制，预计各地还将不断完善公众参与等程序机制，建立重大行政决策过程记录和材料归档制度，并通过决策全流程公开、严格落实终身责任追究制，倒逼决策机关科学、民主、依法决策，提升治理水平。抗击新型冠状病毒疫情后，如何进一步确保行政决策的及时准确、科学有效，也会成为各地各级政府关注的重点。

各级政府将继续深化政务公开。公开透明是实现共建共治共享目标的前提，也是规范权力运行、服务企业群众、提升政府公信力的保障。应对 2020 年初的新型冠状病毒疫情期间，全面及时准确有效的信息公开和高效精准的回应关切，提振了士气、凝聚了民心、维护了稳定、提高了公信力。2020 年，各地将在总结疫情信息公开经验基础上，结合全面推进基层政务公开标准化规范化工作，切实提升政务公开水平。

2020年，多措并举，提升执法能力也将是政府的主要任务。各级政府将进一步厘清政务服务事项、规范政务服务要求，并依托区块链、大数据、云计算等技术，切实满足企业和群众的办事需求。建立以信用监管为核心的新型数据监管体制，减少事前监管，增强事中和事后监管，降低监管成本。借助新科技，应对执法力量不足难题、提高执法能力和执法效率，是各级政府关注的重点之一。尤其是经历了抗击新型冠状病毒疫情战役后，各地各级政府机关必将进一步加强基层执法力量，规范执法行为，借助新技术等提升监管能力。

（四）全面深化司法体制改革，落实司法为民提升司法公信力

2020年是人民法院推进落实第五个五年改革纲要、人民检察院推进落实检察改革工作规划的重要一年，也是贯彻落实中央关于政法领域全面深化改革部署的关键之年。2020年，各级司法机关必将着力服务国家发展大局。继续深化司法体制改革，全面落实司法责任，完善司法人员分类管理体系，健全司法人员履职保障机制。各级司法机关将加强智慧司法建设，把握新一轮科技革命带来的历史机遇，将大数据、云计算、人工智能、区块链等现代科技应用到审判执行、检察、司法管理等工作中，通过技术与业务、技术与改革的深度融合，不断破解改革难题、提升司法效能，实现检察和审判、执行模式的变革。2020年，人民法院和人民检察院将在以下几方面继续发力。一是进一步深化司法公开，打造阳光司法、阳光检务，规范司法权力运行，维护司法公正，提升司法公信力。二是加强诉源治理、多元化解纷机制建设，充分发挥司法防范风险、提升社会治理精细化水平的积极作用。三是助力优化营商环境，加强涉外商事海事审判和国际商事争端解决机制建设，依法高效保护市场主体的合法权益。四是为抗击新型冠状病毒疫情、确保有序复工复产提供有力的司法保障，为企业合法经营活动提供有力的司法支持，并借助智慧法院建设成果，提升司法为民水平。

（五）加强市域社会治理，构建基层社会治理新格局

十九届四中全会报告明确提出，加快推进市域社会治理现代化，市域社

会治理现代化成为构建基层社会治理新格局、坚持和完善共建共治共享的社会治理制度的重要方面。市域社会治理是国家治理的基石，加快推进市域社会治理现代化，成为时代的新命题，把重大社会风险化解在市域是今后国家治理的努力方向。2020 年的新型冠状病毒疫情对基层社会治理提出了巨大挑战，实践证明，强有力的基层治理是中国取得抗击疫情最终胜利的关键之一。今后，各地必将进一步补齐基层社会治理短板，提高治理精细化水平，切实提升治理能力。

2020 年，加强市域社会治理现代化和法治化是各地的重要任务，为实现这一目标，各地应进一步提升社会治理精细化水平。转变过去粗放式的治理模式，细化治理单元，依托各地智慧城市建设、大数据分析等的支撑，提升数据准确性、畅通不同系统间的数据对接和共享，实现精准治理。其次，社会治理法治化水平是国家治理体系和治理能力现代化水平的集中体现，各地将更加注重提高社会治理法治化水平。诉源治理、多元化解纷机制等必须严格依法办事，倡导双方当事人遵法守法，依法保障双方当事人实体权益及各项诉权。不断提升全社会法治意识。要按照中央部署，创新思路，强化措施，在更高层次上推进全民普法，把普法融入立法、执法、司法工作过程，紧密结合法治政府建设，加强普法工作，建立完善领导干部学法清单制度。重视青少年普法工作，尤其是要重视提升权利意识和义务责任意识，培养合格公民。切实推进多元共治。下沉政府执法力量，使之切实负起社会治理的主要责任；加强基层党建工作，调动党员参与社会治理的积极性；加大社会组织培育力度，激发社会活力；坚持群众路线，调动群众的积极性、主动性和创造性，推广新时代“枫桥经验”，打造“枫桥经验”城市版。

（六）坚持总体国家安全观，建设更高水平的平安中国

“平安中国”已成为一张亮丽的国家名片，中国成为世界上最有安全感的国家之一。2020 年，无论是决胜全面建成小康社会、决战脱贫，还是应对错综复杂、充满变数的国际局势，中国都更需要安全稳定的政治社会环境。但

更要看到，受疫情影响，经济下行，就业、居民收入等必将面临巨大考验，社会稳定也将遭受不小压力。为此，要坚持总体国家安全观，继续深化公安改革，完善社会治安防控体系；健全公共安全体制机制，有效防范、化解、管控各类风险；深入推进扫黑除恶，不断净化社会生态。

专题报告

Special Reports

B.2
2019年的中国立法

刘小妹 *

摘　要：2019年的立法工作紧紧围绕党中央和国务院的中心工作，紧跟改革需求，遵循立法规律，加速立法更新，填补立法空白，及时回应人民群众对美好生活的期待，立法工作取得显著成效。着力市场经济领域立法，不断优化营商环境；提高立法与改革衔接的精准度，确保重大改革举措依法有序推进、落实到位；着力民生领域立法，统筹推进社会、文化、生态领域立法，及时回应人民关切；加强备案审查工作，推动宪法有效实施。明确国家监察

* 刘小妹，中国社会科学院国际法研究所研究员。

委员会制定监察法规的立法权，加大立法听取基层意见力度，发展完善立法公开制度，不断创新立法体制机制，提高立法质量和效率。

关键词：中国立法　立法概况　立法评析　立法展望

2019 年恰值中华人民共和国成立 70 周年，立法工作围绕党和国家中心任务，回应人民群众关切，全方位推进重点领域立法，推进地方立法，加强备案审查工作，不断发展完善中国特色社会主义法律体系。2019 年，十三届全国人大制定法律 1 件；全国人大常委会制定法律 5 件，废止法律 3 件，修订法律 5 件，修改法律 11 件，通过有关法律问题和重大问题的决定 7 件（见表 1）。全国人大常委会加开了两次常委会会议，分别审议《外商投资法（草案）》、审议通过《关于授予国家勋章和国家荣誉称号的决定》。国务院制定行政法规 6 件，修订行政法规 2 件，修改行政法规 62 件（见表 2）。

表 1　2019 年全国人大及其常委会立法情况

序号	颁布时间	法律 / 决定名称
1	2019 年 3 月 15 日	《外商投资法》（制定）
2	2019 年 6 月 29 日	《疫苗管理法》（制定）
3	2019 年 8 月 26 日	《资源税法》（制定）
4	2019 年 10 月 26 日	《密码法》（制定）
5	2019 年 12 月 28 日	《基本医疗卫生与健康促进法》（制定）
6	2019 年 12 月 28 日	《社区矫正法》（制定）
7	2019 年 4 月 23 日	《法官法》（修订）
8	2019 年 4 月 23 日	《检察官法》（修订）
9	2019 年 8 月 26 日	《药品管理法》（修订）
10	2019 年 12 月 28 日	《证券法》（修订）

续表

序号	颁布时间	法律 / 决定名称
11	2019 年 12 月 28 日	《森林法》（修订）
12	2019 年 4 月 23 日	《建筑法》（修改）
13	2019 年 4 月 23 日	《消防法》（修改）
14	2019 年 4 月 23 日	《电子签名法》（修改）
15	2019 年 4 月 23 日	《城乡规划法》（修改）
16	2019 年 4 月 23 日	《车船税法》（修改）
17	2019 年 4 月 23 日	《商标法》（修改）
18	2019 年 4 月 23 日	《反不正当竞争法》（修改）
19	2019 年 4 月 23 日	《行政许可法》（修改）
20	2019 年 8 月 26 日	《土地管理法》（修改）
21	2019 年 8 月 26 日	《城市房地产管理法》（修改）
22	2019 年 12 月 28 日	《台湾同胞投资保护法》（修改）
23	2019 年 6 月 29 日	全国人民代表大会常务委员会《关于在中华人民共和国成立七十周年之际对部分服刑罪犯予以特赦的决定》
24	2019 年 9 月 17 日	全国人民代表大会常务委员会《关于授予国家勋章和国家荣誉称号的决定》
25	2019 年 10 月 26 日	全国人民代表大会常务委员会《关于授权澳门特别行政区对横琴口岸澳方口岸区及相关延伸区实施管辖的决定》
26	2019 年 10 月 26 日	全国人民代表大会常务委员会《关于授权国务院在自由贸易试验区暂时调整适用有关法律规定的决定》
27	2019 年 10 月 26 日	全国人民代表大会常务委员会《关于国家监察委员会制定监察法规的决定》
28	2019 年 12 月 28 日	全国人民代表大会常务委员会《关于授权最高人民法院在部分地区开展民事诉讼程序繁简分流改革试点工作的决定》
29	2019 年 12 月 28 日	全国人民代表大会常务委员会《关于废止有关收容教育法律规定和制度的决定》

表 2 2019 年国务院行政法规立法情况

序号	颁布时间	行政法规名称
1	2019 年 2 月 17 日	《生产安全事故应急条例》(制定)
2	2019 年 4 月 14 日	《政府投资条例》(制定)
3	2019 年 5 月 28 日	《人类遗传资源管理条例》(制定)
4	2019 年 10 月 22 日	《优化营商环境条例》(制定)
5	2019 年 12 月 26 日	《外商投资法实施条例》(制定)
6	2019 年 12 月 30 日	《保障农民工工资支付条例》(制定)
7	2019 年 4 月 3 日	《政府信息公开条例》(修订)
8	2019 年 10 月 11 日	《食品安全法实施条例》(修订)
9	2019 年 8 月 1 日	《烈士褒扬条例》(修改)
10	2019 年 3 月 2 日	《国务院关于修改部分行政法规的决定》(对 49 部行政法规的部分条款予以修改)
11	2019 年 3 月 24 日	《国务院关于修改部分行政法规的决定》(对 6 部行政法规的部分条款予以修改)
12	2019 年 4 月 23 日	《国务院关于修改部分行政法规的决定》(对 4 部行政法规的部分条款予以修改)
13	2019 年 9 月 30 日	国务院关于修改《中华人民共和国外资保险公司管理条例》和《中华人民共和国外资银行管理条例》的决定

一 2019 年立法概况

2019 年，十三届全国人大及其常委会、国务院、有立法权的地方人大深入贯彻落实党的十九大和十九届二中、三中、四中全会精神，紧紧围绕党中央和国务院的中心工作，遵循和把握立法规律，及时回应人民群众对美好生活的期待，紧跟改革需求，加速立法更新，填补立法空白，立法工作成效显著。

（一）着力市场经济领域立法，不断优化营商环境

为适应深化市场化改革、扩大高水平开放的要求，健全使市场在资源配置中起决定性作用和更好地发挥政府作用的发展新体制，2019 年的立法继续聚焦市场经济领域立法，以良法激发市场活力，提高政府效能，优化营商环境。

民法典编撰是 2019 年最为重要的立法工作。2019 年 12 月 23 日，日趋成熟的民法典各分编草案与先期出台的《民法总则》合并为民法典草案提交全国人大常委会审议，并决定提请十三届全国人大三次会议审议。

优化营商环境立法工作成效显著。2019 年 1 月，全国人大常委会加开一次常委会会议，对《外商投资法（草案）》进行了二审，彰显了依法保障和推进对外开放的决心。3 月 15 日，全国人大审议通过《外商投资法》，并同步废止《中外合资经营企业法》《外资企业法》《中外合作经营企业法》。制定《外商投资法》是贯彻党中央关于扩大对外开放战略的重要立法成果，为中国营造良好的外商投资环境提供重要法治保障。从“外资三法”转向“一法统领”，是立足全面开放新格局的制度重构和制度创新，如确定“准入前国民待遇 + 负面清单”新型管理体制，全方位对接国际经贸规则，强化了对外商投资的法律保护，彰显了打造法治化、国际化、便利化营商环境的立法努力，标志着中国向更深层次的制度性开放迈出了决定性的一步[①]。2019 年 4 月，为与新制定的《外商投资法》规定相一致，全国人大常委会打包修改了《建筑法》等 8 部法律；12 月，全国人大常委会修改《台湾同胞投资保护法》，按照《外商投资法》的原则和精神，取消台湾同胞投资企业设立审批和备案管理制度，确保台湾同胞投资同步享受到制度红利，更好地保护和鼓励台湾同胞投资。同时，为保障《外商投资法》得到切实实施，12 月 12 日国务院常务会议审议通过了《外商投资法实施条例》，进一步完善外商投资法律制度，为中国推进更高水平的对外开放提供有力的法治保障。

---

① 参见《2019 年十大立法脉络》，澎湃网，https://www.thepaper.cn/newsDetail_forward_5395163，最后访问日期：2020 年 1 月 3 日。

2019年10月，国务院公布《优化营商环境条例》，以市场主体需求为导向，以深刻转变政府职能为核心，重点针对中国营商环境的突出短板和市场主体反映强烈的痛点难点堵点问题作出规定，为各类市场主体投资兴业营造稳定、公平、透明、可预期的法治环境。2019年5月，国务院公布《政府投资条例》，进一步明确政府和市场的关系，构建科学的政府投资决策机制和程序，强化对政府投资项目实施过程的监督和问责，提升政府投资效益。

（二）坚持立法与改革决策相衔接，保证重大改革于法有据

坚持立法与改革决策相衔接，保证重大改革于法有据，成为新时代立法工作的鲜明特色。2019年，全国人大常委会和国务院围绕全面深化改革、扩大对外开放，继续将关于改革的立法项目作为立法工作的重点，坚持在法治的轨道上保障和推进改革和发展。

一是为推动经济高质量发展，制定《资源税法》，修改《土地管理法》《城市房地产管理法》，打包修改《建筑法》等八部法律，审议《证券法（修订草案）》《城市维护建设税法（草案）》《契税法（草案）》，通过《关于授权国务院在自由贸易试验区暂时调整适用有关法律规定的决定》等[①]。其中，基于2015年以来农村土地制度改革试点的成功经验而修改《土地管理法》，破除了农村集体建设用地直接进入市场的法律障碍，对土地征收的公共利益作出了明确界定；完善土地征收的目的、补偿规则和程序，使农民真正拥有了征地的参与权、监督权和话语权；完善宅基地管理制度，以立法切实保障农民土地权益。

二是确认和巩固司法体制改革的经验和成果，全面修订《法官法》《检察官法》，审议《公职人员政务处分法（草案）》。“两官”法将司法责任制、司法人员分类管理和员额制管理等一系列改革措施上升为法律。一方面，设立惩戒委员会审查认定法官和检察官办理案件违反职责的行为；另一方面，增加维护法官、检察官合法权益、职业尊严和人身安全的规定，在全社会形成

① 《全国人大常委会法制工作委员会发言人第三次记者会》（2019年12月20日），中国人大网，http://www.npc.gov.cn/wszb/wzzb7/wszb_zzzbwzsl.shtml，最后访问日期：2020年1月12日。

崇尚法治，尊重法官、检察官的良好氛围。

三是进一步做好推进简政放权、放管结合、优化服务改革立法保障。2019 年国务院围绕“放管服”改革，分三个批次对有关行政法规进行了清理和修改：3 月 2 日，国务院对机构改革、政府职能转变和“放管服”改革涉及的有关行政法规进行了清理，并对《国境卫生检疫法实施细则》等 49 部行政法规的部分条款予以修改；3 月 24 日，为深入推进“互联网 + 政务服务”和政务服务“一网通办”，国务院对与政务服务“一网通办”不相适应的有关行政法规进行了清理，并对《城市道路管理条例》等 6 部行政法规的部分条款予以修改；4 月 23 日，为更大力度激发市场、社会的创新创造活力，营造法治化、国际化、便利化的营商环境，国务院对涉及的行政法规进行了清理，并对《注册建筑师条例》《建设工程质量管理条例》《公共场所卫生管理条例》《企业所得税法实施条例》4 部行政法规的部分条款予以修改。

四是全面修订《政府信息公开条例》，建设公开透明的法治政府。政务公开和简政放权都是推进政府职能转变的关键，党的十八大以来党中央、国务院高度重视政府信息公开工作。2019 年 4 月，国务院修订《政府信息公开条例》，坚持问题导向，总结吸纳被实践证明行之有效的多项现有制度，进一步明确政府信息公开的范围和主体，明确政府信息公开的负面清单，规制滥用政府信息公开权的行为，切实保障公民知情权、参与权、表达权和监督权。

（三）持续推进民生领域立法，及时回应人民关切

健康是最大的民生。2019 年 6 月，全国人大常委会制定《疫苗管理法》，8 月修订《药品管理法》，以“最严谨的标准、最严格的监管、最严厉的处罚、最严肃的问责”为立法宗旨，对疫苗生产实行严于一般药品生产的准入制度，维护疫苗安全，强化疫苗研制、生产、流通、预防接种各环节监管措施，从严设定生产、销售假劣药行为的法律责任，扩大信息公开，加大监管力度，严格责任落实，坚决维护公众身体健康，维护公共卫生安全。12 月，全国人大常委会制定《基本医疗卫生与健康促进法》，这是卫生与健康领域第一部基础性、综合性的法律，确立了国家基本医疗卫生制度。

食品安全涉及每个人的健康。近年来，中国食品安全状况不断好转，但食品安全问题仍时有发生。2019 年 10 月，国务院修订《食品安全法实施条例》，增设“处罚到人”制度、建立严重违法食品生产经营者“黑名单”制度、健全食品安全行政执法与公安机关行政拘留衔接机制等，强化了对违法违规行为的监管和惩罚，为人民群众“舌尖上的安全”保驾护航。

保障农民工工资支付，是落实以人民为中心发展理念的具体体现。2019 年 12 月，国务院颁布了《保障农民工工资支付条例》，从落实主体责任、规范工资支付行为、明确工资清偿责任、细化重点领域治理措施、强化监管手段等方面，全面、系统地规定了保障农民工工资支付的制度和机制，构建了涵盖源头预防、动态监管、事后惩戒全过程的欠薪治理体系[①]，同时将用工实名制、工资保证金等实践中探索的有效举措上升为法律规范，为农民工按时足额获得工资提供了有力的法治保障。

（四）加强重点领域立法，统筹推进社会、文化、生态建设

坚持需求导向、问题导向，加强重点领域立法，是推进立法精细化、增强立法针对性和可操作性、发展完善中国特色社会主义法律体系的重要路径。除上述立法外，2019 年在环境立法、社会立法、安全立法等方面都取得了显著成效。

生态环境立法是十三届人大的立法重点。2019 年 12 月，围绕推进生态文明建设需要，全国人大常委会修订《森林法》，强化森林权属保护、实行森林分类经营管理制度、建立森林生态效益补偿制度、加大林业行政执法力度，促进生态环境保护和经济发展协调并进。2019 年全国人大常委会还审议了《固体废物污染环境防治法（修订草案）》和《长江保护法（草案）》，此外，近年来多个地方也积极出台中央环境立法的配套立法，生态环境法律体系日趋完善。

---

① 参见《加强监管加重责任——保障农民工工资支付的有力举措》，司法部、中国政府法制信息网，http://www.moj.gov.cn/news/content/2020-01/07/zcjd_3239277.html，最后访问日期：2020 年 1 月 12 日。

围绕加强和创新社会治理，制定《社区矫正法》《生产安全事故应急条例》，修改《烈士褒扬条例》。2019 年 12 月，全国人大常委会制定《社区矫正法》，这是中国首次就社区矫正工作进行专门立法，采取分类管理，坚持监督管理与教育帮扶结合，充分调动社会各方面力量参与社区矫正工作，保障社区矫正对象顺利回归社会。2019 年 2 月，着眼于提高安全生产应急救援能力，国务院制定《生产安全事故应急条例》，落实《安全生产法》《突发事件应对法》的有关内容，明确职责定位、完善制度规定、创新保障措施，对安全生产应急管理不同环节进行了细致规范，为全面提升应急管理工作水平提供了有力的法律支撑。

围绕国家安全法治保障，制定《密码法》和《人类遗传资源管理条例》。密码关系到国家的政治安全、经济安全、国防安全和信息安全。2019 年 10 月，全国人大常委会制定《密码法》，对密码实行分类管理，对科研、生产、服务、检测、装备、使用和销毁等各个环节实行严格统一管理，通过全面规范密码的应用和管理，提升密码工作科学化、规范化、法治化水平。5 月，国务院制定《人类遗传资源管理条例》，规范采集、保藏、利用、对外提供人类遗传资源等活动，促进中国人类遗传资源的有效保护和合理利用。特别是针对“基因编辑婴儿”事件，加强了对包括“基因编辑”在内的生命科学研究、医疗活动的规范和监管。此外，全国人大常委会还审议了《生物安全法（草案）》，推进生物技术研究开发安全管理方面的立法。

（五）落实宪法规定的重要制度，推动宪法有效实施

依法治国首先要坚持依宪治国，依法执政首先要坚持依宪执政。加强宪法实施和监督，加强备案审查工作、维护社会主义法制统一，也是全国人大及其常委会的重要立法工作。2019 年 10 月 26 日，全国人大常委会审议通过《全国人民代表大会常务委员会关于国家监察委员会制定监察法规的决定》，明确国家监察委员会制定监察法规的范围和程序，规定了全国人大常委会对监察法规的监督机制。由此，全国人大常委会通过有关法律问题的决定来落实宪法规定的重要制度，已经发展成推动宪法有效实施的一种重要方式。

备案审查制度是宪法法律赋予全国人大常委会的一项重要职权，加强备

案审查能力建设是保障宪法法律实施、维护国家法制统一的重要路径。2019年，全国人大常委会法工委第三次向全国人大常委会作关于备案审查工作情况的报告，31个省、自治区、直辖市已实现向人大常委会专项报告备案审查工作情况，15个省、自治区所属的85个设区的市、自治州也已报告本级备案审查工作情况。国务院、最高人民法院、最高人民检察院以及有地方立法权的地方人大及其常委会，按照规定报送全国人大常委会备案的行政法规、地方性法规、司法解释共1485件，其中行政法规53件，省、自治区、直辖市地方性法规516件，设区的市、自治州、不设区的地级市地方性法规718件，自治条例和单行条例99件，经济特区法规58件，司法解释41件；全国人大常委会法工委对公民、组织提出的138件审查建议进行了审查研究，提出了处理意见并向建议人作了反馈，同时将88件不属于全国人大常委会审查范围的审查建议分别移送有关机关；继续开展生态环保领域法规、司法解释等规范性文件集中清理工作，督促地方修改300件、废止44件地方性法规，推动制定机关对集中清理过程中发现的37件部门规章、456件地方政府规章、2件司法解释以及11000余件各类规范性文件进行及时修改、废止或者重新制定，生态环保领域规范性文件集中清理工作任务已基本完成[①]。这些数据表明，人大常委会的备案审查能力得到了加强，充分发挥了保障宪法法律实施、保证国家法制统一的重要制度功能。

二　2019年立法评析

2019年，全国人大及其常委会、国务院、有立法权的地方人大适应新形势新任务新要求，创新立法工作机制，统筹推进经济、社会、文化、生态等方面法律制度建设，加快推进基础性立法、重点领域立法、配套性立法，立法工作整体上呈现数量多、分量重、节奏快、效果好的特点。

---

① 数据来源于《全国人民代表大会常务委员会法制工作委员会关于2019年备案审查工作情况的报告》（2019年12月25日），中国人大网，http://www.npc.gov.cn/npc/c30834/201912/24cac1938ec44552b285f0708f78c944.shtml，最后访问日期：2020年1月12日。

（一）创新立法工作机制，不断提高立法质效

2019 年全国人大常委会以提高立法质效为目标，积极探索实践，不断完善立法工作机制，创新立法方式方法。一是加强基层立法联系点建设，国家立法工作“顶天立地”。根据党的十八届四中全会关于建立基层立法联系点制度的要求，全国人大常委会法工委设立了 4 个基层立法联系点，作为国家立法“接地气”的直通车，先后就 65 件次法律草案和立法工作计划征求基层立法联系点意见，收到意见建议 3000 多条[①]，使国家立法工作更好地接地气、察民情、聚民智。二是完善代表参与立法工作机制，为代表参与立法搭建便捷高效的平台。健全常委会组成人员直接联系代表制度，拓展联系的方式和内容；建立与列席常委会会议代表座谈机制，认真听取代表意见建议，更好地发挥人大代表在立法中的作用。三是加强对地方立法工作的联系指导，在每年召开地方立法工作座谈会的基础上，全国人大常委会于 2019 年首次召开省级人大立法工作交流会，加强和改进新时代地方立法工作，积极发挥地方立法在地方治理中的独特作用，提高人大工作和立法工作整体质效。

（二）坚持立法质量与立法效率并重，立法成效显著

2019 年，全国人大常委会和国务院坚持以人民为中心，围绕党和国家工作大局，加快立法进程，及时回应立法需求。为贯彻党中央关于扩大对外开放的战略，全国人大常委会 1 月加开一次常委会会议审议《外商投资法（草案）》，3 月按计划提请全国人大审议通过《外商投资法》，12 月国务院颁布《外商投资法实施条例》，共同为营造良好的外商投资环境提供法治保障。从 2018 年 10 月开始起草，到 2019 年 6 月全国人大常委会三审通过，仅用半年多的时间制定《疫苗管理法》，切实维护人民群众的身体健康权益[②]。十二届

① 王晨：《深入学习贯彻党的十九届四中全会精神　坚持和完善人民代表大会制度这一根本政治制度》（十三届全国人大常委会专题讲座第 15 讲），中国人大网，Http://www.npc.people.com.cn/nl/2020/0112/c14576-31544447.html，最后访问日期：2020 年 1 月 12 日。

② 《全国人大常委会法制工作委员会发言人第三次记者会》（2019 年 12 月 20 日），中国人大网，http://www.npc.gov.cn/wszb/wzzb7/wszb_zzzbwzsl.shtml，最后访问日期：2020 年 1 月 12 日。

全国人大及其常委会共制定法律 25 件，修改法律 127 件次，通过有关法律问题和重大问题的决定 46 件次，作出法律解释 9 件。本届全国人大及其常委会履职近两年来，已制定法律 15 件，修改法律 63 件次，通过有关法律问题和重大问题的决定20件次[①]。这表明，同时提高立法质量和效率是十三届人大立法工作的突出特点。

（三）回应人民群众对美好生活的期待，落实立法为民

全国人大常委会和国务院恪守立法为民理念，把以人民为中心的发展理念贯彻落实到立法项目的选择确定上，把解决人民群众最关切、与绝大多数人民群众的切身利益关系最紧密的现实问题作为立法的重点。2019 年，针对疫苗质量、假药范围、医疗资源、食品安全、基因编辑、拖欠农民工工资等广受社会关切、民生急需的问题，全国人大常委会和国务院以维护人民根本利益为立法宗旨，及时制定或修改《疫苗管理法》《药品管理法》《基本医疗卫生与健康促进法》《食品安全法实施条例》《人类遗传资源管理条例》《保障农民工工资支付条例》等法律法规，积极回应人民群众的合理诉求，切实加强民生保障，赢得人民群众对立法工作的支持，增强人民群众对建设法治国家的信念。

（四）推进立法信息公开，发展立法民主

全国人大常委会加强立法宣传工作制度化机制化建设。一是建立了全国人大常委会法工委发言人制度，及时发布立法工作信息。2019 年全国人大常委会法制工作委员会举行了三次发言人记者会，向社会通报全国人大常委会审议法律草案有关情况，法律草案公开征求意见的数量、主要内容，并就社会关注的涉法热点问题，从立法和人大的角度予以回应，极大提高了社会各界参与立法工作的积极性和效能，是坚持和推进立法民主的重要体现。二是组建专家委员会，有针对

① 王晨:《深入学习贯彻党的十九届四中全会精神　坚持和完善人民代表大会制度这一根本政治制度》（十三届全国人大常委会专题讲座第 15 讲），中国人大网，Http://www.npc.people.com.cn/nl/2020/0112/c14576-31544447.html，最后访问日期：2020 年 1 月 12 日。

性地开展法律英文翻译工作，及时对外发声，扩展了立法公开的深度和广度，更体现了对中国特色社会主义法律体系的高度自信。

三　2020 年立法展望

2020 年是全面建成小康社会和打赢脱贫攻坚战的收官之年，也是法治政府建设和落实税收法定原则的关键之年。党和国家事业的发展、人民群众对美好生活的期待、全面深化改革进入深水区和攻坚期、全面依法治国有了更高要求，立法工作也有新的目标和任务。

（一）进一步完善立法体制机制，提高立法质效

党的十九届四中全会提出，要完善立法体制机制，完善党委领导、人大主导、政府依托、各方参与的立法工作格局。2020 年，在坚持党对立法工作的领导、发挥人大主导作用的基础上，还应积极探索创新政府依托、各方参与的立法机制和工作方法。一是要把政府依托贯穿到调研论证、草案拟定、意见反馈、信息共享、制定配套措施等立法的各环节、全过程，形成人大与政府协同高效的立法工作格局。二是要进一步健全各方参与立法的机制，包括充分发挥政协的立法协商作用，发展完善立法联系点制度，健全立法信息公开制度，健全专家学者参与立法起草和论证机制，畅通和便利社会各界参与立法的渠道，等等。

（二）落实宪法规定的重要制度，推动宪法全面实施

立法是实施宪法的重要方式。随着中国特色社会主义法律体系不断发展完善，宪法规定的大部分国家制度都有相应的法律法规予以细化和落实。但也要看到，按照党的十九届四中全会提出的“推动宪法全面实施”的要求，仍有许多需要发展完善的立法领域。一是推进国家象征制度立法，完善国家象征法律体系。现行宪法设专章规定了国家象征制度，包括国旗、国徽、国歌和首都，全国人大常委会于 2017 年制定了《国歌法》，

但国旗、国徽和首都方面还存在立法滞后和立法空白现象。2020年全国人大常委会应加快推进《国旗法》《国徽法》的修订，研究制定首都治理现代化和国庆等重大国事活动制度化规范化方面的立法，形成更加系统完善的国家象征法律体系。二是发展完善国家机构组织立法，规范国家权力运行机制。按照全国人大常委会的立法工作计划和进程，2020年将重点着力修改全国人民代表大会组织法、全国人民代表大会议事规则、选举法，进一步加强全国人大工作的制度化、法治化建设。三是加强国家监察制度方面的立法，在法治轨道上推进和保障监察职能的充分有效发挥，包括制定监察官法和相关的监察法规等。

（三）服务党和国家工作大局，加强重点领域立法

2020年，民法典制定、税收立法以及经济转型、社会与民生建设、文化发展、生态环境保护等领域立法的统筹推进依然是立法工作的重心。其一，《民法典（草案）》已经全国人大常委会审议，按照立法进程和安排，将于2020年两会提交全国人大审议，这在立法史上具有里程碑意义。其二，按照《贯彻落实税收法定原则的实施意见》的安排，2020年是实现税收法定的收官之年，全国人大常委会将继续推进城市维护建设税法、契税法的立法，全面落实税收法定原则。其三，加强营商环境配套立法、修法，发展完善市场经济法律体系，包括修改《专利法》《著作权法》，推进优化营商环境地方立法等。其四，2020年的立法亦将继续加强民生领域、文化教育领域以及生态环境领域的立法，统筹推进社会、文化、生态建设，包括制定和修改《个人信息保护法》《数据安全法》《档案法》《乡村振兴促进法》《社会救助法》《法律援助法》《未成年人保护法》《预防未成年人犯罪法》《动物防疫法》《海上交通安全法》《安全生产法》《生物安全法》《固体废物污染环境防治法》等。其五，提高立法与改革衔接的精准度，在法治轨道上推进改革，包括加快制定和修改《公职人员政务处分法》《刑法修正案（十一）》《行政处罚法》《行政复议法》《治安管理处罚法》等，使改革和立法相统一、相促进。同时还要把握立法规律，统筹运用好打包修改、作出决定、全面修法等方式，为改革提

供法治保障。其六，积极开展中国法域外适用、新技术新领域等相关法律制度研究，为相关立法提供必要支撑。

（四）继续推进合宪性审查、备案审查工作，维护法制统一

十九届四中全会报告强调，加强宪法实施和监督，落实宪法解释程序机制，推进合宪性审查工作，加强备案审查制度和能力建设，依法撤销和纠正违宪违法的规范性文件。据此，2020 年的立法工作，一是要着力法律法规的专项清理工作，解决现有法律体系中越权立法及与上位法规定不一致的立法问题；二是要加强备案审查制度和能力建设，进一步规范落实《立法法》第 99 条规定的合法性审查机制；三是要建立健全宪法解释程序机制，有效推进合宪性审查工作；四是要建立健全合宪性审查工作的机构配置、工作机制、审查对象和程序、对违宪法律法规的处理等机制。

B.3
2019年中国人权法治发展：人民幸福生活是最大的人权

戴瑞君*

摘　要：新中国70年的人权保障经验表明，人民幸福生活就是最大的人权。2019年，中国人权法治继续沿着中国的人权发展理念和发展道路稳步前行。重点着力脱贫减贫，在实现生存权与发展权的进程中不让一个人掉队；健康权、受教育权、社会保障权、司法诉权等各项人权协调均衡发展；妇女、儿童、少数民族、残疾人、老年人权利获得平等保障。中国在全面提升本国人权保障水平的同时，继续以开放合作姿态，交流分享人权经验，推动全球人权治理健康发展。

关键词：人权发展道路　生存权　发展权　健康权　全球人权治理

2019年是中华人民共和国成立70周年。9月22日，国务院新闻办公室发布《为人民谋幸福：新中国人权事业发展70年》白皮书。白皮书总结了新中国成立以来，在中国共产党的领导下，中国的人权理念、人权道路与人权成就。新中国70年，是中国人民各项基本权利日益得到尊重和保障的70年，也是中国不断为世界人权事业发展做出贡献的70年。中国的人权发展道路和人权保障经验说明：要始终以人民为中心，人民幸福生活就是最大的人权。

*　戴瑞君，中国社会科学院国际法研究所副研究员。

新中国在 70 年的发展过程中，摸索出一套适合中国国情的人权发展理念和人权保障模式，即坚持把人权的普遍性原则与国家的自身实际相结合，始终把生存权、发展权作为首要的基本人权，坚持协调推进全体人民的各项权利，把人民的获得感、幸福感、安全感作为检验人权实现程度的重要标准，把促进人的全面自由发展作为人权的最高价值追求①。中国在提高中国人权保障水平的同时，为全球人权治理向公正、合理、包容的方向健康发展贡献了中国智慧和中国方案。2019 年，中国人权法治继续沿着中国的人权发展理念和发展道路稳步前行。

一　切实保障全体人民的生存权与发展权

贫困是实现人权的最大障碍，消除贫困是实现生存权的要求，是实现发展权的前提。改革开放 40 年，中国 7 亿多农民摆脱贫困，创造了人类减贫史上的奇迹。2019 年，中国继续依法深入推进扶贫、减贫工作。

1 月 21 日国务院扶贫办、人力资源和社会保障部联合发布的《关于深入推进技能脱贫千校行动的实施意见》提出，凡建档立卡的贫困家庭均有机会接受免费的技工教育和职业培训，通过教育和培训，实现贫困家庭成员就业创业，增加收入，达到“教育培训一人、就业创业一人、脱贫致富一户”的目标。这份意见充分体现了坚持权利导向、发挥贫困人口主体性和创造性的扶贫思路，把扶贫与扶智相结合，提高贫困地区和贫困人口的自我发展能力。

保障全体人民的生存权与发展权，任何人都不能掉队。中国有 8500 多万残疾人，是世界上残疾人口最多的国家。中国将残疾人减贫作为国家脱贫攻坚战的重要组成部分，针对残疾人面临的特殊困难，加大在社会保障、康复服务、照料护理、家庭无障碍改造等方面的投入，解决他们的特殊需求。

贫困重度残疾人是全社会最为困难的弱势群体，也是脱贫攻坚中需要重点帮扶的群体。2019 年 4 月 25 日，国务院扶贫办、中国残联等五家单位发布

---

① 参见国务院新闻办公室《为人民谋幸福：新中国人权事业发展 70 年》，2019 年 9 月 22 日，第二部分。

《关于在脱贫攻坚中做好贫困重度残疾人照护服务工作的通知》，对确定照护对象和服务内容、开展集中照护、引入社会化照护服务、加大康复工作力度、鼓励社会力量参与等工作作出指导，对各地有关部门加强组织领导、资金保障和监督管理提出具体要求。

经过两年脱贫攻坚努力，中国的贫困人口状况得到极大改善。到2019年底，全国95%左右现行标准的贫困人口实现脱贫，90%以上的贫困县实现摘帽[①]。这些成果是全体人民共同发展、共享发展成果的生动体现。

尽管脱贫减贫取得了重大决定性进展，但任务依然艰巨。根据全国人大常委会专题调研组的调研报告，目前贫困人口基数依然较大，深度贫困、区域性整体贫困问题依然突出。为巩固已有脱贫成果、建立脱贫减贫长效机制，需要积极推动扶贫开发立法，将脱贫攻坚中行之有效的经验上升为法律法规，做好脱贫攻坚的制度设计和创新[②]，为脱贫减贫工作提供法治保障。

二　协调推进各项权利均衡发展

公民权利和政治权利及经济、社会、文化权利等各项人权是相互依存不可分割的有机整体，中国注重对各项权利的协调推进。2019年，健康权、受教育权、社会保障权、司法诉权等权利的法治保障取得新进展。

（一）健康权

保障健康权是人民追求幸福生活的必然要求，党的十九大作出实施健康中国战略的决策部署。为落实健康中国战略，2019年6月24日，国务院发布《关于实施健康中国行动的意见》，加快推动以治病为中心向以人民健康为中心的转变，落实预防为主的方针，提高全民健康水平。该意见提出了全方位干预健康影响因素、维护全生命周期健康、防控重大疾病等三方面15项专项

① 顾仲阳:《预计年底95%的贫困人口脱贫》,《人民日报》2019年10月12日，第6版。

② 武维华:《全国人民代表大会常务委员会专题调研组关于脱贫攻坚工作情况的调研报告》，2019年2月26日。

行动目标。7 月 9 日，国务院成立健康中国行动推进委员会，以统筹推进“健康中国行动”的组织实施、监测和考核工作；根据疾病谱变化及医学进步等情况，研究对健康教育和重大疾病预防、治疗、康复、健康促进等提出指导性意见。同日，健康中国行动推进委员会发布《健康中国行动 2019~2030》，提出通过普及健康知识、参与健康行动、提供健康服务等路径，实现人民群众不生病、少生病，提高生活质量，延长寿命。

接种疫苗、预防疾病，是保障公民健康权的另一项有效措施。2018 年出现的长春长生疫苗事件再次拷问疫苗管理制度。2019 年 6 月 29 日，《疫苗管理法》颁布，确立了“国家对疫苗实行最严格的管理制度，坚持安全第一、风险管理、全程管控、科学监管、社会共治”的原则。

（二）受教育权

为充分保障全体公民的受教育权，提升全民教育水平，2019 年 2 月 23 日，中共中央、国务院印发《中国教育现代化 2035》，本着以德为先、全面发展、面向人人、终身学习、因材施教、知行合一的基本理念，提出到 2035 年建成服务全民终身学习的现代教育体系，普及有质量的学前教育，实现优质均衡的义务教育，全面普及高中阶段教育，职业教育服务能力显著提升，高等教育竞争力明显提升，残疾儿童少年享有适合的教育，形成全社会共同参与的教育治理新格局。为落实《中国教育现代化 2035》文件精神，中共中央办公厅、国务院办公厅印发了《加快推进教育现代化实施方案（2018~2022 年）》。这一五年行动方案，开启了有计划、有步骤地落实 2035 年总体目标的进程。

义务教育是保障公民受教育权的根基，接受义务教育既是公民的一项权利，也是一项义务。根据教育部提供的数据，截至 2019 年 3 月，全国有 2717 个县实现义务教育基本均衡发展，占全国总数的 92.7%；中西部地区实现义务教育基本均衡发展的县比例达到 90.5%；有 16 个省（区、市）整体通过评估认定①。

① 任江华、赵婀娜：《全国 92.7% 的县实现义务教育基本均衡发展》，《人民日报》2019 年 3 月 27 日，第 11 版。

虽然义务教育成效显著，但近年来出现多种妨碍适龄儿童接受义务教育的情况。例如，有的社会培训机构擅自招收学龄儿童，以“国学”“女德”教育名义开展全日制教育、培训，替代义务教育阶段学校教育，妨碍适龄儿童接受义务教育的权利，儿童及其监护人确保依法接受义务教育的义务未能履行。针对这些错误做法，教育部制定了《禁止妨碍义务教育实施的若干规定》，列举了校外培训机构妨碍义务教育的具体情形，对适龄儿童的父母或法定监护人保证儿童接受义务教育提出指导。该规定还决定尽快开展全面排查，依法查处机构和个人违法违规导致适龄儿童未接受义务教育的行为，并坚决予以纠正。

为全面提升义务教育教学质量，2019 年 6 月 23 日，中共中央、国务院发布《关于深化教育教学改革　全面提高义务教育质量的意见》，明确坚持德、智、体、美、劳“五育”并举、全面发展的目标，提出提高课堂教学质量、建设高素质专业化教师队伍的总体要求。这是党中央、国务院印发的第一个聚焦义务教育阶段教育教学改革的重要文件，为义务教育阶段的教学改革确立了纲领[①]。

职业教育和普通教育是两种不同的教育类型，但具有同等重要地位。职业教育为从校园到职场的平稳过渡架设了桥梁，肩负促进实现受教育权和就业权的双重作用。为全面提升中国职业教育质量、促进职业教育现代化，2019 年 1 月 24 日，国务院发布《国家职业教育改革实施方案》，从“完善制度体系、构建国家标准、健全产教融合校企双元育人、建设多元办学、完善人才保障政策、加强督导评价、做好组织实施”等方面提出 20 项具体措施，旨在进一步提高职业教育现代化水平，为促进经济社会发展输送优质的人才资源。

（三）社会保障权

人权是人人共享的权利，社会保障权也不例外。长期形成的城乡二元结

---

① 胡浩：《义务教育阶段教育教学改革纲领性文件出炉》，新华网，2019 年 7 月 8 日。

构，对城市务工人员充分享有社会保障权构成了障碍。针对这一问题，2019 年 3 月 31 日，国家发展改革委印发《2019 年新型城镇化建设重点任务》，提出积极推动已在城镇就业的农业转移人口落户、推动常住人口基本公共服务全覆盖的任务。根据该文件，到 2019 年底，公办学校应普遍向随迁子女开放，推进建立统一的城乡居民医保制度，推进城乡居民养老保险参保扩面，强化全方位公共就业服务，推进农民工职业技能培训扩面提质。

为保障农民工的就业权、如期获得劳动报酬，2019 年 8 月，国务院成立由 25 个部门组成的根治拖欠农民工工资工作领导小组，统筹协调全国根治拖欠农民工工资工作，督促检查有关法律法规和政策措施的落实情况，保障农民工切实享受合法权益。

针对部分退役士兵的社会保障在实践中面临的诸多挑战，中共中央办公厅、国务院办公厅印发《关于解决部分退役士兵社会保险问题的意见》，要求按照“保证退役士兵享有的保障待遇与服役贡献相匹配、与经济社会发展水平相适应”的总原则，允许以政府安排方式为退出现役的退役士兵参保和补缴。

（四）获得司法救济的权利

为保障公民特别是困难群体平等获得寻求司法救济的权利，中共中央办公厅、国务院办公厅联合印发《关于加快推进公共法律服务体系建设的意见》。这一意见提出均衡配置、重点着力建设现代化公共法律服务体系的总体要求，要求普及法治宣传、扩大法律援助范围、完善司法救助制度，加快推进基层法律顾问制度全覆盖。

法律援助是帮助困难群体获得司法救济的有效途径，为此，司法部开展了“法援惠民生”工作。从 2014 年至 2018 年的五年间，全国法律援助机构共组织办理法律援助案件 633.6 万件，法律援助受援人达 695.7 万人次，提供法律咨询服务超过 3652 万人次[①]。2018 年，司法部在全国开展“法援惠民生助

① 《刘振宇：近五年来全国法援机构共组织办理案件 633.6 万件》，司法部网站，2018 年 11 月 29 日。

力农民工”品牌建设活动，使51.5万人次农民工从中获益[①]。这些努力让困难民众能够切实拿起法律武器，维护自身权益。

立案难成为阻碍公民获得司法救济的一个突出问题。为解决这一问题，人民法院从2015年5月1日开始改革案件受理制度，变立案审查制为立案登记制，对符合受理条件的起诉，做到有案必立、有诉必理，切实保障当事人诉权，从制度上和源头上解决“立案难”问题。

近年来，各级法院注重运用互联网技术和信息化手段开展工作，从智慧审判、智慧执行、智慧服务、智慧管理几个方面打造智慧法院。审判方面，杭州、上海、北京等地的互联网法院实现了“网上案件网上审理”；执行方面，建成网络执行查控系统，为切实解决执行难提供坚实保障；服务方面，“超过90%的法院具备网上立案或者预约立案功能”[②]，极大方便了群众诉讼；管理方面，全国法院和人民法庭实现了“一张网”办公办案，有效提升了法院的工作效能。信息化与司法审判工作相结合，让人民群众更大程度感受到司法的公平正义。

三　平等保障不同群体权利

基于性别、年龄、残疾、语言、宗教等因素的歧视，妨碍了妇女、儿童、老年人、残疾人、少数民族群体平等享有人权。为消除歧视，保障全体人民平等享有各项人权，中国一以贯之地采取多项法律和政策措施，着力解决不同群体面临的突出问题。

（一）保障妇女平等就业权

2019年，有关部门推出若干举措，进一步保障妇女就业权，促进男女平等就业。2月18日，人力资源和社会保障部、教育部等九部门下发《关于进一步规范招聘行为　促进妇女就业的通知》，首先，详细列举了招聘环节不得

---

① 《2018年中国51.5万人次农民工获得法律援助》，新华网北京2019年1月14日电。

② 周强:《新时代中国法院司法体制改革和智慧法院建设》，中国法院网，2019年11月6日。

为的性别歧视行为；其次，规定了对违反禁令的追责制度；最后，列举了诸如婴幼儿照护服务、中小学生课后服务等支持性措施，支持妇女就业[①]。

作为对促进妇女就业的一项支持性措施，2019 年 4 月，国务院办公厅发布了《关于促进 3 岁以下婴幼儿照护服务发展的指导意见》，部署支持社区婴幼儿照护服务、规范发展多种形式的婴幼儿照护服务机构等主要任务，提出“到 2020 年初步建成婴幼儿照护服务的政策法规体系和标准规范体系，初步满足人民群众的婴幼儿照护服务需求；到 2025 年基本健全婴幼儿照护服务的政策法规体系和标准规范体系的发展目标”。

（二）全面保障儿童权利

1. 加大对留守儿童、无人抚养儿童的权利保障

近年来，留守儿童、无人抚养儿童的权利保障问题突出。为此，相关部门出台规范，加大对幼儿园、儿童福利机构等儿童聚集单位的监管力度。

2019 年 1 月 1 日，民政部制定的《儿童福利机构管理办法》正式实施。该办法规定儿童福利机构应坚持儿童利益最大化原则，依法保障儿童的生存权、发展权、受保护权、参与权等权利，不断提高儿童生活、医疗、康复和教育水平；明确了儿童福利机构的服务对象、服务内容，强化了儿童福利机构的内部管理制度。根据民政部 2019 年初发布的统计资料，全国共有儿童福利机构 1217 家，共有孤儿 34.3 万人，其中社会散居孤儿 27.5 万，占总数的 80.2%；儿童福利机构内集中养育孤儿 6.8 万人，占总数的 19.8%[②]。有些地方已经在探索将儿童福利机构服务向社会散居孤儿以及残疾孤儿拓展。

4 月 30 日，民政部、教育部、公安部等十部门联合印发《关于进一步健全农村留守儿童和困境儿童关爱服务体系的意见》，确定了未成年人救助保护机构和儿童福利机构的职能，提出探索将儿童福利机构向贫困家庭残疾儿童

---

① 王天淇:《北京九部门联合印发通知：招聘时禁问妇女婚育情况》,《北京日报》2019 年 6 月 28 日，第 9 版。

② 陈劲松:《中国进一步改善孤儿生活质量》,《人民日报》(海外版) 2019 年 2 月 11 日，第 2 版。

开放的社会服务功能，鼓励和引导社会力量广泛参与对农村留守儿童和困境儿童的帮扶救助。

7月10日，民政部、教育部、公安部等12部门发布《关于进一步加强事实无人抚养儿童保障工作的意见》。这是首次就“事实孤儿”保护工作出台专门意见。该意见明确了“事实无人抚养儿童”的认定标准和认定流程，从强化基本生活保障、加强医疗康复保障、完善教育资助救助等方面落实对事实无人抚养儿童的保护工作。

近些年，幼儿园侵犯儿童案件时有爆出。2019年6月18日，教育部发布《幼儿园责任督学挂牌督导办法》，旨在加强对幼儿园的监管。根据该办法，幼儿园安全管理情况、规范办园情况、师德师风建设情况都应纳入责任督学监督指导的范围。此外，对于幼儿园发生的重大突发事件或重大事故，责任督学应当第一时间到场，督促对事件的处理并报上级督导部门。

2. 强化针对未成年人的法治宣传教育和司法保护

2019年2月12日，最高人民检察院公布《2018~2022年检察改革工作规划》，检察机关拟探索建立罪错未成年人临界教育、家庭教育、分级处理和保护处分制度，以深化对涉罪未成年人的教育感化挽救工作；推行未成年受害人“一站式”询问、救助制度，防止二次伤害。此外，规划还计划设立未成年人检察工作社会支持体系建设试点，实现专业化和社会化的有效衔接。2019年4月，最高人民检察院和共青团中央在北京市海淀区等40个地区启动了未成年人检察社会支持体系建设试点，共同促进涉案未成年人回归社会，全面维护未成年人的合法权益。

2019年7月24日，最高人民法院发布性侵儿童犯罪典型案例，严厉打击侵犯儿童的犯罪，保障儿童身心健康，为审判、惩处侵犯儿童案件提供示范。

3. 儿童权利立法积极回应现实需求

2019年10月，十三届全国人大第十四次会议审议《未成年人保护法》和《预防未成年人犯罪法》修订草案。为回应社会需求，《未成年人保护法（修订草案）》拟增加规定发现侵害未成年人案件时强制报告制度、密切接触未成年人行业从业人员准入资格制度、校园欺凌防控制度等内容。就校园欺凌防控而言，修订草案规定校园应当建立防控制度，及时制止和处理学生欺凌行为，配合有关部门对实施欺凌的未成年学生进行教育、矫治或处罚，对相关学生进行心理辅导和教育引导。在法律结构上，根据实践发展需要，增加"网络保护"一章，对个人信息保护、网络不良信息治理、防治网络沉溺等新情况、新问题作出规定；为强化政府责任主体地位，增加"政府保护"一章[①]。

（三）发展养老服务，实现老有所养

中国快速进入老龄化社会，老年人权利保障迫在眉睫，养老服务供不应求的问题日益凸显。为应对养老服务市场发展不平衡不充分、有效供给不足、服务质量不高等问题，2019 年 4 月 16 日，国务院办公厅发布《关于推进养老服务发展的意见》；2019 年 7 月国务院批准设立由民政部牵头、21 家部门组成的养老服务部级联席会议制度，以统筹协调全国养老工作，研究解决养老服务工作重大问题，研究审议拟出台的养老服务法规和重要政策，部署实施养老服务改革创新重点事项，督促检查养老服务有关政策的落实情况[②]。联席会议制度的建立为养老服务工作提供了机制保障。

（四）从保护到赋权的残疾人权利保障

残疾人是社会的平等成员。尊重和保障残疾人的人权和人格尊严，使他们能以平等地位、有均等机会充分参与社会生活，共享物质文明和精神文明成果，是国家义不容辞的责任，也是中国特色社会主义制度的要求。

2019 年 7 月 25 日，国务院新闻办公室发表《平等、参与、共享：新中国残疾人权益保障 70 年》白皮书，总结新中国 70 年残疾人权利保障成就，指出未来的努力方向。70 年来，中国残疾人保障事业实现了从保护到赋权的

---

① 参见《未成年人保护法修订草案、预防未成年人犯罪法修订草案将亮相　学校应建立学生欺凌防控制度》，新华网，2019 年 10 月 18 日。

② 《国务院办公厅关于同意建立养老服务部级联席会议制度的函》（国办函〔2019〕74 号），2019 年 7 月 27 日。

理念转变，使“残疾人真正成为权利的主体，成为经济社会发展的参与者、贡献者和享有者”。“残疾人保障工作纳入国家经济社会发展总体规划和国家人权行动计划，残疾人权利保障的体制机制不断完善，社会保障和服务体系不断健全，残疾人的获得感、幸福感和安全感持续提升。”

尽管如此，残疾人事业发展仍滞后于全国经济社会发展总体要求，充分保障残疾人平等权利、全面促进残疾人融合发展依然任重道远。未来中国仍需努力消除基于残疾的歧视，切实尊重和保障残疾人人权，增强残疾人自我发展能力，推进残疾人平等参与发展进程、平等分享发展成果。

（五）遏制极端势力，为民族地区发展创造平等机会

中国有55个少数民族、5个民族自治区。国家重视包括少数民族地区和少数民族群体在内的全国整体同步、平等发展，积极应对发展过程中遇到的各种挑战，为少数民族发展提供政策保障。

近年来，新疆维吾尔自治区深受恐怖主义和宗教极端思想之害。暴力恐怖和宗教极端行为严重践踏人权，反恐、去极端化是国际社会的共同责任。中国政府把维护人的尊严和价值，保障各族人民的生命权、健康权、发展权，使人民在安宁祥和的社会环境中幸福生活作为根本任务，依法严厉打击恐怖主义和极端主义，坚持把预防性反恐放在第一位。为此，新疆维吾尔自治区设立职业技能教育培训中心，为广大青壮年开展职业技能教育培训，使他们掌握就业技能、改善经济条件、提升自我发展能力，消除恐怖主义、宗教极端主义滋生蔓延的土壤和条件。

国务院新闻办公室先后发表《新疆的反恐、去极端化斗争与人权保障》白皮书和《新疆的职业技能教育培训工作》白皮书，开诚布公地说明中国政府在新疆开展的反恐工作和职业教育技能培训中心的具体工作。在教育培训工作中，学员的人身自由受到保障，人格尊严不受侵犯，民族风俗受到尊重，精神文化生活得到丰富。通过教育和培训，学员素质明显提升，具备自食其力创造新生活的能力，有些学员还到高等学府继续深造学习。

通过坚持不懈的努力，恐怖活动多发频发势头得到有效遏制，全疆

千百万人民的生存、发展及各项人权得到保障。“一带一路”建设把新疆作为向西开放的重要窗口，为新疆的全面发展和人民幸福生活创造历史机遇。

四　开放合作，为全球人权治理贡献中国智慧和方案

2019 年，中国继续以开放积极的姿态参与国际人权交流与合作，为全球人权治理贡献中国智慧、中国方案。

（一）开展人权对话，互学互鉴

中国坚持以坦诚开放的姿态与欧美国家进行人权对话与交流。3 月 26 日，“2019 · 中德人权发展论坛”在德国柏林举行。与会的中德代表围绕“扶贫与人权”“社会保障体系建设与人权”“可持续发展与人权”“21 世纪反恐怖主义及其与人权的关系”等议题交流有益经验。4 月 1 日，中国—欧盟第 37 次人权对话在比利时布鲁塞尔举行，双方本着坦诚深入、增进理解的方针，就人权领域新进展、人权与反恐、难民移民权利、国际人权合作等问题交换意见。

（二）分享人权保障经验，促进共同发展

中国的减贫成就获得国际社会高度肯定。中国向国际社会坦诚分享经验，促进共同发展。2019 年 3 月 20 日，第二届联合国南南合作高级别会议召开，中国表示愿与广大发展中国家分享交流减贫经验，为全球贫困治理贡献中国方案。5 月 15 日，由联合国粮农组织、世界粮食计划署等单位主办的“2019 全球减贫伙伴研讨会”举行。中国代表表示，中国政府正在研究 2020 年后减贫战略，将立足中国国情，不断借鉴国际成功经验，加强与国际机构合作，探索解决相对贫困问题思路举措，推动中国扶贫事业的可持续发展。

（三）提出人权议案，推动全球人权治理健康发展

北京是 1995 年第四次世界妇女大会的举办地，此次会议通过的《北京宣言》和《行动纲领》对中国的人权法治产生了深远影响。2019 年 9 月 26 日，

联合国人权理事会协商一致通过中国与其他国家联合提出的“纪念《北京宣言》和《行动纲领》通过25周年”决议。决议强调了1995年北京第四次世界妇女大会的重要性，决定于2020年即第四次世界妇女大会25周年之际，在人权理事会举办高级别纪念活动[①]。

7月12日，联合国人权理事会通过中国等30多个发展中国家联合提议的《发展对享有所有人权的贡献》决议[②]。中国的人权发展理念和经验总结被广泛融入这份决议中。例如，决议“承认发展是改善各国人民生活水平和福祉的基础，因此对享有所有人权做出贡献”“强调发展合作、促进和保护人权对确保不让一个人掉队的重要性”“重申满足人民对美好生活的向往是各国的优先任务”“重申极端贫困阻碍充分和有效享有人权；强调消除一切形式和表现的贫困，包括极端贫困，是一项重大全球挑战，也是实现可持续发展的必然要求和首要优先任务”“呼吁各国实现以人民为中心的发展，发展属于人民、依靠人民、造福人民”。

9月27日，联合国人权理事会通过中国与不结盟运动共同提出的《发展权》决议。该决议强调包括发展权在内的所有人权和基本自由都是普遍、不可分割、相互依存和相互关联的；发展权为充分实现可持续发展目标提供了重要的有利环境；确认消除一切形式和表现的贫困，是促进和实现发展权的关键要素之一，是最大的全球性挑战，也是实现可持续发展必不可少的要求；要成功落实各项可持续发展目标，必须建立新的、更加公平和可持续的国家秩序和国际秩序[③]。

结　语

新时代中国社会的主要矛盾已转化为人民日益增长的美好生活需求与发

① UN Doc A/HRC/RES/42/14，人权理事会2019年9月26日通过的决议：《纪念〈北京宣言和行动纲领〉通过二十五周年》，2019年10月4日。

② UN Doc A/HRC/RES/41/19，人权理事会2019年7月12日通过的决议：《发展对享有所有人权的贡献》，2019年7月17日。

③ UN Doc A/HRC/RES/42/23，人权理事会2019年9月27日通过的决议：《发展权》，2019年10月1日。

展不平衡不充分之间的矛盾。2019 年，中国的人权法治发展把人民的获得感、幸福感作为人权保障的出发点和落脚点，围绕社会主要矛盾，重点发力，补齐短板，创造机会，促进人人发展进步，保障人人共享发展成果，努力打造人民的幸福生活。党中央提出，到 2020 年中国将全面建成小康社会。习近平总书记指出，全面建成小康社会“一个都不能少”。建成全面普惠的小康社会目标为人权法治发展提出了要求，指明了方向。未来一年，中国应继续依照法治思维，将人权保障经验转化为规则体系，为人权事业均衡、持续发展提供法治保障。

B.4
2019年犯罪形势分析及2020年犯罪形势预测

高长见*

摘　要：随着全面依法治国方略的贯彻落实以及平安建设和社会治理现代化的不断进步，中国总体犯罪形势持续好转。2019年，暴恐犯罪得到有效遏制，高发态势有了根本性好转，发案率基本降低为零；在“扫黑除恶”专项斗争营造的良好环境下，严重暴力犯罪发案率继续下降，破案率仍维持在较理想水平；电信网络诈骗犯罪和危害公共安全、破坏经济秩序犯罪则仍高发、频发，危害较大。2020年，应加大对危害公共安全、破坏经济秩序犯罪、财产犯罪及对妇女儿童犯罪的打击力度，不断增强人民群众的安全感，建设更高水平的平安中国。

关键词：犯罪形势　发案率　治安

总体而言，2019年中国的犯罪形势呈现以下几个特点。一是经过综合施策和治理，国内的暴恐犯罪得到有效遏制，彻底改变了高发、易发态势，暴恐犯罪形势已经发生了根本性的积极变化。二是在多年来持续向好基础上，依靠“扫黑除恶”专项斗争，严重暴力犯罪的发案率持续下降，破案率不断提升，社会治安总体局面不断趋好。三是从人民法院受理案件角度分析，以

---

* 高长见，中共中央党校（国家行政学院）政治和法律教研部副教授。

醉驾为主体的危险驾驶罪成为上半年查处最多的刑事案件，首次超过侵财类犯罪的盗窃罪。这一方面表明相关的执法力度不断加大，另一方面也说明危害公共安全的危险驾驶行为持续高发、基数较大，需要针对性加大综合治理力度。四是网络电信诈骗高发、易发的态势仍很明显，造成的财产损失巨大，社会危害极大，执法、司法机关在不断加大打击力度。五是破坏经济秩序类案件持续高发，从有关执法、司法统计数据分析，此类案件呈一定程度的增长态势，危害较大。

一　暴恐犯罪得到有效遏制、严重暴力犯罪继续下降

在新疆开展教育培训工作以来，“新疆已连续近三年未发生暴力恐怖案（事）件，宗教极端主义渗透得到有效遏制，社会治安状况明显好转，民族平等团结，宗教和睦和顺，人民生活安定祥和”[①]。三年未发生暴力恐怖案（事）件，充分说明恐怖主义犯罪的嚣张气焰已经受到沉重打击、得到彻底遏制，国内的恐怖主义犯罪形势有了根本性好转，这是多年来针对性预防和打击措施不断收到实效的结果，也充分说明暴恐犯罪问题的治理方式得当、方法有效，是控制暴恐犯罪的有效经验。

2019 年，不但恐怖主义犯罪得到彻底遏制，严重暴力犯罪形势也有了明显的积极变化。2019 年上半年，全国刑事案件同比下降 6%，其中，八类严重暴力案件下降 11.1%，涉枪案件下降 44%[②]。具体而言，前三个季度，检察机关以扫黑除恶专项斗争为抓手，依法严惩各类严重刑事犯罪，共起诉各类刑事犯罪 1292151 人[③]。由于刑事政策科学、有效，以及社会治理法治化水平不断提高，多年来中国命案发生率每 10 万人低于 1，成为中国社会稳定奇迹的重要组成部分，中国是最安全的国家之一，受到国际社

① 国务院新闻办:《新疆的职业技能教育培训工作》白皮书，2019 年 8 月 16 日。

② 《扫黑除恶专项斗争再开全国推进会，对黑恶势力要依法打深打透除恶务尽》，http://www.chinapeace.gov.cn/chinapeace/c54219/2019-10/12/content_12294539.shtml。

③ 《2019 年 1 至 9 月全国检察机关主要办案数据》,《检察日报》2019 年 10 月 31 日，第 1 版。

会的高度评价。

从全年数据来看，2019 年，全国检察机关共批准逮捕各类犯罪嫌疑人 108 万多人，提起公诉 181 万多人，同比分别上升 3% 和 7%①。从案件类型看，2019 年 1~6 月，与人民群众安全感、幸福感密切相关的公共交通犯罪案件下降，全国铁路刑事案件发案同比下降 17%，治安案件同比下降 6%，抓获网上在逃人员 3 万余人，同比增长 19%②。公共交通系统犯罪案件直接影响群众的安全感，危害大、影响恶劣，因此，铁路刑事案件下降意义较大。

从地域角度分析，一些重点地区严重暴力犯罪形势有了明显的积极变化。以北京市为例，2019 年 1~6 月，北京警方共破获 3.3 万多起各类刑事案件，和上年同期相比上升 5.6%，抓获 2.6 万余名各类涉案犯罪嫌疑人，同比上升 2.7%。其中，杀人、绑架等八类危害严重刑事案件立案同比下降 18%，降至历史新低，破案率 83.3%，则创历史新高；命案立案同比下降 22%，连续 5 年破案率保持 100%，九成以上命案在 24 小时内破获；抢劫案件破案率首次达到 100%③。

暴恐犯罪和严重暴力犯罪得到有效控制，发案率在低位运行且逐年降低，这充分说明了中国犯罪治理的高水平，也说明了社会治理现代化和平安中国建设的成效，也说明“扫黑除恶”专项斗争对犯罪治理发挥了很大的积极作用，值得深入总结其中的有益经验，为更高水平的平安中国建设做出更大贡献。

二　扫黑除恶专项斗争成效显著

“扫黑除恶”专项斗争对近年来社会治安形势持续好转具有重大意义。2018 年的扫黑除恶取得显著成效，在此基础上，2019 年的扫黑除恶专项斗争

① 《九组数据带你了解 2019 年检察工作亮点》，《检察日报》2020 年 1 月 19 日。

② 《上半年全国铁路刑事发案同比降 17%》，《法制日报》2019 年 7 月 10 日。

③ 《北京连续 5 年命案破案率 100%，抢劫案破案率也首次达到 100%》，《北京晚报》2019 年 8 月 15 日。

又在深挖根治上有新的突破，专项斗争继续向纵深发展。

在“扫黑除恶”专项斗争的第二年和攻坚之年，司法机关取得了重大成绩，特别是在打击“保护伞”和“关系网”方面成效更为显著。云南孙小果案、湖南操场埋尸案成为本年度“扫黑除恶”专项斗争的代表性案例，凸显了扫黑除恶的必要性和重大意义。截至2019年8月底，全国共打掉涉黑组织2275个、涉恶犯罪集团8047个、涉恶犯罪团伙2.9万余个，破获刑事案件27.2万余件[①]。截至2019年9月底，各级纪检监察机关共立案查处涉黑涉恶腐败和“保护伞”问题3.98万起，处理4.31万人，给予党纪政务处分3.02万人，移送司法机关5500人[②]。

2019年全年，全国检察机关共起诉涉黑犯罪3万余人、涉恶犯罪6万余人，起诉同比上升60.3%，批捕涉黑涉恶犯罪同比下降19.9%；起诉“保护伞”1400余人，同比上升3倍多。批捕与起诉数据的一降一升，反映了大量案件进入起诉阶段[③]。

自2018年1月以来，全国法院审结涉黑犯罪案件1088件12387人，生效873件9168人，重刑率达54.9%；审结涉恶案件9771件54754人，生效7302件39459人，重刑率达24.1%[④]。

为准确把握扫黑除恶中的法律政策界限，确保专项斗争始终沿着法治轨道深入推进，2019年，司法机关制定出台了有关扫黑除恶法律政策界限的一系列规范性文件。最高人民法院、最高人民检察院、公安部、司法部联合印发了《关于办理恶势力刑事案件若干问题的意见》《关于办理“套路贷”刑事案件若干问题的意见》《关于办理黑恶势力刑事案件中财产处置若干问题的意见》《关于办理实施“软暴力”的刑事案件若干问题的意见》等四个规范性文

① 《庆祝新中国成立70周年系列论坛第五场9月17日重磅开讲》，http://www.zytzb.gov.cn/tzyw/316719.jhtml。

② 《李书磊在全国扫黑除恶专项斗争第二次推进会上强调 在打击重点上聚力保持“惩腐打伞”高压态势》，https://www.chinacourt.org/article/detail/2019/10/id/4554980.shtml。

③ 《九组数据带你了解2019年检察工作亮点》，《检察日报》2020年1月19日。

④ 《去年以来全国法院审结涉黑案件重刑率超五成》，https://www.chinacourt.org/article/detail/2019/10/id/4587014.shtml。

件。这几个规范性文件明确了“扫黑除恶”中的政策法律界限，既坚持严厉打击各类黑恶势力违法犯罪，又坚持严格依法办案，确保办案质量和办案效率的统一[①]。

国家监察委员会与最高人民法院、最高人民检察院、公安部、司法部联合印发《关于在扫黑除恶专项斗争中分工负责、互相配合、互相制约严惩公职人员涉黑涉恶违法犯罪问题的通知》，最高人民检察院、公安部、司法部联合印发《关于办理非法放贷刑事案件若干问题的意见》《关于办理利用信息网络实施黑恶势力犯罪刑事案件若干问题的意见》《关于跨省异地执行刑罚的黑恶势力罪犯坦白检举构成自首立功若干问题的意见》等，这四个法律政策文件进一步明确了专项斗争涉及的法律问题[②]。

三 职务犯罪形势平稳

党的十八大以来，随着全面从严治党方略的贯彻落实，特别是十九大后反腐败斗争取得压倒性胜利，职务犯罪高发、破案率低等长期以来存在的问题得到有效解决，对职务犯罪的严打、高压态势不断巩固。另外，需要指出的是，在监察体制改革后，有关职务犯罪的立案调查权威数据由国家监察委员会发布，但其统计口径与过去检察机关的统计口径有所不同，职务犯罪的立案调查纳入监督执纪的四种形态中。

在纪检监察体制改革后的2018年，各级法院审结贪污贿赂、渎职等案件2.8万件3.3万人，其中被告人原为省部级以上干部的18人，厅局级339人，县处级1185人。同时，人民法院加大了对行贿犯罪的惩治力度，判处罪犯2466人[③]。

在监察机关的统计数据中，职务犯罪的立案调查数量被包含在监督执纪

① 刘晓燕：《全国扫黑办公布关于办理恶势力刑事案件等4个意见》，《人民司法》2019年第11期。

② 《全国扫黑办发布严惩公职人员涉黑涉恶、办理非法放贷刑事案件等四个法律政策文件》，《法制日报》2019年10月22日。

③ 2019年最高人民法院工作报告。

第四种形态中，但也并不是完全对应关系，监督执纪的第四种形态数据中，职务犯罪的比重应较大。2018 年是落实党的十九大精神的开局之年，全国纪检监察机关运用监督执纪“四种形态”共处理 173.7 万人次。其中，充分运用第一种形态，约谈函询、批评教育 110.4 万人次，占总人次的 63.6%；妥善运用第二种形态，给予轻处分、组织调整 49.5 万人次，占 28.5%；准确运用第三种形态，给予重处分、重大职务调整 8.2 万人次，占 4.7%；果断运用第四种形态，依规依纪依法处理严重违纪违法涉嫌犯罪的党员干部 5.5 万人次，占 3.2%①。这一年，全国纪检监察机关接受信访举报、处置问题线索、立案、处分等各项数据均为改革开放以来的最高值。与 2017 年相比，2018 年全国运用监督执纪“四种形态”总人次，以及运用第一、二、三、四种形态人次均呈明显增长态势，增幅分别达 32.0%、40.5%、20.1%、17.1%、14.6%②。

在 2018 年各种处理形态都有较大增长的基础上，2019 年上半年，全国纪检监察机关运用监督执纪“四种形态”处理 81.2 万人次。其中，第一种形态 55.2 万人次，占“四种形态”处理总人次的 68%；第二种形态 19.6 万人次，占 24.2%；第三种形态 3.2 万人次，占 4%；与职务犯罪数据大致相当的第四种形态为 3.1 万人次，占 3.8%③。

2019 全年，全国纪检监察机关运用“四种形态”批评教育帮助和处理共 184.9 万人次。其中，运用第一种形态批评教育帮助 124.6 万人次，占总人次的 67.4%；运用第二种形态处理 46.3 万人次，占 25%；运用第三种形态处理 7.2 万人次，占 3.9%；运用第四种形态处理 6.8 万人次，占 3.7%④。

从全年数据来看，2019 年全国检察机关共受理各级监委移送审查起诉职务犯罪 2 万余人，同比上升约 50%；已起诉 1.8 万余人，同比上升超过 80%；

---

① 王少伟:《深化纪检监察体制改革　监督成效持续显现》,《中国纪检监察报》2019 年 11 月 19 日。

② 王少伟:《深化纪检监察体制改革　监督成效持续显现》,《中国纪检监察报》2019 年 11 月 19 日。

③ 《中央纪委　国家监委通报 2019 年上半年全国纪检监察机关监督检查、审查调查情况》，《中国纪检监察报》2019 年 7 月 23 日。

④ 《中央纪委　国家监委通报 2019 年全国纪检监察机关监督检查、审查调查情况》，http://www.ccdi.gov.cn/toutu/202001/t20200117_207968.html。

在各级纪委监委支持下，立案侦查司法人员侵犯公民权利、损害司法公正犯罪 872 人[①]。

2019 年，为巩固反腐败工作的压倒性胜利成果，回应人民群众对依法严惩腐败犯罪的新期待，对十八大之后不收敛、不收手，特别是《刑法修正案（九）》施行后被判处刑罚的原具有国家工作人员身份的贪污贿赂罪犯，对其减刑、假释应从严掌握。最高人民法院制定了《关于办理减刑、假释案件具体应用法律的补充规定》。该补充规定的适用对象为《刑法修正案（九）》施行后、依照《刑法》分则第八章贪污贿赂罪判处刑罚的原具有国家工作人员身份的罪犯。该补充规定是作为现行减刑、假释司法解释的补充性规定而下发的，并非废止现行司法解释。

四 危害公共安全犯罪和破坏经济秩序类犯罪呈增长态势

2019 年上半年，全国各级法院审结刑事一审案件 54.9 万件，刑事二审案件 7.6 万件，刑事再审案件 0.1 万件。在刑事案件中，数量最多、占比最大的 5 类罪名分别为危险驾驶罪，盗窃罪，走私、贩卖、运输、制造毒品罪，故意伤害罪，诈骗罪。在人民法院审结的刑事案件类型中，危险驾驶罪首次超越盗窃罪，排在了第一位，成为危害公共安全和社会秩序的突出罪名[②]。这表明，危险驾驶行为的控制和治理仍需要继续加强。

危险驾驶罪高发背后是酒驾等危险驾驶行为的高发，根据公安部交通管理局的统计，2019 年上半年，全国共查处酒驾醉驾 90.1 万起，其中醉驾 17.7 万起。不过，由于对酒驾、醉驾等危险驾驶行为的打击力度加大，效果也比较明显。2019 年上半年，全国因酒驾醉驾导致死亡交通事故 1525 起，造成 1674 人死亡，分别同比减少 20.7%、20.4%。但是，酒驾醉驾导致非死亡交通

---

① 《九组数据带你了解 2019 年检察工作亮点》，《检察日报》2020 年 1 月 19 日。

② 《最高法发布 2019 年上半年审判执行工作数据》，https://www.chinacourt.org/article/detail/2019/07/id/4234885.shtml。

事故 7512 起，同比增加 28.2%，形势依然严峻[①]。

2019 年，高空抛物型的危害公共安全犯罪发生较多，受到社会广泛关注。最高人民法院印发《关于依法妥善审理高空抛物、坠物案件的意见》，以有效预防和依法惩治高空抛物、坠物行为，遏制高空抛物造成严重损失事件的易发态势，切实维护人民群众“头顶上的安全”。该意见明确了特定情况下高空抛物行为可以以危险方法危害安全罪定罪处罚。

从批准逮捕和审查起诉的数据看，2019 年 1~9 月，全国检察机关共批准逮捕破坏社会主义市场经济秩序类犯罪嫌疑人 71774 人，决定起诉 94599 人，同比分别上升 29.7%、21.2%。批捕、起诉上升幅度均高于总体刑事犯罪。共批捕影响非公经济发展案件 10377 人，同比上升 1.3%；起诉影响非公经济发展案件 14203 人，同比上升 39.7%[②]。这充分说明破坏社会主义市场经济秩序类犯罪的发案数量不断增长、危害严重，应当进一步加大治理力度。

为更有效地打击破坏市场经济秩序类犯罪，2019 年，最高人民法院和最高人民检察院通过了若干个比较重要的刑事司法解释。例如，最高人民法院、最高人民检察院通过的《关于办理非法从事资金支付结算业务、非法买卖外汇刑事案件适用法律若干问题的解释》。

随着中国证券、期货市场的快速发展，操纵证券、期货市场，利用未公开信息交易犯罪不断发生。针对司法实践中存在操纵证券、期货市场，利用未公开信息交易的具体定罪量刑标准尚不明确，一些法律适用问题存在争议等问题，最高人民法院、最高人民检察院发布《关于办理操纵证券、期货市场刑事案件适用法律若干问题的解释》和《关于办理利用未公开信息交易刑事案件适用法律若干问题的解释》，明确了“以其他方法操纵证券、期货市场”的六种情形。

在破坏社会主义市场经济秩序类犯罪中，涉税违法犯罪一直是打击重点。

---

① 《2019 年上半年全国查处酒驾醉驾 90.1 万起》，http://news.sina.com.cn/sf/news/fzrd/2019-07-24/doc-ihytcerm5928912.shtml。

② 《2019 年 1 至 9 月全国检察机关主要办案数据》，http://news.jcrb.com/jxsw/201910/t20191030_2070795.html。

当前涉税犯罪呈现以下几个特点。一是重大案件规模惊人。犯罪分子注册或购买空壳公司进行“暴力虚开”，然后转移到其他地区再次作案，累计涉案金额特别巨大。二是职业犯罪团伙流窜作案。一些重点地区的犯罪分子，按照血缘、地缘关系勾结成为职业犯罪团伙，大肆跨区域流窜作案，并有意识地设计犯罪环节、延长犯罪链条，以逃避监管和打击。三是发案区域领域变化。涉税犯罪的高发区域，由东部省份向中西部省份蔓延。石化、贵金属、有色金属、煤炭等行业内涉税犯罪发案较为突出。四是与多种经济犯罪复合。涉税犯罪与地下钱庄、骗取银行贷款、职务侵占等其他经济犯罪相复合的特点突出①。

金融类犯罪是破坏社会主义经济秩序类犯罪中危害比较大的犯罪类型，据检察机关的统计数据，此类犯罪呈现快速增多态势。2019 年上半年，检察机关积极投入互联网金融风险专项整治，起诉破坏金融管理秩序、金融诈骗等犯罪 15738 人。最高人民检察院会同公安部对一批网贷平台涉嫌重大非法集资犯罪案件挂牌督办，从办案的总体情况看，1~9 月，全国检察机关共批准逮捕破坏金融管理秩序类犯罪和金融诈骗类犯罪 22340 人，同比上升 32.2%，起诉 26608 人，同比上升 17.9%；共起诉涉“套路贷”“校园贷”“以非法手段催收民间借贷”类犯罪 5240 人，同比上升 33.2%②。

五　网络犯罪特别是电信诈骗犯罪高发、新型化趋势明显

近年来，网络犯罪呈上升趋势，各种传统犯罪日益向互联网迁移，网络犯罪呈高发多发态势，严重危害国家安全、社会秩序和人民群众合法权益。截至 2019 年 9 月，全国法院共审理相关网络犯罪案件 260 件，判决 473 人。其中，非法利用信息网络刑事案件 159 件 223 人，帮助信息网络犯罪活动刑

---

① 《去年以来涉税犯罪立案 2.28 万起　挽回税款损失 140.83 亿元》，《人民日报》2019 年 7 月 31 日。

② 《2019 年 1 至 9 月全国检察机关主要办案数据》，《检察日报》2019 年 10 月 31 日。

事案件 98 件 247 人[①]。

从网络电信诈骗犯罪的手段和方式分析，近年来，电信网络诈骗的运作模式呈现更加明显的专业化、公司化趋向，犯罪分子的犯罪手段也越来越智能化，网络电信诈骗犯罪集团逐渐形成了恶意注册、引流、诈骗、洗钱等上下游环节勾连配合的完整链条，也形成了电信网络诈骗的“新范式”。就诈骗犯罪的形式而言，交易诈骗、兼职诈骗、交友诈骗、返利诈骗占比较大，已经占 2019 年上半年电信诈骗案件总数的七成以上。“诈骗从过去的单一化向公司化发展，这是比较突出的一个特点。另外，诈骗的手法也在不断变换，由过去冒充公检法人员的诈骗，到交易型诈骗，过去通过电话进行诈骗的方式，现在也改成通过互联网进行诈骗。”[②] 从总体数据看，2019 年 1~6 月，全国各级公安机关共破获电信网络诈骗案件 5.8 万起，同比上升 3.0%；共抓获电信网络犯罪嫌疑人 5.14 万人，同比上升 32.28%，为群众避免经济损失 135 亿元，2019 年 5 月、6 月连续实现发案、损失的下降。2019 年 1~7 月，抓获犯罪嫌疑人数、破案数同比分别上升 32.3% 和 8.6%[③]。

六　侵害妇女儿童犯罪仍相对多发

当前，奸淫幼女、猥亵儿童等性侵害儿童犯罪仍处于多发态势。根据最高人民法院公布的有关数据，2017 年至 2019 年 6 月，全国法院共审结猥亵儿童犯罪案件 8332 件。其中，2017 年审结 2962 件，2018 年审结 3567 件，2019 年 1~6 月审结 1803 件[④]。为加强对儿童的刑法保护，彰显司法对性侵儿童犯罪的零容忍态度，最高人民法院于 2019 年 6 月 28 日发布了四件强奸、猥亵儿

① 《最高法：截至今年 9 月全国法院审理网络犯罪案件 260 件》，http://news.cctv.com/2019/10/25/ARTITTPfRpG2EmeqVyEHn7Hy191025.shtml。

② 《电信网络诈骗治理研究报告（2019 上半年）》，https://tech.qq.com/a/20190808/005404.htm。

③ 《杜航伟在全国公安机关打击治理电信网络新型违法犯罪专项行动现场推进会上强调　坚持以打开路　强化责任落实　全力推进打击治理专项行动向纵深发展》，《人民公安报》2019 年 8 月 30 日。

④ 《最高法：对性侵害儿童犯罪性质情节极其恶劣、后果极其严重的坚决依法判处死刑》，http://www.xinhuanet.com//legal/2019-07/24/c_1124793894.htm。

童的典型案例，即韦明辉强奸幼女被判处死刑案、小学教师张宝战猥亵多名女学生案、蒋成飞以招募童星为名诱骗女童在网络空间裸聊猥亵案、李堉林猥亵男童案等。

2019 年前三季度，对于强奸、拐卖、强制猥亵、强迫卖淫等侵害妇女人身权益犯罪，批捕 25350 人，起诉 23514 人；对于校园欺凌暴力犯罪，批捕 1298 人，起诉 2085 人；对于侵害农村留守儿童合法权益犯罪，批捕 1685 人，起诉 1853 人。2019 年前三季度，检察机关对侵害未成年人权益犯罪，批准逮捕 37514 人，提起公诉 43640 人，同比分别上升 23.2%、27.6%[①]。从这些数据可以看出，侵害妇女、儿童人身权益犯罪案件发案量仍较大，严重危害妇女儿童生命、身心健康，应当进一步加大治理力度。

七　2020 年犯罪形势预测

十九届四中全会强调："确保人民安居乐业、社会安定有序，建设更高水平的平安中国。"为贯彻四中全会精神，执法、司法机关应当抓住人民最关心最直接最现实的利益、安全问题，在犯罪控制和预防上下更大力气，以社会治理的现代化、智能化加强犯罪预防与控制，不断满足人民日益增长的安全需要，不断促进社会公平正义，使人民获得感、幸福感、安全感更加充实、更有保障、更可持续。2020 年，执法、司法机关应当进一步完善犯罪治理和平安中国建设的体制、机制，加大资源投入力度，有效遏制危害公共安全犯罪和破坏经济秩序类犯罪的增长态势，同时，应当打击侵害人民切身利益类犯罪，特别是群众反映强烈的网络电信诈骗犯罪及侵害妇女儿童权益的严重犯罪。

根据近年来各类犯罪的变动情况，2020 年，随着社会治理和犯罪控制等方面制度机制的不断完善，以及扫黑除恶专项斗争的加强，加之智慧警务建设成效不断显现，对犯罪的打击力度将不断加强、更加有效，总体犯罪形势

① 《2019 年 1 至 9 月全国检察机关主要办案数据》，《检察日报》2019 年 10 月 31 日。

将继续好转，总体可控趋好的基本发展方向将更加明显。分类别看，暴恐犯罪将继续受到有效遏制，零发案的目标可期；严重暴力犯罪中的命案发生率仍将在低位运行，破案率则将维持在比较理想的比例；严重暴力犯罪的总体发生率将继续有所下降。职务犯罪的逮捕数量和起诉数量仍将维持在较高水平，这是由较大的犯罪存量以及一定的犯罪增量决定的。同时，由于监察体制改革后监察全覆盖的效果继续显现，监察机关运用“第四种形态”处置的人数仍将有所增长。破坏经济秩序类犯罪将有一定数量的增长，网络电信诈骗发案率也仍将在高位运行，并有一定增加。危害公共安全的犯罪也仍然保持高发、易发态势，危险驾驶罪将继续在刑事案件总量中占较大比例，并有一定增长。

B.5
2019年的中国司法改革

祁建建*

摘　要：2019年，法院启动新一轮司法改革，检察院通过落实职能配置和内设机构改革，新一轮检察改革也已启动。这轮改革是司法体制综合配套改革的组成部分，是对改革的继续深化，以信息化、科技化、智能化的方式承载改革的配套措施。在司法权力运行机制上，完善审判组织形式，促进法律统一适用，推进司法公开，推进刑事诉讼制度改革，加强民事诉讼制度改革。在诉讼权利保障方面，中国被追诉人或可实现人人都有律师，企业家人身权财产权的刑事司法保护获得重视，司法救助进一步完善，国家赔偿稳步运行。

关键词：司法改革　司法权力运行机制　诉权与诉讼权利　信息化

引言　司法改革再出发

经过2018年的总结和准备，2019年成为法院新一轮司法改革的起点，检察院的新一轮改革业已启动。年初，最高人民法院发布《关于深化人民法院司法体制综合配套改革的意见——人民法院第五个五年改革纲要（2019~2023）》（以下简称“五五改革纲要”）、《关于贯彻实施〈关于深化人民法院司法体制综合配套改革的意见——人民法院第五个五年改革纲要

*　祁建建，中国社会科学院法学研究所副研究员。

（2019~2023）〉的分工方案》，最高人民检察院发布《最高人民检察院职能配置和内设机构设置》。总体上，改革在前一轮司法改革的基础上不断深入发展，信息化、科技化的改革浪潮迎面而来，嵌入司法改革的各项具体任务。以上综合性文件既反映了司法改革的要求和内容，也构成了 2019 年开展司法改革的背景。

2019 年修订的《法官法》《检察官法》明确了法院检察院人员分类管理、法官检察官员额制、单独职务序列及配套工资制度改革等，增加了法官检察官助理工作职责等内容。检察官办理公益诉讼案件内容被写入《检察官法》。法律要求突出实绩导向，建立健全员额退出机制，对能力不胜任、办案不达标的员额法官检察官，及时按程序退出员额。党的十八届三中、四中全会提出的推进司法人员分类管理、加强司法人员职业保障等四项基础性改革任务，至此已陆续写入相关法律。

一　新一轮司法改革已启动

2019 年法院发布新一轮司法改革的纲要文件，各级人民检察院陆续按照最高人民检察院的部署开展职能配置和内设机构设置改革，司法体制综合配套改革进一步深化。

（一）法院启动新一轮司法改革

2019 年 2 月，最高人民法院发布《关于深化人民法院司法体制综合配套改革的意见——人民法院第五个五年改革纲要（2019~2023）》，提出十个方面 65 项改革任务，要求完善法院坚持党的领导制度体系，健全法院服务和保障大局制度体系，健全以人民为中心的诉讼服务制度体系，健全开放、动态、透明、便民的阳光司法制度体系，健全以司法责任制为核心的审判权力运行体系，完善法院组织体系和机构职能体系，健全顺应时代进步和科技发展的诉讼制度体系，健全切实解决执行难长效制度体系，健全法院人员分类管理和职业保障制度体系，建设现代化智慧法院应用体系等。2019 年 4 月，最高人民法院发布《关于贯彻实施〈关于深化人民法院司法体制综合配套改革的意见——人民法院第五个五年改革纲要（2019~2023）〉的分工方案》，提出140项具体任务，逐项落实五五改革纲要的要求。

2019年1月，最高人民法院印发《2019年人民法院工作要点》，提出十部分43条工作要点，涉及多项司法改革内容，如全面落实《刑事诉讼法》的修改内容，准确掌握刑事缺席审判的适用范围和程序，正确适用认罪认罚从宽制度和速裁程序。

2019年2月，最高人民法院办公厅印发《关于贯彻落实〈最高人民法院司法改革领导小组2019年工作要点〉的分工方案》，提出85项工作要点，要求切实履行法院改革主体责任、健全法院机构职能体系、健全审判权力运行和监督制约机制、健全诉讼制度机制、服务保障国家重大战略实施、构建多元化纠纷解决机制、深化高效便民司法机制、全方位深化司法公开，加强法院队伍革命化、正规化、专业化、职业化建设，全面建设智慧法院。

2019年9月，最高人民法院印发《2019~2023年全国法院教育培训规划》，要求完善培训内容体系，分类分级实施培训，提升司法能力，进一步提高审判执行工作的专业化水平。

（二）检察院职能配置和内设机构设置改革

2019年1月发布的《最高人民检察院职能配置和内设机构设置》明确了最高人民检察院20项主要职责，并明确了19个内设机构及其业务部门的管辖权。办案部门分为第一至第十检察厅，对案件进行分类管辖，负责审查逮捕、审查起诉、出庭支持公诉、抗诉，开展相关立案监督、侦查监督、审判监督以及相关案件的补充侦查等，刑事、民事、行政、公益诉讼为四项并列、独立的检察职能。

二　司法权力运行机制改革

司法权力运行机制改革的目标是进一步保障法院依法独立行使审判权、

检察院依法独立行使检察权。司法权运行机制改革以完善司法责任制为核心，2019 年主要从健全审判组织形式、统一法律适用、推进司法公开、完善民事刑事诉讼制度、推进公益诉讼、加强检察监督与审判管理等方面开展改革。

（一）完善审判组织形式

完善审判委员会（以下简称“审委会”）工作机制与陪审制是 2019 年审判组织形式改革的主要内容。

1. 健全审委会工作机制

2019 年 8 月，最高人民法院发布《关于健全完善人民法院审判委员会工作机制的意见》，明确了党的领导、民主集中制、遵循司法规律、恪守司法公正四个基本原则，明确了审委会组织构成、职能定位，对涉及国家安全、外交、社会稳定等敏感案件和重大、疑难、复杂案件以及再审、抗诉、无罪、死刑等案件，必须提交审委会讨论决定，审委会讨论案件的决定及其理由应当在裁判文书中公开，法律规定不公开的除外。2019 年 1 月，最高人民法院公布《2019 年人民法院审判管理工作要点》，要求积极推进审委会制度改革，优化审委会人员组成，定位审委会职能，规范提交审委会讨论案件的程序和范围，建立主审法官会议与审委会衔接机制、类案与关联案件检索机制，严格落实审委会议事程序和议事规则，推进审委会信息公开，除法定情形外，在裁判文书中公开审委会的决定及理由。

2. 完善陪审制

2019 年 5 月实施的《最高人民法院关于适用〈中华人民共和国人民陪审员法〉若干问题的解释》对当事人申请陪审、事实问题与法律问题的区分、评议与表决权等作出规定。同时，最高人民法院、司法部实施《人民陪审员培训、考核、奖惩工作办法》，要求加强对人民陪审员的培训、考核、奖惩以及表彰工作。

（二）促进法律统一适用

当前司法机关促进法律统一适用的方式有司法解释、法律适用分歧解决机制、指导性案例、审判会议纪要、典型案例等。

1. 法院建立法律适用分歧解决机制

2019 年 10 月，最高人民法院实施《关于建立法律适用分歧解决机制的实施办法》，规定法律适用分歧的类型、发现、解决机制，审委会是最高人民法院法律适用分歧解决工作的领导和决策机构。

2. 检察院修订司法解释规范

2019 年 5 月发布的《最高人民检察院司法解释工作规定》（2019 年修订）规定，最高人民检察院制定并发布的司法解释具有法律效力，检察院在起诉书、抗诉书、检察建议书等法律文书中需要引用法律和司法解释的，应先援引法律，后援引司法解释。司法解释起草部门应形成司法解释送审稿，经分管副检察长同意，送法律政策研究室审核；研究室形成司法解释审议稿，报检察长决定提交检察委员会审议通过后发布，并应报送全国人大常委会备案。

3. 指导性案例

2019 年，最高人民法院发布第 21 批指导性案例，对国际货物买卖合同、海上货运合同、保函欺诈、海难救助合同、信用证开证、海事赔偿责任限制基金等纠纷的法律适用予以指导；最高人民检察院发布第 14 批、第 15 批指导性案例，对行政诉讼、行政非诉执行、虚假诉讼等予以指导，有利于统一这些纠纷类型的法律适用。

2019 年 4 月，最高人民检察院印发《最高人民检察院关于案例指导工作的规定》，规定了指导案例的法律效力，以及指导案例的发布部门与程序。

4. 审判工作会议纪要

2019 年 11 月，最高人民法院发布《全国法院民商事审判工作会议纪要》，回应民商事审判中的前沿疑难争议问题，参考前沿理论研究成果、最新法律动态和理念，覆盖民商事审判的绝大部分领域，该纪要同时对民刑交叉等突出程序问题进行了规范，进一步明确法律规则。这对于统一裁判思路，规范法官自由裁量权，统一法律适用具有重要意义。会议纪要不是司法解释，不得引为裁判文书的法律依据，但是可作为裁判文书的说理根据，用作具体分析法律适用的理由。

5. 典型案例

2019 年，最高人民法院发布 12 批典型案例，涉及国家赔偿与司法救助、行政协议、电信网络诈骗犯罪、非法利用或者帮助信息网络犯罪、海事审判、考试作弊犯罪、性侵儿童犯罪、十大毒品犯罪、生态环境保护与损害赔偿、全民国家安全教育、依法平等保护民营企业家人身财产安全等；最高人民检察院发布 14 批典型案例，涉及涉民营企业司法保护、环境污染刑事案件、侵犯消费者权益犯罪、知识产权保护、惩治和预防毒品犯罪、扫黑除恶专项斗争、保护黄河保护长江检察公益诉讼、行政检察、认罪认罚、“弘扬宪法精神、落实宪法规定”“依法严惩侵害未成年人犯罪、加强未成年人司法保护”等方面。

（三）推进司法公开

2019 年 1 月，最高人民法院发布《2019 年人民法院审判管理工作要点》，要求持续深入推进司法公开。一是强化裁判文书公开，严格规范文书不上网情形及审批程序，做好撤回裁判文书的后续处理，撤回文书修改后要及时重新上网公开，应用自动纠错软件，推进质量评查，避免低级错误。二是进一步加大对重大热点案件的庭审公开协调力度，推动全国法院员额法官庭审公开全覆盖，实现庭审公开常态化。三是按照最高人民法院关于审判流程信息公开工作的有关规范和业务标准，进一步明确公开内容、公开渠道和公开机制。将公开范围内的全部诉讼文书、笔录通过中国审判流程信息公开网向当事人及其诉讼代理人公开。四是依托中国审判流程信息公开网电子送达模块，实现诉讼文书多渠道送达。五是继续开展法院司法公开第三方评估工作，通过第三方评估检视问题，健全完善开放、动态、透明、便民的阳光司法机制。

2019 年 2 月，最高人民法院发布《关于公开民商事案件相关信息的通知》，扩大民商事案件司法公开的范围，要求各省份主动向社会公开辖区内各级法院民商事案件平均审理天数、结案率等信息。

（四）推进刑事诉讼制度改革

2019 年，以审判为中心的刑事诉讼格局尚未完全形成，认罪认罚从宽制度进一步完善，十万余字的《人民检察院刑事诉讼规则》公布实施，扫黑除恶专项斗争深入进行，《社区矫正法》等促进了刑事执行制度的完善。

1. 推进以审判为中心的刑事诉讼制度改革

2019 年 10 月，最高人民法院院长在第十三届全国人民代表大会常务委员会第十四次会议上所作《最高人民法院关于加强刑事审判工作情况的报告》指出，以审判为中心的诉讼格局尚未完全形成，要推进庭审实质化改革，推进庭审司法证明、控辩平等对抗、依法裁判实质化，完善证人、鉴定人、侦查人员出庭作证和非法证据排除等制度，全面试行庭前会议、排除非法证据、法庭调查“三项规程”，明确审判程序在刑事诉讼中的中心地位。要加大对以审判为中心的刑事诉讼制度改革的支持力度，适时修订《刑事诉讼法》。

2. 进一步完善认罪认罚从宽制度

2019 年 10 月，最高人民法院、最高人民检察院、公安部、国家安全部、司法部印发《关于适用认罪认罚从宽制度的指导意见》，认罪认罚从宽制度涉及侦查、批捕、起诉、审判等各环节，涉及法院、检察院、公安机关、国家安全机关、司法行政机关等多部门。该指导意见指出，为防止“权权交易”“权钱交易”等司法腐败问题，要加强监督制约；明确了认罪认罚从宽的基本原则是贯彻宽严相济刑事政策、坚持罪责刑相适应原则、坚持证据裁判原则、公检法三机关配合制约原则；明确了认罪认罚从宽制度的适用范围和适用条件，不限案件类型、不限诉讼阶段；明确了认罪、认罚及从宽的把握；明确了被害方权益保障和诉讼地位；对强制措施的适用、侦查机关的职责、审查起诉阶段检察机关的职责、社会调查评估、审判程序和法院的职责、认罪认罚的反悔和撤回、未成年人认罪认罚案件的办理等作出进一步规定，推动了认罪认罚从宽制度的完善。

3. 检察院更新刑事诉讼规则

2019 年 12 月，最高人民检察院公布《人民检察院刑事诉讼规则》，将

2018 年修改后《刑事诉讼法》规定的认罪认罚从宽、检察院立案追诉范围、速裁程序、值班律师、缺席审判等纳入新规则，增设监察机关移送案件的衔接如强制措施、社区矫正监督、事故检察等内容，全文十万余字，六百余条，为检察机关办理刑事案件具体适用《刑事诉讼法》作出了更具操作性的解释。

4. 推进扫黑除恶专项斗争

2019 年扫黑除恶专项斗争加大“打财断血”“打伞破网”力度，密集出台了多个文件。

2019 年 11 月，最高人民法院、最高人民检察院、公安部、司法部（以下简称“两高两部”）发布《关于敦促涉黑涉恶在逃人员投案自首的通告》，规定在逃人员在 2020 年 1 月 31 日前自动投案、代为投案、亲友陪同或送去投案、立功或重大立功的，可以分别情况依法从轻或减轻、免除处罚。2019 年 10 月，国家监察委员会、最高人民法院、最高人民检察院、公安部、司法部发布《关于在扫黑除恶专项斗争中分工负责、互相配合、互相制约严惩公职人员涉黑涉恶违法犯罪问题的通知》，重点查办公职人员直接组织、领导、参与黑恶势力违法犯罪活动等七类案件。2019 年 10 月，两高两部发布《关于跨省异地执行刑罚的黑恶势力罪犯坦白检举构成自首立功若干问题的意见》，规定了排查和移送案件线索、监狱的奖励、办案程序等。2019 年 10 月，两高两部实施《关于办理非法放贷刑事案件若干问题的意见》，对违反国家规定，未经监管部门批准或者超越经营范围，以营利为目的，经常性地向社会不特定对象发放贷款，扰乱金融市场秩序，情节严重的，以非法经营罪定罪处罚。2019 年 7 月，两高两部印发《关于办理利用信息网络实施黑恶势力犯罪刑事案件若干问题的意见》，对通过发布、删除负面或虚假信息，发送侮辱性信息、图片，以及利用信息、电话骚扰等方式，威胁、要挟、恐吓、滋扰他人，实施黑恶势力违法犯罪，如强迫交易、索取公私财物等情节恶劣的，对其认定、管辖、严惩等作出具体规定。2019 年 4 月，两高两部印发《关于办理黑恶势力刑事案件中财产处置若干问题的意见》，要求彻底摧毁黑社会性质组织的经济基础，准确处置涉案财产，公安机关在侦查期间可以根据诉讼需要，先行依法对黑恶组织、嫌疑人个人所有、实际控制、出资、转至他人名下的财产等采取查询、查封、扣押、冻结等措施。2019 年 4 月，两高两部实施《关于办理实施“软暴力”的刑事案件若干问题的意见》，所打击的“软暴力”包括行为人为谋取不法利益或形成非法影响，自行、雇用或指使人对他人或者在有关场所进行滋扰、纠缠、哄闹、聚众造势等，足以使他人产生恐惧、恐慌进而形成心理强制，或者足以影响、限制人身自由，危及人身财产安全，影响正常生活、工作、生产、经营的违法犯罪手段。2019 年 2 月，两高两部联合印发《关于办理“套路贷”刑事案件若干问题的意见》，规定套路贷的认定，对符合黑恶势力认定标准的，应当按照黑社会性质组织、恶势力或者恶势力犯罪集团侦查、起诉、审判。2019 年 2 月，两高两部印发《关于办理恶势力刑事案件若干问题的意见》，要求对恶势力和恶势力犯罪集团进行侦查、起诉、审判、执行各阶段，运用多种法律手段全面体现依法从严惩处方针。

5. 完善刑罚执行

（1）制定《社区矫正法》

2019 年 12 月，第十三届全国人大常委会第十五次会议通过《社区矫正法》，作为刑罚执行法，对象为判处管制、宣告缓刑、假释和暂予监外执行的罪犯，依法对其予以监督管理、教育帮扶。新法规定了社区矫正机构、人员与职责，对社区矫正决定和接收、执行地等衔接予以明确，明确了解除和终止社区矫正的条件，对未成年人社区矫正作出特别规定，并规定了法律责任和检察监督等。

（2）刑罚变更：减刑、假释、特赦

2019 年 6 月最高人民法院实施《关于办理减刑、假释案件具体应用法律的补充规定》，对判处贪污贿赂罪的原国家工作人员，拒不悔罪者不予假释，一般不予减刑等，适用假释应从严把握。

2019 年 6 月，依据十三届全国人大常委会第十一次会议决定，发布主席特赦令，各级法院依法裁定特赦参加过抗日战争、解放战争，参加过保卫国家主权、安全和领土完整对外作战等九类服刑人员 23593 人。

（3）完善死刑执行程序

2019 年 9 月最高人民法院实施《关于死刑复核及执行程序中保障当事人

合法权益的若干规定》，对于死刑执行案件中申请会见亲属、会见未成年子女、拒绝会见、录音录像留遗言、视频会见等作出规定，有利于保障死刑犯会见亲属等权利。

（五）加强民事诉讼制度改革

民事诉讼制度从案件管辖、证据规定、繁简分流、多元化纠纷解决机制、知识产权审判中的技术调查官、民事执行等方面深化改革。

1. 进一步调整民事案件管辖

民事纠纷的标的额越来越大，环境纠纷、知识产权案件的重要性越来越凸显，这促进了民事案件管辖权的调整。

调整级别管辖标的额。2019 年 4 月，最高人民法院发布《关于调整高级人民法院和中级人民法院管辖第一审民事案件标准的通知》，中级法院管辖第一审民事案件的诉讼标的额上限原则上为 50 亿元，高级法院管辖诉讼标的额 50 亿元及以上或其他在本辖区有重大影响的第一审民事案件。与 2015 年发布的标准——各省级辖区 1 亿 ~5 亿元不等相比，上调幅度较大。

明确生态环境案件、知识产权上诉案件的管辖。最高人民法院发布《关于审理生态环境损害赔偿案件的若干规定（试行）》，规定省级、市地级政府及其指定的相关部门、机构可作为原告提起生态环境损害赔偿诉讼；第一审案件由生态环境损害行为实施地、损害结果发生地或者被告住所地的中级及以上法院管辖；高级法院经最高人民法院批准可以在辖区内确定部分中级法院集中管辖第一审案件。

2019 年 1 月，最高人民法院发布《关于设立知识产权法庭有关事项的公告》，专利等专业技术性较强的知识产权民事和行政上诉案件第一审的判决、裁定或者决定于 2019 年 1 月 1 日以后作出，当事人依法提起上诉或者申请复议的，由最高人民法院知识产权法庭审理。

2. 完善民事证据规定

2019 年 12 月，最高人民法院发布的《关于民事诉讼证据的有关规定》，是民事证据法的重要法律渊源。该规定新增共同诉讼中自认及附条件自认的认定、电子数据的范围与审查，释明鉴定及委托鉴定、鉴定人承诺书、鉴定材料的质证、鉴定书的异议、鉴定人出庭费用、鉴定人撤销鉴定意见，责令对方提交书证，当事人陈述及保证书，排除合理怀疑等证明标准的适用范围，当事人认可的证据，公文的副本、复印件的效力等规定，标志着民事审判证据体系的进一步完善。

3. 要求试点民事诉讼程序繁简分流改革

2019 年 12 月，十三届全国人大常委会通过《关于授权最高人民法院在部分地区开展民事诉讼程序繁简分流改革试点工作的决定》，授权在 20 个城市中级和基层法院试点繁简分流，探索扩大适用司法确认、小额诉讼、简易程序、独任制以及健全完善电子诉讼规则等，试点为期两年，以期提高诉讼效率，促进公正司法。

4. 推动民商事多元化纠纷解决机制的信息化平台化建设

2019 年 7 月，最高人民法院发布《关于建设一站式多元解纷机制　一站式诉讼服务中心的意见》，要求主动融入党委和政府领导的诉源治理机制建设，完善诉前多元解纷联动衔接机制，聚焦多元解纷、登记立案、“分调裁审”、审判辅助、涉诉信访五项内容，实现四级法院诉讼服务信息资源自动化汇聚和大数据管理，提出建设类型化专业化调解平台，完善“分调裁审”机制，严格落实立案登记制改革，实行数据网上流转的联动办理机制，加强涉诉信访工作，规范网上申诉办理程序。

2019 年 1 月，最高人民法院、全国工商联印发《关于发挥商会调解优势　推进民营经济领域纠纷多元化解机制建设的意见》，要求发挥商会调解优势，加强诉调对接等。

5. 明确技术调查官参与知识产权审判

2019 年 5 月，最高人民法院实施《最高人民法院关于技术调查官参与知识产权案件诉讼活动的若干规定》，法院审理专利、植物新品种、集成电路布图设计、技术秘密、计算机软件、垄断等专业技术性较强的知识产权案件时，可以指派技术调查官参与诉讼活动，其属于向法院提供技术咨询的审判辅助人员。技术调查官参与知识产权案件诉讼活动的，应在裁判文书上署名，位于法官助理之下、书记员之上。

6. 持续应对民事执行难题

2019 年 6 月，最高人民法院发布《关于深化执行改革 健全解决执行难长效机制的意见——人民法院执行工作纲要（2019~2023）》，提出确保对消极执行、选择性执行、乱执行等不规范执行行为严肃整治常态化，确保对规避执行、抗拒执行、干预执行的高压态势常态化。

三 加强诉讼权利保障

（一）保障辩护权

2019 年 12 月发布的《人民检察院刑事诉讼规则》要求，依法保障嫌疑人辩护权以及获得法律帮助的权利，充分保障辩护律师的知情权、会见权、阅卷权和申请调查取证的权利，重大程序决定通知辩护人；特殊案件会见不再需经许可。2019 年 10 月最高人民法院、最高人民检察院等发布的《关于适用认罪认罚从宽制度的指导意见》要求，针对法律援助机构人员紧缺、经费保障困难等问题，司法行政机关要积极争取党委和政府支持，将值班律师补贴纳入法律援助业务经费开支范围并合理确定补贴标准；要求保障嫌疑人、被告人辩护权、获得有效法律帮助权。中国刑事案件或可实现人人都有律师。

2019 年 9 月实施的《最高人民法院关于死刑复核及执行程序中保障当事人合法权益的若干规定》，规定委托辩护、指定辩护、辩护意见的提交、辩护律师提交相关手续、辩护意见及证据等材料，可以经高级法院代收并随案移送，也可以寄送至最高人民法院。

（二）加强对企业家人身权财产权的民事刑事司法保护

2019 年 3 月，最高人民法院印发《关于为深化两岸融合发展提供司法服务的若干措施》，要求全面保障诉讼权利，加强产权司法保护；依法慎用强制措施、查封扣押冻结措施、限制出境措施，最大限度降低对台湾同胞、台湾企业正常生活、经营的不利影响；对采取强制措施的应依法通知家属等。

2019 年最高人民法院与最高人民检察院均发布保护企业家人身权财产权的指导性案例或典型案例，有利于保障企业家正常经营的法治化营商环境。

2019 年 11 月，最高人民法院印发《全国法院民商事审判工作会议纪要》，对于涉众型经济犯罪与民商事案件的程序处理，要防止为了达到地方保护目的，使用刑事手段干预民商事审判，以致影响营商环境。此外，还明确了执行异议之诉与案外人申请再审以及第三人撤销之诉的关系，以更好地保护财产权。

（三）加强司法救助

2019 年 1 月，最高人民法院发布《人民法院国家司法救助案件办理程序规定（试行）》《人民法院国家司法救助文书样式（试行）》和《最高人民法院司法救助委员会工作规则（试行）》，规定了申请程序和合议庭调查办理程序、方式、期限等，由司法救助委员会办公室的法官组成合议庭决定救助，并规定必要时也可以由上下级法院联动救助，再次明确生活面临急迫困难需要救助的 8 种情况。

2019 年最高人民检察院、国务院扶贫开发领导小组办公室发布《关于检察机关国家司法救助工作支持脱贫攻坚的实施意见》，列举了无法通过诉讼获得赔偿、造成生活困难的七种情形，检察院在办理案件过程中发现贫困当事人的，应立即启动救助程序，指定检察人员优先办理，办结后将书面材料移送扶贫部门。

（四）关于国家赔偿

2019 年 12 月，最高人民法院发布的国家赔偿典型案例中，对于违法查封、扣押、追缴、重审判无罪的案件予以国家赔偿；法院定罪量刑且对涉案财物已作出明确认定之后，公权力机关应对涉案财物及时作出相应处置，否则可能引发国家赔偿。

结 语

2019 年 4 月，最高人民法院公布《人民法院信息化建设五年发展规划（2019~2023）》，指出法院已在基础设施、应用系统、数据资源和安全保障方面取得重大进展。科技法庭、远程提讯、远程接访系统基本覆盖全国法院，法院专网覆盖全国 3500 多家法院和 1 万多个人民法庭，外部专网实现了法院和有关部门信息共享、协作，涉密内网建设已起步。以案件信息管理为核心的业务应用全方位延伸拓展，司法公开、审判执行、人事行政、过问案件廉洁司法等应用取得全面进展。以案件信息为主的数据集中管理取得重大突破，大数据管理平台覆盖全国法院案件信息，法院专网可传送和交换案件信息，司法数据专题分析取得成效，现已汇聚 1.54 亿件案件数据、9800 万件法律文书。法院专有云、开放云、涉密云等有待整合。基础设施采取外包服务等方式运维，法院系统也已聘用 7200 名技术人员。

科技司法时代已经到来，这不仅体现在前期司法改革的成果通过司法科技贯彻执行，而且体现在司法权运行的过程中。为此，必须处理好司法科技与司法公正，司法科技与隐私权、财产权、人身权等权利与自由，司法科技与司法机关独立行使审判权检察权之间的关系。司法改革任重而道远，2020 年司法体制综合配套改革将取得新成就。

B.6

2019年的中国证券市场法治

姚 佳*

摘 要：2019年中国证券市场法治尤以《证券法》修订通过为重要大事，本次修订删除已实施多年的证券发行核准制而全面采用注册制、加大投资者保护和违法行为惩处力度以及构建证券代表人诉讼制度等，相关制度进步可圈可点，但也留有些许遗憾。科创板实践给中国证券市场发展与法治实践增添了重要样本，不仅考验整个市场环境，也在相当程度上对风险防范、投资者保护等提出更多挑战与命题。随着中国证券市场法律文本修订落地与证券法治实践的双重推进，借由法治助力，中国证券市场将如何发展，则成为举世瞩目的资本市场"制度试验田"，也必将在法律文本与法律实施的互动之中，寻找市场规律与法治规律的关键点与平衡点。

关键词：《证券法》修订　证券定义　注册制　科创板　代表人诉讼

2019年是中国经济稳增长、高质量发展的重要之年，在中共中央政治局第十三次集体学习时，习近平总书记发表重要讲话，深刻阐明金融与经济的关系，就深化金融供给侧结构性改革、增强金融服务实体经济能力、防范化解金融风险、推进金融改革开放等提出明确要求，提出要建设规范、透明、

* 姚佳，中国社会科学院法学研究所编审。

开放、有活力、有韧性的资本市场等要求[①]。恰是在此经济发展与资本市场发展的主旋律中，中国证券市场在 2019 年延续此前的发展脉络、政策导向，针对“痼疾”，不断从法治方面寻找建构路径与解决方案。这一年的中国证券市场发展与制度建设可圈可点，包括上海证券交易所设立科创板并试点注册制，共有 60 余家企业在科创板上市，并发布相关配套规范性文件；MSCI 扩容，增加中国 A 股在 MSCI 指数中的权重，纳入系数从 15% 提高到 20%，中国 A 股在 MSCI 中国指数和 MSCI 新兴市场指数中的权重分别为 12.1% 和 4.1%[②]；中国证监会联合其他部门就存托凭证发行与交易管理制度等发布相关规范性文件；尤其值得一提的是，12 月 28 日《证券法》第四次修订草案通过全国人大常委会表决，本次《证券法》修订历时近五载，也经历了中国证券市场发展的重大变革与机遇期，修订后的《证券法》在证券发行制度、法律责任、投资者等方面进行了较大改动与完善。

一 《证券法》修订历程与相关争论

中国《证券法》于 1998 年制定，1999 年 7 月起施行，在过去二十余年间，历经 2005 年、2013 年、2014 年和 2019 年四次修订，其中 2005 年修订幅度较大，修订近百条，删除十余条。2019 年第四次修订幅度也较大，修订条文达到百余条。

（一）2015年以来四次修订审议要点

顺应中国证券市场的发展趋势，2013~2015 年 A 股快速上涨，受全球瞩目，“改革牛”“杠杆牛”等推动 A 股指数上涨，几乎与此同期，《证券法》修订工作自 2015 年初启动，其后受到股市波动的各种影响而不断推迟修订草案通过

① 参见新华社评论员文章《推动金融业高质量发展——学习习近平总书记在中央政治局第十三次集体学习时重要讲话》，http://www.xinhuanet.com/politics/2019-02/24/c_1210066649.htm，最后访问日期：2019 年 12 月 1 日。

② 参见《MSCI 扩容迈开第三步　继续扩容在路上？》，《新京报》2019 年 11 月 26 日，第 B03 版。

等工作。

1. 一审稿

2015 年 4 月，全国人大常委会一审稿中将“加强投资者保护作为修法根本宗旨”，拟放松管制、加强监管，取消股票发行审核委员会制度，取消发行人财务状况及持续盈利能力等要求，规定公开发行股票由证券交易所审核注册文件等内容。该次审议稿旨在满足股票发行注册制改革的立法需求，建立健全多层次资本市场体系、加强投资者保护、推动证券行业创新发展、加强事中事后监管等。

2. 二审稿

距一审稿近两年，2017 年 4 月，《证券法》修订草案二次审议稿才提交全国人大常委会讨论。毫无疑问，之所以在一审稿两年之后才推出二审稿，与 2015 年 6~7 月的 A 股波动息息相关，其后股市推出熔断机制等，以防止 A 股波动与系统性风险。恰是当时突如其来的波动，导致《证券法》修订工作被推延。立法者与市场专业人士开始反思，在中国资本市场信用机制尚未健全的情况下，资本市场发展尚需更加稳定与成熟的基础，注册制究竟是否适合中国资本市场还存在问题。因此，二审稿中明确提出，对注册制具体内容暂不规定，并对证券监管方面的执法权限、处罚力度、上市公司增持信息披露义务、操纵市场等情形加以规制，从规范现金分红、投资者适当性管理、先行赔付制度等方面强化投资者保护。并且该次草案对多层次资本市场作出原则性规定，即将证券交易场所划分为证券交易所、国务院批准的其他全国性证券交易场所（新三板）和按照国务院规定设立的区域性股权市场三个层次等[①]。

3. 三审稿

与二审稿相距两年，2019 年 4 月，全国人大常委会推出《证券法》草案三次审议稿。与前一次审议稿相比，三审稿重点根据股票发行注册制改革试点的进展情况，增加关于科创板注册制的相关规定，根据资本市场改革发展的实际情况，对其他相关制度进行适当修改完善。三审稿在加强相关执法措

① 《证券法修订草案二审聚焦七大市场焦点》，新华网，http://www.xinhuanet.com//2017-04/24/c_1120866358.htm，最后访问日期：2019 年 12 月 1 日。

施、保护投资者权益、扩充证券定义（将存托凭证列明为法定证券）、完善证券公开发行的认定标准与审批程序、完善证券交易制度等方面作出规定。

4. 四审稿

2019 年 12 月，全国人大常委会对《证券法（草案）》进行第四次审议，与此前的三次审议稿相比，四审稿从证券发行制度、证券民事诉讼、提高违法成本等方面进行修改完善。四审稿按照全面推行注册制的基本定位规定证券发行制度，不再规定核准制，为分步实施注册制留出相应空间。形式上将三审稿“证券发行”一章中的“一般规定”和“科创板注册制的特别规定”两节合并，将发行股票应“具有持续盈利能力”的要求，改为“具有持续经营能力”，简化公司债券的发行条件，调整发行程序，强化发行中“以信息披露为核心”的注册制要求，要求披露投资者作出价值判断和投资决策所必需的信息，内容应当真实、准确、完整等。在民事诉讼方面增加代表人诉讼规定，同时加大对证券违法的处罚力度等。

（二）核准制 vs. 注册制

就中国证券发行究竟是实行核准制还是注册制，近年来尽管立法机关和监管部门都主张全面进行注册制改革，适应证券国际化趋势，包括对资本市场本身、投资者、法律制度、产品、市场以及服务等进行全方位的国际化，但是从学界以及大众来看，似乎持不同意见者众多。基本分歧在于，人们对于注册制所要求的资本市场信用制度建设持一定谨慎与保留态度。一方面，近年来大量的证券欺诈案件以及证券市场违法行为不断出现，尽管监管部门保持了“严监管”的态势，但仍存在较大挑战。尤其是 2015 年的 A 股波动事件及场外配资、集中去杠杆等事件导致不得不采取并不理想的熔断机制等，这促使人们进一步反思证券市场的生态环境。事实上，注册制所要求的较高的市场信用环境可能并未较好形成，贸然全面采取注册制可能会存在一定风险。另一方面，注册制也要求投资者具有较好的价值判断能力和风险承受能力，相较于欧美等发达国家证券市场而言，中国证券市场投资者以散户为主，尽管已开展近二十年的投资者教育，但是中国投资者很难称得上普遍具有投资知识与投资经验，这也使推行注册制在“投资者端”会遇到一些制度施行障碍。尤其是近年来国内似有将所谓的金融产品或服务投资者扩大化为“消费者”的概念转换趋势，投资者能否自我成长、能否作出真正的价值判断投资，存在一定困难与挑战。市场信用环境欠缺以及投资者不成熟两大基础性问题，成为人们对中国证券市场能否全面推行注册制以及如何推行注册制的质疑因素。

从上述草案变化中可以看出，2019 年 4 月“草案三审稿”原本继续维持证券发行的核准制，并在第二章“证券发行”特辟专节规定“科创板注册制的特别规定”，从而使两种证券发行制度和审核机制并行，实行证券发行的“双轨制”。但是在 2019 年 12 月的“草案四审稿”以及最终通过的《证券法》修订文本中，一改此前的“双轨制”，一步到位不再规定核准制，此种转变似在法律文本层面略显激进。尽管核准制也有较多弊端，因为其体现了较为明显的管制色彩，也是二十余年来证券监管部门不断受到批评的原因之一，监管部门被认为对证券市场的“管制”大于“监管”。诚如有论者认为，《证券法》始终以行政方式主导证券发行、交易、行政处罚以及民事诉讼，证券法律关系中的民事法律关系都变成了《证券法》的行政隶属关系。因此，全面评估《证券法》的各项制度，其并没有发挥价格发现与资源配置的作用[①]。为应对此种批评，本次《证券法》修改文本在规定国务院证券监管机构依照法定条件负责证券发行申请注册的基础上，取消发行审核制，明确按照国务院和国务院证券监管机构的规定，证券交易所等可以审核公开发行证券申请，并授权国务院规定证券公开发行注册的具体办法。取消中国证监会发行审核委员会这个“行政管制”观念下的产物，似乎就代表了取消核准制、全面推行注册制的决心。恰是一种“管制”的路径依赖与法律文本上的注册制全面推进、市场制度不健全与投资者不成熟，几方交错，导致注册制如何施行或者如何全面更好地施行，出现了一定的不确定性，市场未来前景几何，人们仍处于观望之中。

---

① 参见席涛《〈证券法〉的市场与监管分析》，《政法论坛》2019 年第 6 期，第 118 页。

（三）关于证券定义的争论

证券法上对“证券”的定义，是证券的法定定义，也是《证券法》的重要基础问题之一。如何框定“证券”的法定范围，既代表了立法者与监管者对证券本身的价值、功能与作用的认识，也意味着立法者与监管者是否遵循证券市场发展的规律性与客观性。对证券定义的争论，一方面在于如何认识证券特征，另一方面在于如何认识实践中具有证券特征的凭证或产品。证券究竟应具有何种特征以及应如何定义证券的范围，近年来争论颇多。

因应市场发展需求与实务界、学界等各方面的讨论，在三审稿以及最终正式文本中，关于证券的范围，在原有“股票”“公司债券”之后，增加了“存托凭证”。事实上，在 2018 年，监管部门出台创新企业境内发行股票或存托凭证试点相关办法后，存托凭证已被认定为一种证券。修订后的《证券法》第 2 条规定：“在中华人民共和国境内，股票、公司债券、存托凭证和国务院依法认定的其他证券的发行和交易，适用本法；本法未规定的，适用《中华人民共和国公司法》和其他法律、行政法规的规定。政府债券、证券投资基金份额的上市交易，适用本法；其他法律、行政法规另有规定的，适用其规定。资产支持证券、资产管理产品发行、交易的管理办法，由国务院依照本法的原则规定。在中华人民共和国境外的证券发行和交易活动，扰乱中华人民共和国境内市场秩序，损害境内投资者合法权益的，依照本法有关规定处理并追究法律责任。”可见，本次修法对证券定义范围的界定，一方面反映了市场发展需求，另一方面也持一种相对开放的态度，对资产支持证券、资产管理产品发行、交易等留有一定监管和发展空间。

二　科创板实践

2019 年证券市场可圈可点的一个大事件即设立与运行科创板。科创板的定位与核心就在于，构建以信息披露为核心的证券发行注册制度。2019 年 1

月，中央全面深化改革委员会第六次会议审议通过了《在上海证券交易所设立科创板并试点注册制总体实施方案》《关于在上海证券交易所设立科创板并试点注册制的实施意见》等。随后证监会发布了《关于在上海证券交易所设立科创板并试点注册制的实施意见》《科创板首次公开发行股票注册管理办法（试行）》《科创板上市公司持续监管办法（试行）》《公开发行证券的公司信息披露编报规则第24号——科创板创新试点红筹企业财务报告信息特别规定》《科创板上市公司证券发行注册管理办法（试行）》（征求意见稿），上海证券交易所发布《上海证券交易所科创板股票发行与承销业务指引》等。这一系列文件成为设立科创板的法律依据，规定了运行细则，全方位规范科创板首次公开发行股票的注册条件，规范在科创板公开发行证券并上市的创新试点红筹企业财务信息披露行为。

2019年3月22日，上海证券交易所在官网公布了首批科创板受理企业名单，共9家，其中包括计算机、通信类企业4家——宁波容百、和舰芯片、烟台睿创微纳、晶晨半导体，专用设备制造类企业3家——安瀚科技、广东利元亨智能装备、江苏北人机器人系统，以及1家医药企业——武汉科前生物和1家化学原料企业江苏天奈[①]。4月22日，首批7只科创主题基金获批[②]。从科创板的表现来看，7月22日，科创板开市，开盘25只个股全线大涨，平均涨幅141%，其中4只个股涨幅逾2倍，N安集涨287%居首，N中微涨278%，N澜起涨268%，N心脉涨207%，N新光也上涨58%。N杭可涨132%，1分钟内较开盘价暴涨30%触发临时停牌；N瀚川、N虹软、N中微等较开盘价下跌30%临时停牌，N瀚川2分钟暴跌30%[③]。但从各股上市至12月31日的交易价格曲线来看，上述除N中微基本上与此前8月最高点持平外，

① 参见《沸腾！首批9家科创板受理企业名单出炉！哪些行业会沾光？》，央视财经，https://baijiahao.baidu.com/s?id=1628715515329478038&wfr=spider&for=pc，最后访问日期：2019年12月10日。

② 参见《首批7只科创主题基金获批近期有望推出》，《中国证券报》2019年4月23日，http://news.cnstock.com/paper, 1148725.htm，最后访问日期：2019年12月10日。

③ 参见《科创板刷屏！1分钟暴涨30% 2分钟暴跌30%》，《中国基金报》，https://baijiahao.baidu.com/s?id=1639722829102486445&wfr=spider&for=pc，最后访问日期：2019年12月13日。

其余各股价格均呈下降趋势，因此不得不进行反思。

有数据显示，截至 2019 年 12 月 31 日，科创板共受理 204 家企业申报，其中，70 家成功上市，总市值突破 8809 亿元，平均市值 126 亿元[①]。可见，科创板总体在市场上较受追捧，市场参与者对科创板充满信心，同时也应提升防范相应风险的能力。

值得一提的是，2019 年 7 月，证监会、国家发展改革委、中国人民银行等八部门联合发布《关于在科创板注册制试点中对相关市场主体加强监管信息共享 完善失信联合惩戒机制的意见》，这是首个专门聚焦金融信息共享与失信联合惩戒的信用监管文件，该文件也意味着人们所担忧的市场发展信用环境问题，在国家层面也有所考虑，希望以此规制相应主体的信用行为。

三 证券监管与投资者保护

中国证券市场一向被认为是“政策市”，行政管制有余而市场自主资源配置与调节不足，打击违法行为、事前事中事后监管以及投资者保护等，基本上由监管部门负责，所有功过是非都集于监管部门一身。因此，无论是在修订《证券法》的过程中，还是在证券监管实践中，如何针对违法行为加大处罚力度，如何促进市场健康发展以及保护投资者权益，始终是证券市场法治实践的主基调之一。

维护证券市场稳定，识别和处置异常交易行为始终是证券监管中的难题之一。比如，如何认定内幕交易、操纵市场等违法违规行为，如何认定违反法律、行政法规等规定的证券买卖行为，投资者出现重大异常交易行为，证券监管主体如何采取限制交易措施等，在实践中均存在认定难题。在今后以及相当长的时期内，运用科技手段，证券监管方式也将不断完善，对于违法行为的线索发现、证据认定等，都会发挥重要作用。

---

① 新浪财经，http://finance.sina.com.cn/7x24/2020-01-01/doc-iihnzhfz9583239.shtml，最后访问日期：2020 年 1 月 1 日。

事实上，违法成本偏低在金融领域特别是资本市场更为突出[①]。相比草案三审稿，四审稿以及正式文本进一步加大对证券违法行为的处罚力度，显著提高证券违法成本，严厉惩治并震慑违法行为人。修订后的《证券法》对“法律责任”一章进行了大幅修改，几乎每一条都有修改。其中，对相关证券违法行为，有违法所得的，规定没收违法所得。同时，较大幅度地提高行政罚款额度，按照违法所得计算罚款幅度的，处罚标准由原来的一至五倍，提高到一至十倍。事实上，自 2015 年 A 股波动事件之后，证券监管部门一直延续“严监管”的态势，近几年处罚力度加大，借本次修法，也在法律层面进一步加强法律责任与对市场主体的行为约束，从而更好地实现证券监管。

从证券监管理念而言，中国证券监管主体也在不断探索与寻找定位。从世界范围来看，证券监管主体的定位应当是查处市场中的违法违规行为，旨在充分保护投资者权益。而中国证券监管主体在相当长的时间内，在“政策市”的“管制思路”影响下，往往偏好以行为影响市场，在上一轮“牛市”中相关证券监管部门负责人以相关言论定性市场发展与影响市场，即为一个颇受批评与质疑的典型事例。从近年来的证券监管理念以及本次《证券法》修订来看，修订后的《证券法》新设第六章“投资者保护”，提高了投资者保护水平。该章共有八条，特别明确了投资者适当性制度、合格投资者制度（表述为“投资者可以分为普通投资者和专业投资者”），发行人因相应违法行为给投资者造成损失的，相关主体及机构应予先行赔付，还规定了投资者保护机构支持投资者起诉行为以及设立证券代表人诉讼制度等。这些内容在相当程度上是为充分保护投资者权益的，从市场参与主体、监管主体角度，通过创设与重申相关制度，从而全方位保护投资者权益。

四　证券民事诉讼

证券民事诉讼是对投资者权益的最后救济渠道，建立何种诉讼制度，不

---

① 参见方刚《多管齐下　综合施策　破解资本市场违法违规成本偏低问题》，《清华金融评论》2019 年第 9 期。

仅体现对投资者利益的保护，也充分体现诉讼对证券制度本身的补给与完善。从证券诉讼纠纷的类型也可以反推甚至在相当程度上能够观察证券市场发展存在的问题。根据相关统计数据，2019 年证券纠纷共 4239 件，包括证券权利确认纠纷 3 件、证券交易合同纠纷 97 件、金融衍生品种交易纠纷 1 件、证券承销合同纠纷 1 件、证券投资咨询纠纷 7 件、证券回购合同纠纷 102 件、证券交易代理合同纠纷 5 件、证券发行纠纷 9 件、证券返还纠纷 3 件、证券欺诈责任纠纷 3967 件、证券托管纠纷 1 件、融资融券交易纠纷 42 件、客户交易结算资金纠纷 1 件，其中证券欺诈责任纠纷占所有纠纷案件的 93.6%①。多年来，证券欺诈纠纷数量居高不下，也在相当程度上反映了整个资本市场的生态。

在本次《证券法》修订中，尤为值得一提的是，《证券法》第 95 条规定了证券代表人诉讼制度，使证券代表诉讼具有相应法律依据。实际上，在每年统计的证券欺诈责任纠纷案件中，都有相当数量的案件是投资者针对同一主体提出的诉讼，这不仅使投资者诉讼成本上升，而且也浪费司法资源，本次推出的证券代表诉讼制度可以在相当程度上解决此类问题。第 95 条第 1 款规定，“投资者提起虚假陈述等证券民事赔偿诉讼时，诉讼标的是同一种类，且当事人一方人数众多的，可以依法推选代表人进行诉讼”；该条第 3 款规定，“投资者保护机构受五十名以上投资者委托，可以作为代表人参加诉讼，并为经证券登记结算机构确认的权利人依照前款规定向人民法院登记，但投资者明确表示不愿意参加该诉讼的除外”。② 由此可见，证券民事诉讼制度的完善，是中国证券市场法治进步与完善的重要方面与关键环节，想必能够较好地发挥投资者保护作用。

五　展望

2019 年是中国证券市场发展的重要一年，《证券法》修订历经近五年终

① 审理日期为 2019 年 1 月 1 日至 2019 年 12 月 19 日。

② 参见彭冰《新旧〈证券法〉条文对照和点评（上）》，微信公众号：北京大学金融法研究中心（2019-12-30）。

告完成。从法律文本层面而言，基本符合预期以及制度初衷，无论是注册制的法律确认，还是证券定义、违法处罚力度和证券民事诉讼制度等，可能也留有一定遗憾。比如，证券定义外延是否还应扩大、发行制度应否再行丰富与完善、违法行为认定能否更加扎实和依据明确等，都可能成为以后进一步讨论和修改的方向。2019 年作为“科创板元年”，也具有开试点注册制先河的意义，在上一轮“牛市”过后 A 股波动影响尚未散尽之时，再次通过制度恢复市场信心，似并非易事，虽然也在科创板的先行先试与《证券法》修法文本中注册制的落地双重尝试之中，试图推进构建一个“注册制的中国版”，但是可能路长且阻。2020 年作为修订后的《证券法》实施“开局之年”，能否实现其预期功用，以及制度实施效果如何，各界仍拭目以待。证券法治仍将在法律文本、法律实施以及证券监管等多面向互动中，最大限度地约束权力，保持监管谦抑，并充分维护投资者权益。

B.7

营商环境法治化建设的中国实践

孟　涛*

摘　要：2019 年是中国营商环境法治化建设的开局之年。中国采取了以评估促建设的方式，主动对标世界银行的营商环境评估，同时大力发展政府的营商环境评价和各类第三方评估。这些评估精确地诊断了相关问题，提供了强大的建设动力，改变了营商环境面貌。中国营商环境法治化建设体现在四个领域：立法、行政、司法和社会。中国大力推动营商环境法律规范的立、改、废工作，形成了以行政法规和地方性法规为主导的规范体系。中国政府开展了以评估指标为导向的改革，创建了更为高效、便利、透明、民主的行政机制。司法机构破解了执行难题，以专业审判、信息化和司法解释等方式保障营商环境。社会的参与和监督机制也广泛建立。

关键词：营商环境　法治化建设　评估方式

建设“国际化、法治化、便利化的营商环境”，是中国近年来最受瞩目的改革之一。2019 年，营商环境建设的最大亮点就是“法治化”。2019 年 2 月，习近平总书记在中央全面依法治国委员会第二次会议上指出：“法治是最好的营商环境”，强调了营商环境与法治的紧密关系。营商环境法治化建设非常必

* 孟涛，中国人民大学法学院副教授，中国人民大学国家发展与战略研究院研究员。本文是中国人民大学科学研究基金项目“营商环境法治化建设的理论与方法”（编号 2020030243）阶段性成果。

要，营商环境“需要通过立法手段来塑造，通过执法手段来维护，通过司法手段来保障”[①]。营商环境如何实现法治化？这个问题包括两个方面：一是建设的方式，二是建设的内容。这个问题看似简单，实则不然，因为营商环境是一个新事物，而且是个学术产物，内涵比较抽象，面临通过什么方式、转化为哪些具体内容的现实难题。

对于这个难题，中国给出了卓有成效的解决方式。中国吸取了世界银行推行的“以评估促建设”方式，并且进行了更大范围的推广。评估可以精确诊断问题、“对症下药”，可以形成“锦标赛体制”，产生强大的激励和引导功能。借助评估方式，中国政府掌握了本国的营商环境状况，从问题出发、对接国际标准、有的放矢，在短短两年的时间内，营商环境国际排名从 2017 年的第 78 位前进到 2019 年的第 31 位，连续两年成为全球营商环境改善幅度最大的经济体之一[②]。中国的这一建设实践意义非凡，为其他领域的法治建设提供了借鉴。

一　营商环境法治化建设的评估方式

中国之所以开展营商环境建设，主要有两个原因：一是吸引投资、缓解经济下行压力，二是瞄准世界先进标准、推动经济从高速增长向高质量发展转型。中国的发展越来越依赖“人才红利”和“创新红利”，这就需要优越的制度“软环境”来吸引人才、吸引资金、吸引项目[③]。如何建设这样一种优越的制度环境？中国政府经过审慎思考，选择了世界银行的营商环境指数（ease of doing business index）作为参考标准。该指数建立在成熟的学术研究之上，

---

① 这是中国社会科学院法学研究所出版的法治蓝皮书《中国地方法治发展报告 No.5（2019）》的提炼总结。

② 这一排名由世界银行提供，具体参见世界银行的营商环境报告。截止到本文完稿之日，世界银行最新的营商环境报告是《2020 年营商环境报告》，评估的是 2018 年 5 月至 2019 年 5 月的营商环境状况。本文所提到的某个年份的排名，是指当年发布的报告排名。例如，2019 年的排名，是《2020 年营商环境报告》发布的，反映的是 2018 年 5 月至 2019 年 5 月的状况，而不是 2020 年的状况。

③ 国务院研究室编写组:《十三届全国人大二次会议〈政府工作报告〉辅导读本 2019》，人民出版社、言实出版社，2019，第 212 页。

自 2002 年诞生以来已经评估了较长时间，是当前世界最具影响力的国际指数之一，对于世界范围内的资金、人才和项目流向有权威指引作用。

当前国际经济贸易格局发生了深刻变化，国际竞争日益激烈，这一竞争很大程度上就是营商环境的竞争[①]。2017 年 7 月 17 日，习近平总书记在中央财经领导小组第十六次会议上作出重要指示，“营造稳定公平透明、可预期的营商环境”，并且要求北京、上海、广州、深圳等特大城市率先加大营商环境改革力度。随后，这四个特大城市出台相关政策，对标世界银行，开展相应的营商环境建设。其他地方也主动对接世界银行标准。至此，以世界银行营商环境指标为蓝本的“国际标准”，开始对中国营商环境建设发挥强大的导向作用。世界银行的营商环境评估，在中国激发了更大规模的评估热潮。根据评估主体不同，中国营商环境评估可以分为三类：一是国际层面上的世界银行评估，二是中国政府实施的营商环境评价，三是社会上的各种第三方评估。

（一）世界银行的营商环境评估

在三类评估中，世界银行的营商环境评估影响最大，是迄今为止中国政府唯一主动对接的国际评估指标，在很大程度上决定了其他两类评估的内容和方法。该评估以企业为中心，评估那些调整企业设立、运行和成长的规制制度。世界银行营商环境指标由 11 个指标组成，分别是“开办企业”（starting a business）、“办理施工许可证”（dealing with construction permits）、“获得电力”（getting electricity）、“登记财产”（registering property）、“获得信贷”（getting credit）、“保护少数投资者”（protecting minority investors）、“纳税”（paying taxes）、“跨境贸易”（trading across borders）、“执行合同”（enforcing contracts）、“办理破产”（resolving insolvency）、“劳动力市场监管”（labor market regulation）。其中，前 10 个指标组成营商环境指数，最后一个指标作为参考，不纳入分值。中国的数据来源于北京、上海两个城市，上海的权重为 55%，北京为 45%。如今，北京、上海的营商环境建设直接依据世界银行

① 国务院研究室编写组:《十三届全国人大二次会议〈政府工作报告〉辅导读本 2019》，人民出版社、言实出版社，2019，第 213 页。

的标准，其他很多地方也参照世界银行标准进行检测。例如，2019 年 8 月，四川省成都市邀请知名咨询公司作为第三方评估机构，以世界银行 2018 年 10 月发布的营商环境评估结果为参照，对成都市自贸试验区进行评估，结果显示成都区域营商环境便利度分数为 77.77 分，模拟国际排名第 30 名。

（二）中国政府的营商环境评价

世界银行的评估内容是有限的，如果仅仅是为应付评估而改革，虽然短期内能够拉高评估分值，但是会影响对中国问题复杂性的关注，致使营商环境建设内容失之过窄。例如，“获得电力”是世界银行的评估指标，中国企业在这方面障碍较多，然而，供水、供气或供暖对于企业也非常必要，也应该纳入改革的范畴。这些公用企业大都属于垄断性行业，现实中存在审批时间长、资费标准模糊、效率较低等问题。世界银行指标对于营商环境的评估，虽然能够反映营商环境的关键机制和核心环节，但反映不了营商环境的全貌。营商环境是以企业为中心的，顾及不到企业以外的其他环境因素，诸如政治环境、经济环境、社会环境、自然环境、宗教环境甚至文化环境，这些都可能成为影响营商环境的特殊因素。每个国家、每个地区的环境都不一样，都存在自己的特殊问题。营商环境建设，既要对照国际标准，也要结合本地的具体问题。

针对这一问题，中国政府在世界银行营商环境评估之外，基于政府丰富的绩效评估经验，积极开展营商环境评价。绩效评估是中国上级政府管理下级政府的重要方式，指标一般都很多，注重细节，以充分贯彻上级的意图。绩效评估，恰好能够弥补国际指数评估的局限，对指数以外的其他问题进行评价。当前中国一些地方政府发起的营商环境评估，就充分意识到了这一点。例如，河南自贸区开封片区的营商环境评价指标体系，既参考了世界银行的指标体系，又结合自身的发展阶段和现实基础，从企业自身生命周期和企业发展外界影响因素两条主线，制定了开封片区营商环境特色评价指标体系，形成了政府效能、政务服务、企业负担、法治环境、要素支撑、开放程度、产业配套、宜居环境等 8 个一级指标，政务公开、执法情况、跨境贸易等 31

个二级指标以及 69 个三级指标和 101 个四级指标组成的系统性指标体系，充分发挥了中国政府绩效评估的专长。

政府部门正在建立更具激励约束性质的评估体制，以贯彻中央的政策意图。2018 年国务院常务会议提出：借鉴国际经验，抓紧建立营商环境评价机制，逐步在全国推行。国家发展改革委会同国家统计局、中国科学院、中国社会科学院、国家信息中心、城市和小城镇改革发展中心等机构，初步构建了中国营商环境评价体系，2018 年在北京、上海、广州、深圳等 22 个城市开展了两次试评价工作，2019 年在东北地区 21 个城市开展营商环境试评价。按照国务院的计划，《中国营商环境评价实施方案（试行）》已经印发实施，2019 年在直辖市、计划单列市、部分省会城市和地 / 县级市开展营商环境评价。可以预期，营商环境评价体系必定会对各地产生重要的引导和激励作用。

（三）第三方评估

除了国际组织和中国政府以外，社会第三方开展的营商环境评估更多，这类评估包括某些国际咨询机构的评估。例如，当前广受各地政府欢迎的毕马威咨询公司、普华永道咨询公司，它们往往是基于世界银行或当地政府的指标体系，从事具体的评估工作。有的国际机构也独立开发指标体系。例如，美国的科尔尼管理咨询公司（A.T. Kearney）2019 年初发布世界首个针对城市的“全球城市营商环境指数”（global cities business environment index），评估对象涉及全球 45 个国家的 100 座城市，其中包括中国的 20 个城市。中国本土涌现的第三方营商环境评估更多。例如，粤港澳大湾区研究院发布了《中国城市营商环境报告》，中央广播电视总台编撰了《中国城市营商环境报告》，万博经济研究院联合中国财富网发布了《中国营商环境指数报告》，普华永道中国、财新智库、数联铭品与新经济发展研究院联合发布了《中国城市营商环境质量报告》，上海华夏社会发展研究院发布了《中国营商环境指数报告》，等等。一些高校也参与了营商环境评估工作。第三方评估深受地方政府欢迎。例如，福建省、广东省佛山市、贵州省贵阳市邀请厦门大学实施评估，安徽省、浙江自贸试验区、河南自贸区开封片区、成都自贸区、天津自贸区、广东自贸区广州南沙新区片区邀请某咨询公司开展评估。第三方评估能够满足各个地方或部门的特定需求，在中国有广阔的发展空间。

二　中国营商环境法治化建设的内容

营商环境指标表明了营商环境建设的具体内容。在中国，营商环境指标的建设任务又分解给不同的部门和企业。营商环境法治化建设，首先由立法、行政和司法这三大部门承担。此外，营商环境指标的建设还要求社会参与。所以，中国营商环境法治化建设的内容，体现在立法、行政、司法和社会四个领域。

（一）立法领域

在营商环境领域，中国正在形成一个由法律、行政法规、地方性法规组成的法律规范体系。营商环境的立法最早始于地方。广东省前几年就颁行了《广东省商事登记条例》《广东省市场监管条例》等营商环境法规。2019 年，地方的营商环境立法取得了重大进展，越来越多的地方开启了营商环境法规规章的立、改、废进程。2019 年之前，全国有三个省份出台了综合性的优化营商环境条例：辽宁省（2016 年）、河北省（2017 年）、陕西省（2018 年）。到了 2019 年，全国各地迎来了一波营商环境综合立法的高潮：黑龙江省、吉林省和天津市已经颁行了优化营商环境条例，山东省、广西壮族自治区公布了优化营商环境条例（草案）或征求意见稿，北京、安徽、江苏、浙江、山西、四川、重庆、云南等省份正在制定优化营商环境条例。可以预料，在今后两三年内，各省、自治区、直辖市都将颁行综合性的营商环境法规。除了综合性法规以外，一些地方还制定了其他辅助性的法规，如四川省正在制定《四川省企业和企业经营者权益保护条例》《四川省品牌质量促进条例》《四川省社会信用条例》等。有些地方性法规极富创新特色，如 2019 年 1 月施行的《浙江省保障“最多跑一次”改革规定》，是全国“放管服”改革领域第一部综合性地方法规；2019 年 9 月 1 日开始实施的《辽宁省推进“最多跑一次”

规定》，是全国第一部推进政务服务“最多跑一次”的省级政府规章。此外，不少地方还开展了相关法规规章的修改或废止工作，为营商环境法治建设扫清障碍、推进改革。例如，江苏省修改了《江苏省招标投标条例》，四川省修改了《四川省行政执法监督条例》。

中央层面的立法大都是在吸收地方经验的基础上制定的，因而相对滞后一些。2019 年，营商环境最重要的立法就是《外商投资法》的通过，该法取代了实施长达 40 年的“外资三法”，对于中国完善营商环境、形成全面开放新格局有基础性意义。此外，其他营商环境的相关法律，如《物权法》《合同法》《企业破产法》也正在修改中。行政法规目前是营商环境规范体系最重要的组成部分之一，国务院在 2019 年修改了《电力供应与使用条例》《注册建筑师条例》《建设工程质量管理条例》《公共场所卫生管理条例》《企业所得税法实施条例》等多部涉及营商环境的行政法规，颁布了《优化营商环境条例》这一堪称营商环境基本法的行政法规，以及《国务院关于在线政务服务的若干规定》，此外，还制定了《外商投资法实施条例》等重要法规。特别值得一提的是，2019 年，在最高人民法院的努力下，世界银行承认了最高人民法院司法解释的法律效力。最高人民法院出台了三部涉及营商环境的司法解释:《最高人民法院关于适用〈中华人民共和国企业破产法〉若干问题的规定（三）》《最高人民法院关于修改〈最高人民法院严格规范民商事案件延长审限和延期开庭问题的规定〉的决定》《最高人民法院关于适用〈中华人民共和国公司法〉若干问题的规定（五）》，为营商环境评估发挥了很大作用。

总之，2019 年是中国营商环境立法的开局之年，行政法规和地方性法规构成了营商环境规范体系的主要部分；未来，应把《优化营商环境条例》等重要行政法规上升为法律。除了法律法规之外，中国政府还有不少营商环境规范性文件，如《国务院关于加强和规范事中事后监管的指导意见》《国务院办公厅关于全面开展工程建设项目审批制度改革的实施意见》《国务院办公厅关于压缩不动产登记办理时间的通知》等，都制定了很多有益的创新规范，未来应尽快把实践证明卓有成效的改革经验充分纳入法律法规。

（二）行政领域

行政是营商环境建设的重要领域，承担的任务最多。2019 年，中国行政领域的营商环境建设，主要围绕世界银行的相关评估指标开展，以评估为导向且针对具体问题，取得了不少创新成效①。在解决问题的同时，中国政府也开展了一些深层的行政制度改革，都大大推动了“放管服”改革。

1. 评估指标导向的行政改革

（1）“开办企业”指标

这一改革由国家市场监管总局牵头，工业和信息化部、公安部、人力资源和社会保障部、中国人民银行、税务总局等国务院相关部门及各地区按职责分工负责。国务院办公厅 2018 年 5 月发布了《关于进一步压缩企业开办时间的意见》，提出了明确的改革时间和任务分工。北京和上海作为代表中国参与世界银行评估的城市，采取了更高要求的改革措施。两个城市的改革经验主要如下：实行开办企业全程网上办；压缩企业设立登记时间，企业设立登记压缩到 2 个工作日内办结；全面推广电子营业执照，凭电子营业执照即可办理后续税务、社保、公积金、银行开户等开办企业事项；优化印章刻制服务；实行社保用工登记“二合一”。北京市在全国率先将开办企业环节由 7 个压缩至 1 个，办理时间由 24 天压缩至 1 天，企业设立后可当日一次性获取营业执照、免费公章和发票，整个开办企业过程零成本，目前全球只有包括北京在内的两个城市能做到。世界银行的最新评估显示：中国这一指标排名全球第 27 位，属于领先水平。

（2）“办理施工许可证”指标

中国的这一指标排名最为靠后（2017 年是第 172 名）、最为“拖后腿”。为解决这一问题，2018 年 5 月，国务院办公厅发布了《关于开展工程建设项目审批制度改革试点的通知》。2019 年 3 月，国务院办公厅又发布了《关于全面开展工程建设项目审批制度改革的实施意见》，提出了更进一步的改革要

---

① 具体内容参见国务院办公厅 2019 年 9 月发布的《关于做好优化营商环境改革举措 复制推广借鉴工作的通知》，http://www.gov.cn/zhengce/content/2019-09/19/content_5431319.htm。

求。这一改革由住房和城乡建设部牵头，国家发展改革委、自然资源部、生态环境部等国务院相关部门及各地区按职责分工负责。根据世界银行的评估结果，北京的改革成效仍然最为显著。北京市的做法主要有三个：一是精简，通过分类分级管理取消小型项目的环境评价，明确非有毒有害及危险品仓储、物流配送等对环境影响小、风险可控的小型项目免予环评；二是合并，搭建数字化平台，合并施工图审查，将消防审查、人防审查合并，由综合审查机构对建设工程涉及公共利益和公众安全等方面内容进行整体安全性审查，审查结果各部门予以认可，不再单独出具审核备案手续；三是“上网”，实行施工许可证全程网办，建设单位申请办理建筑工程施工许可证，可直接登录首都之窗官方网站进行网上申请①。京、沪两地的改革取得了极大成效，中国的排名从 2017 年的第 172 名，上升到 2018 年的第 132 位，2019 年跃升至第 32 位！国务院办公厅要求全国各地借鉴京沪的如下改革措施：优化环境影响评价分类分级管理、实行数字化联合审图、推行工程招投标交易全过程电子化、实行施工许可证全程网上办。

（3）“登记财产”指标

这里的“财产”是指不动产。不动产登记是市场经济的基本制度之一。中国的不动产登记体制建立于改革开放初期，最初从林业登记开始，逐步发展到土地登记和房地产登记，此后形成了多头登记的制度。2007 年生效实施的《物权法》规定了不动产登记制度。但是，由于各种原因，《不动产登记暂行条例》迟至 2015 年 3 月 1 日才开始实施。不动产登记工作由国土资源部门的不动产登记机构承担，2016 年 1 月 21 日国土资源部公布了《不动产登记暂行条例实施细则》。但是，尽管有了条例和实施细则，由于历史遗留问题较多、部门之间交接工作跟不上、相互推诿等，各个地方的不动产登记工作仍然较为混乱。2019 年 2 月，国务院办公厅发布《关于压缩不动产登记办理时间的通知》，提出“2019 年底前，流程精简优化到位，……全国所有市县一般登记、抵押登记业务办理时间力争分别压缩至 10 个、5 个工作日以

① 任珊：《世行发布营商环境报告　北京为中国排名提升作出重要贡献》，《北京日报》2019 年 10 月 28 日。

内”。这一改革由自然资源部牵头，国务院相关部门及各地区按职责分工负责。2019年国务院办公厅要求在全国复制推广的改革措施是：提供不动产登记、交易和缴税“一窗受理、并行办理”服务，提供不动产登记信息网上查询和现场自助查询服务。此外，国务院办公厅还要求全国各地借鉴如下做法：推行不动产登记信息和地籍管理信息互联互通，推进政务服务“一网通办”，推行不动产登记电子证照协同互认，建立健全不动产登记和土地权籍测绘投诉机制及土地纠纷相关信息公开制度。

（4）“保护少数投资者”指标

这一指标属于中央事权范围，主要由中国证监会和最高人民法院联合负责，其中证监会承担主要任务。之前，中国证监会发布过一些规范性文件，冠以“指引”“意见”之名，对所有上市公司具有约束力，监管部门可据此实施监管。但是，世界银行对此不太了解，经过沟通说明之后才予以认可。这一改革需要修改《公司法》和《证券法》，然而修改法律时间较为漫长。为此，2019年，最高人民法院、中国证监会、上海证券交易所等机构在各自职权范围内，对规则进行修改和优化。最高人民法院发布了《最高人民法院关于适用〈中华人民共和国公司法〉若干问题的规定（五）》，中国证监会发布了《关于修改〈上市公司章程指引〉的决定》，上海证券交易所也修订了《上海证券交易所股票上市规则》和《上海证券交易所科创板股票上市规则》。此外，中国证监会成立了投资者保护工作领导小组，以切实履行保护职责。2019年，中国这一指标上升了36位，列全球第28位。

（5）“纳税”指标

这一指标测评的是纳税负担和纳税效率。2019年政府工作报告提出：2019年全年计划减轻企业税收和社保缴费负担2万亿元。之后，《国务院办公厅关于印发降低社会保险费率综合方案的通知》和《国务院关于印发实施更大规模减税降费后调整中央与地方收入划分改革推进方案的通知》相继发布，不仅减轻了企业和居民的税费负担，而且改变了中央与地方财政分配关系，留给地方政府更多的税收收入，以支持地方政府落实减税降费政策、缓解财政运行困难。这一改革将对中央与地方的关系产生深远影响。中国政府的纳税效率改革更为明显，纳税的时间和环节都大为缩短。以北京市为例，纳税效率有两个方面：一是“减时间”，推行财税一件化辅助申报系统，实现财务软件与电子税务局对接，纳税人只需 2~3 分钟便可完成从申报准备到申报办结的过程，实现“一键申报”，纳税时间从 207 小时减少到 138 小时以内；二是“减环节”，推行办税事项“最多跑一次”和“全程网上办”，实现 5 类 162 项办税业务“最多跑一次”，152 个纳税事项“全程网上办”，7 类 300 余项涉税业务“全市通办”[①]。这些改革措施正在全国范围内推广。2017 年中国的这一指标排名是第 130 名，2019 年已经前进到第 105 名。

（6）“跨境贸易”指标

这一指标考察进出口过程中的边界合规与单证合规。边界合规的时间和成本，发生在边界装卸、运输、报关、检验等过程中；单证合规的时间和成本，发生在单证从获得到提交的整个过程。这一改革由海关总署牵头，交通运输部、商务部等国务院相关部门及各地区按职责分工负责。按照国务院办公厅的要求，2019 年全国复制推广如下改革举措：推广应用国际贸易“单一窗口”；公开口岸收费目录清单，规定清单之外不得收费；口岸通关提前申报。此外，全国各地还要借鉴 7 项改革措施：实行通关全流程电子化，推行海关内部核批“一步作业”，推行集装箱设备交接单无纸化，实行口岸分类验放，实行跨境贸易大数据监管，优化关税征管全流程服务，实现同步通关和物流作业。这一指标的改革同样效果显著：2017 年中国的排名是第 97 名，2018 年前进到第 65 名，2019 年是第 56 名。

2. 行政机制改革

（1）监管机制改革

这是 2019 年度国务院用力最多的机制改革，共发布了三个重要文件，先后是《国务院关于在市场监管领域全面推行部门联合“双随机、一公开”监管的意见》《国务院办公厅关于加快推进社会信用体系建设　构建以信用为基础的新型监管机制的指导意见》《国务院关于加强和规范事中事后监管

---

① 任珊：《世行发布营商环境报告　北京为中国排名提升作出重要贡献》，《北京日报》2019 年 10 月 28 日。

的指导意见》。通过一系列改革，行政机关把更多行政资源从事前审批转到加强事中事后监管，监管理念、监管制度和监管方式也得到了创新，正在形成市场自律、政府监管、社会监督互为支撑的协同监管格局，建立健全贯穿市场主体全生命周期，衔接事前、事中、事后全监管环节的新型监管机制。

（2）在线服务机制

中国已是互联网应用最发达的国家之一，营商环境的迅速提升，离不开在线服务的鼎力支持，如“一网通办”。2019 年，全国一体化在线政务服务平台“国家政务服务平台”试运行[①]。该平台发挥全国政务服务公共入口、公共通道、公共支撑作用，为全国“一网通办”提供支撑。目前，该平台包括国务院 43 个部门的 1142 项政务服务事项，以及 31 个省（自治区、直辖市）和新疆生产建设兵团的 285 万多项政务服务事项，为全国人民提供“七个统一”服务：统一身份认证、统一证照服务、统一事项服务、统一投诉建议、统一好差评、统一用户服务、统一搜索服务。除此之外，国务院还在建设统一电子印章系统、电子证照共享服务系统、电子档案系统。这些平台建设的意义已经超出了营商环境，将对国家治理产生不可估量的深远影响。

（3）行政决策机制改革

2019 年 3 月，国务院办公厅发布《关于在制定行政法规规章行政规范性文件过程中充分听取企业和行业协会商会意见的通知》，要求各地区、各部门在制定有关行政法规、规章、行政规范性文件过程中，科学合理选择听取意见对象，运用多种方式听取意见，完善意见研究采纳反馈机制，加强制度出台前后的联动协调，注重收集企业对制度建设的诉求信息，加强组织领导和监督检查，以保障企业和行业协会商会在制度建设中的知情权、参与权、表达权和监督权。各地各部门在制定相关规范性文件的过程中，已大多能够向相关企业和行业协会商会听取意见，不少地方还及时向企业宣传解读政府出台的营商环境重要政策，保证企业知情权，便利其参与。

① 网址：http://www.gjzwfw.gov.cn/。

（三）司法领域

司法领域的营商环境建设，由最高人民法院牵头。世界银行有两个指标直接涉及司法：执行合同与办理破产。“优化营商环境，中国司法先行”，2019年，最高人民法院部署推动了多项重大改革措施，取得了显著的改革成效。世界银行《2020年营商环境报告》显示，中国的“执行合同”指标排名全球第5位，相比上年前进了1位；“办理破产”指标比上年前进了10位，位居全球第51位。值得指出的是，“办理破产”指标涉及破产法律制度，中国是在《企业破产法》尚未修改的情况下主要依赖司法改革取得这一成绩的。相关司法改革措施主要如下。

1. 建立“基本解决执行难”联动机制

“执行难”是中国法院的“老大难”问题。执行问题的解决，需要党政机构、各企事业单位的配合，仅仅依赖法院一家是不够的，中国法院几十年的执行实践早已说明了这一点。2016年3月，最高人民法院在全国部署“用两到三年时间基本解决执行难”，形成“综合治理”的工作格局。2018年是“基本解决执行难”的决战之年。为彻底破解执行难，司法机构与发展改革部门、公安、司法行政、税务、市场监管、房管等单位集中签署执行联动合作协议，各单位对被执行人财产实行网络联动查控，覆盖房产、存款、车辆、证券、工商登记等财产信息；联动采取信用监督惩戒措施，在购买不动产、土地招拍挂、矿产资源开发、担任公职及公司高管，以及乘坐飞机、乘坐高等级列车和席次、投资、招投标等方面对失信被执行人实行限制，从而形成了“一处失信、处处受限”的信用惩戒格局。2019年3月，中国社会科学院法学研究所“基本解决执行难”第三方评估显示：“基本解决执行难”目标如期实现。

2. 设立专门的司法机构，强化专业化审判机制

2018年以来，专门司法机构的建设在中国出现了一波高潮。2018年8月20日，上海金融法院正式挂牌成立。2018年9月，北京、广州互联网法院先后成立，中国在互联网司法领域走在了世界最前沿。2019年1月1日，最高

人民法院知识产权法庭成立。2019 年 1 月 14 日上午，深圳破产法庭正式成立，这是全国第一家破产法庭；1 月 30 日，北京破产法庭成立；2 月 1 日，上海破产法庭正式成立。专业化的司法机构，可以强化特定纠纷领域的司法保障力度，提升司法专业能力，更好更快地适应时代发展。中国的这一最新改革措施，受到了世界银行评估专家的高度肯定和赞赏。

3. 加强法院信息化建设

2013 年以来，中国开始大力推动法院信息化建设，互联网、大数据、云计算、区块链、人工智能等新技术大量运用于司法实践。中国的法院系统深度拥抱互联网，正在大力推行全流程网络化办案和诉讼服务网络平台建设。全流程网络化办案贯穿于从立案到审判、执行的全过程，网上平台设立“数字卷宗”，当事人提交的材料和法院办案中产生的材料可以全部自动归集和归档。诉讼服务网络平台面向全社会公开使用，主要服务功能包括网上立案、案件查询、文书送达、材料提交、开庭提醒、联系法官、卷宗借阅、找法问案、网上缴费、证据交换等，提供立案流程指引、网上立案、诉讼费计算、诉讼费用缴纳、文书样式查询、个案查询、失信被执行人信息查询、司法拍卖、在线调解等诉讼服务。当事人可以从网络获得本人案件的各种信息。互联网打破了时空局限，大大降低了当事人的诉讼成本和法院的办案成本。

4. 制定司法解释

最高人民法院制定和修改司法解释的活动，对推动司法改革、改善营商环境产生了重要作用。有的司法解释提升了法院的透明度，如 2018 年 9 月 1 日起施行的《最高人民法院关于人民法院通过互联网公开审判流程信息的规定》；有的司法解释填补了一些程序上的漏洞，如 2018 年 4 月 26 日开始施行的《最高人民法院关于严格规范民商事案件延长审限和延期开庭问题的规定》，在 2019 年 3 月得到了修改，解决了很多具体程序问题。此外，一些司法解释还弥补了法律的缺陷，如 2019 年 3 月 28 日起施行的《最高人民法院关于适用〈中华人民共和国企业破产法〉若干问题的规定（三）》和 2019 年 4 月 29 日起施行的《最高人民法院关于适用〈中华人民共和国公司法〉若干问题的规定（五）》。

（四）社会领域

营商环境建设，离不开社会的参与。世界银行营商环境的两个指标“获得电力”和“获得信贷”，主要是针对供电企业和金融公司而言的。此外，社会的建言献策和反馈监督也是不可或缺的。2019 年，社会领域的营商环境建设也取得了显著进步，主要表现在两个方面。

1.“获得电力”指标

中国的相关改革是由国家能源局牵头，具体工作则由国家电网有限公司、南方电网有限责任公司、内蒙古电力（集团）有限责任公司等电网企业分工负责①。中国正在推广低压小微企业接电“零上门零审批零投资”服务，压缩小微企业获得电力报装时间、环节及成本，电网接入工程中的规划许可、绿化许可、掘路许可等审批环节从串联前置审批改为并联同步操作，取消低压小微企业用户外部接电工程费用。电网公司实时响应客户接电需求，实现电网资源数据与客户需求互联互通，压减现场勘察时间。企业获得电力的成本、时间都大为减少，接电效率迅速提高。世界银行《2020 年营商环境报告》的评估结果表明：中国这一指标的排名目前位居全球第 12 位。

2. 营商环境监督员制度

营商环境怎么样，市场主体感受最直接，最有发言权。2019 年，营商环境监督员制度在全国多个地方建立，市场主体的反馈监督机制有了较大改进。营商环境监督员制度创新始于 2017 年的辽宁，辽宁各地面向社会、企业、媒体等各行各业公开招聘营商环境监督员，负责监督营商环境建设中存在的问题，主动“找碴儿”“挑刺儿”，政府则采取“一证、一册”（监督员证、监督员工作手册）以及其他管理模式规范监督员的行为。2019 年，北京、湖南、江苏、贵州、广西、河南、黑龙江、陕西等省份也建立了这一制度。有些地

① 南方电网公司的经营范围为广东、广西、云南、贵州和海南等 5 个省（自治区），其余 26 个省、自治区和直辖市是国家电网公司的经营范围；内蒙古电力（集团）有限责任公司是全国唯一独立的省级管理电网企业，负责除赤峰、通辽、呼伦贝尔、兴安盟之外自治区其余 8 个盟市供电营业区的电网建设、经营、管理工作。

方明确营商环境监督员不能当“花瓶”，必须切实发挥监督职能。例如，湖南长沙要求该市的100位营商环境特约监督员，每人每年至少提交一个营商环境案例。

结 论

2019年，中国进一步深化营商环境建设，特别是强化了营商环境的法治化建设。“法治建设、评估先行。”中国各级政府一方面主动对标世界银行的营商环境指标；另一方面结合中国的现实问题，建立了中国特色的营商环境评价制度，各种第三方评估也方兴未艾。评估对中国营商环境建设产生了前所未有的影响，带来了高效率。中国营商环境法治化建设的内容体现在立法、行政、司法和社会四个领域。2019年是中国营商环境法治化建设的开局之年，中国初步构建了营商环境的基本规范体系，大力实施更适应营商环境要求的行政措施和行政机制，进一步提升了营商环境的司法保障力度，有效发动了企业等市场主体积极参与营商环境建设。这些改革措施均取得了明显成效。营商环境建设没有最好、只有更好，未来，中国还应继续加强营商环境法治化建设，弥补营商环境建设的短板，为推进国家治理体系和治理能力现代化作出更大的贡献。

B.8 2019年的中国互联网平台用工法治

王天玉*

摘　要：互联网平台用工随移动网络技术在世界范围内兴起后，中国凭借信息基础设施和劳动力资源，已在平台用工的规模和类型上独占鳌头。平台用工也引发了法律争议，主要在于如何定性其法律关系。基于平台用工的多样性，不能一概而论，应根据平台功能不同分为自治型平台和组织型平台，采取相应的监管措施。对于具有创新性的用工形态，不能生搬硬套地适用现有的劳动法规范，而应以面向数字时代的眼光制订规则，根据平台用工的特点予以分类调整。当前制度建设的重点是平台用工职业伤害保障制度，同时须强化政府监管，科学界定平台责任，有效控制平台用工产生的社会风险。

关键词：平台用工　社会风险　劳动法　职业伤害保障　平台责任

在移动互联网技术和分享经济理念的共同推动下，互联网平台用工自2014年起在全世界范围内大规模兴起。所谓平台用工是指劳务提供者基于互联网平台给付特定内容的服务或劳务。最先发展起来的模式是以美国优步（Uber）为代表的网约车，司机下载平台软件App并注册审核后即可接收来自平台的用车需求，独立完成特定运送服务。

在这一轮互联网技术浪潮中，中国凭借良好的信息基础设施和普及

---

*　王天玉，中国社会科学院法学研究所副研究员。

的智能终端设备，在平台用工领域与发达国家几乎同时起步，并迅速拓展到外卖送餐、网约代驾、同城快递等多个社会服务领域，在经营模式、服务类型、就业规模上取得了领先发达国家的优势。据《中国共享经济发展年度报告（2019）》，2018年中国共享经济参与者人数约7.6亿人，参与提供服务者人数约7500万人，同比增长7.1%。平台员工数为598万人，同比增长7.5%[①]。这种平台用工的就业规模是其他任何国家都难以比拟的。

一　中国互联网平台用工的基本运行模式

当规模达到一定程度后，平台用工的形态趋于多样，用工组织方式亦不断演进，中国的互联网平台用工已发展出其他国家所不具备的复杂形态。所谓平台用工并不是单一形态，而是因平台功能和运营模式差异分为不同模式。

（一）自治型平台

此类平台的功能在于创设一个网络交易空间，本质是一个线上劳务市场，劳务供需双方通过注册的方式进入该市场，平台并不直接参与劳务交易过程，而是由劳务供需双方自主寻找合作对象，进行缔约并达成合意，平台在劳务交易完成后收取一定比例的佣金。此类平台交易结构见图1。

这种交易模式的典型如国内知名的猪八戒网。据网站服务规则，交易双方为雇主和知识工作者，雇主通过“雇用、招标、比稿”等交易方式与某一知识工作者达成合意并完成特定劳务交易[②]。平台在交易达成时向知识工作者

① 国家信息中心分享经济研究中心、中国互联网协会分享经济工作委员会:《中国共享经济发展年度报告（2019）》，http://www.sic.gov.cn/archiver/SIC/UpFile/Files/Default/20190301115908284438.pdf。

② 参见《猪八戒平台服务规则》，https://rule.zbj.com/ruleshow-0?pid=158&categoryId=278，2019/9/26。

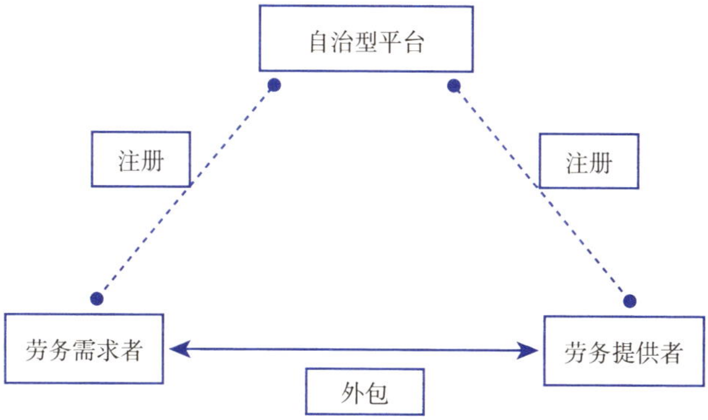

图1 自治型平台交易结构

一方按照成交金额收取一定比例的技术服务费①。平台在此种模式下符合居间人的特征，即《合同法》第424条规定的"居间人向委托人提供订立合同的媒介服务，委托人支付报酬"。平台置身具体交易行为之外，劳务交易的标的、价格、期限等均由劳务供需双方协商达成合意。平台凭借信息技术优势能够实现跨地域、大规模的交易机会匹配，将原本零散、局部的劳务供需关系整合为全国性的远程服务行业。纵然劳务交易的规模和时空发生了改变，但自治型平台作为居间人的性质并未改变，其功能在于提供线上市场及保障交易顺利完成的规则，而非提供具体内容的劳务或参与个别交易。

（二）组织型平台

此类平台的功能在于提供特定内容的劳务，本质是某类劳务交易的组织者。劳务需求者在该平台注册后，向平台发送劳务需求订单，再由平台组织劳动力以完成该订单。劳务需求者与劳动提供者并不发生直接的缔约行为，二者均以平台为交易对象。目前国内就业人数最大的用工平台均属于组织型平台，如网约车、外卖配送、同城快递、网约代驾等。根据平台组织劳动力

① 据该网站的交易规则，雇用和招标交易模式下的订单成交时（含部分成交），对于会员知识工作者，猪八戒网有权根据不同会员等级按照成交金额的2%~20%向知识工作者收取技术服务费；对于非会员服务商，猪八戒网有权按照成交金额的20%向知识工作者收取技术服务费。若之后发生交易纠纷或双方协商涉及退款的举报，技术服务费不予以退还。参见《猪八戒平台交易规则》，https://rule.zbj.com/ruleshow-0?pid=430&categoryId=278，2019/9/26。

的方式不同，可以将组织型平台分为以下三种类型。

1. A 模式

平台直接雇用劳务提供者，与之订立劳动合同，亦即平台是用人单位，劳务提供者是劳动者。平台收到劳务需求者的订单后，通过 App 向劳动者发送指令。该模式下的合同关系见图 2。

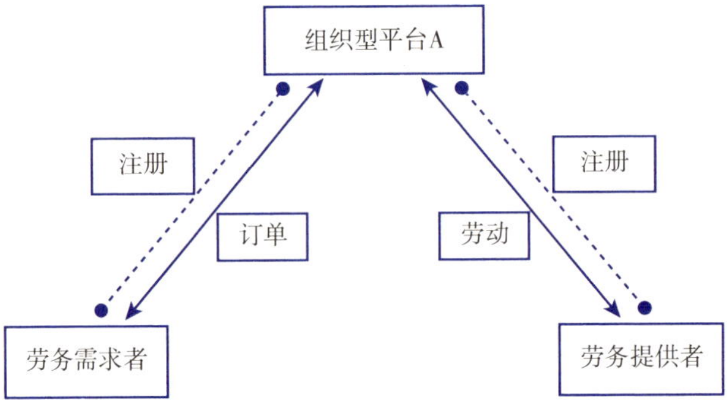

图 2　组织型平台 A 模式

此模式下平台作为用工主体与常规用人单位没有区别，仅是劳动组织的方式采取了信息化手段，平台与劳务提供者之间具有明确的劳动合同关系，属于劳动法调整，并不具有创新性。平台以劳动合同的方式组织劳动力具有较强的指挥命令权，能够稳定地完成一定数量的订单，但由于劳动法规定用人单位承担多项保障义务，如书面合同、解雇保护、经济补偿金、社会保险等，使得该模式的人力成本较高。因此，平台一般在初创期采用此种模式。

2. B 模式

平台将特定区域的业务整体外包给代理商，由代理商自行雇用劳务提供者以完成工作任务。此模式为 A 模式的演变形态，平台从劳务的直接提供者转变为劳务的发包方，其作为劳务交易组织者的地位得以强化，并借由代理商提升了劳动力组织和管理的效率。在业务外包的过程中，平台也将劳动关系中的用人单位义务转移给代理商，代理商与劳务提供者订立劳动合同，二者构成劳动关系，代理商成为劳务提供者的用人单位。在此模式下，平台收集并处理劳务需求者的订单，按照区域交由特定代理商予以完成，代理商组织并管理其劳动者提供具体劳务。该模式下的合同关系见图 3。

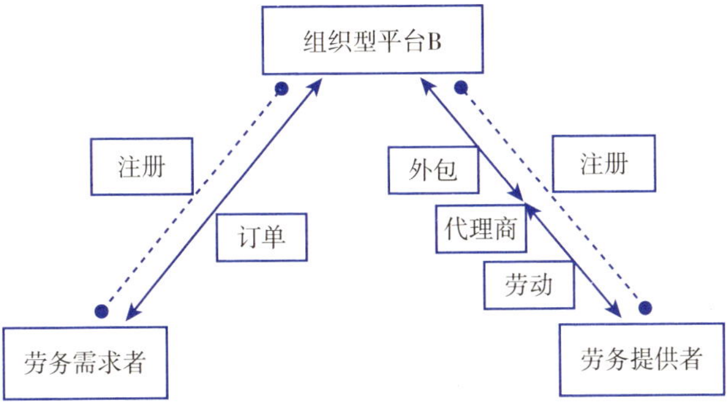

图 3　组织型平台 B 模式

3. C 模式

劳务提供者下载平台 App 并注册，经审核成为平台劳务提供者，平台与劳务提供者之间不订立劳动合同，劳务提供者自主决定是否工作以及何时、何地工作，平台不提供劳动工具，不进行日常劳动管理，仅依据平台规则及其与劳务提供者之间的格式合同要求完成劳务的方式①。该模式下的合同关系见图 4。

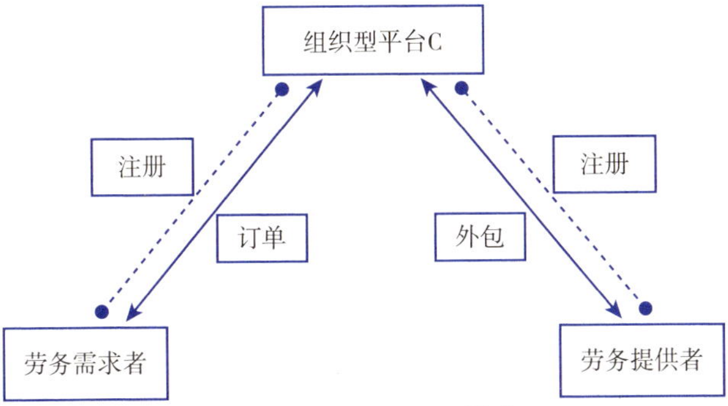

图 4　组织型平台 C 模式

① 参见吴清军、李贞《分享经济下的劳动控制与工作自主性——关于网约车司机工作的混合研究》，《社会学研究》2018 年第 4 期。

该模式是具有创新意义的互联网平台用工，劳务提供者可利用便利的信息渠道获得劳务需求订单，并利用自己的空闲时间提供劳务，这正是“分享经济”理念所指的劳务交易模式。劳务供需双方没有直接的沟通和缔约行为，平台与劳动需求者一方的关系没有变化，仅是平台与劳务提供者之间形成了较为松散的合作关系，从合同关系角度看是以完成特定劳务为标的的承揽关系，劳务提供者以完成特定结果作为获得报酬的对价，平台是该报酬的支付方。但是，随着平台业务范围的扩展，越来越多的人意识到参与平台用工所能享受到的工作自主性，因此一部分人脱离常规就业组织而专职从事平台用工。例如，专职的网约车司机，这就背离了原本只强调利用空闲时间参与工作的“分享经济”，转变为依靠劳务订单报酬为谋生手段的“零工经济”（gigeconomy）[①]，使得劳务提供者与平台之间由原本较为松散的合作关系转变为更为紧密的结合关系，主要体现在劳务提供者依靠平台收入作为生活来源。据观察，欧美国家的平台用工均限于此种模式，并没有前述 A、B 两种模式。从合同关系上来看，A、B 两种模式并不具有创新意义，实质是“披着互联网外衣的常规用工”，在劳动力的组织和管理上仍是依据劳动合同，其中涉及的劳动提供者权益保护问题也是劳动法实施不到位等老问题的表现形式，并未超出现有法律规定的调整范围，当然也不构成对现有法律的挑战。真正需要法律及法学理论面对的是 C 模式，此为数字化条件下的新型劳动就业模式。鉴于中国在互联网平台用工领域的庞大规模和复杂形态，司法机关和政策制定部门在积极探寻符合信息时代要求的规制方案。

二 指引和规范互联网平台用工的法治探索

（一）互联网平台用工的主要法律问题

互联网平台用工的兴起和发展在促进就业、便利日常生活等方面发挥了

① See Antonio Aloisi, Commoditized Workers. “Case Study Research on Labour Law Issues Arising from a Set of ‘On-Demand/Gig Economy’ Platforms,” 37 *Comparative Labor Law & Policy Journal*. 654 (2016).

重要作用，但同时也产生了新的社会风险及相关法律问题。最为典型的常见平台用工形态是网约车、外卖配送、同城快递和网约代驾，吸纳的就业人数最多，其中以外卖配送为首[①]。大街小巷穿梭的外卖小哥成为人们对平台用工的直观印象。从风险角度来看，当前主要的平台用工均与路面交通运输相关，交通事故风险成为平台用工面临的最大风险，一旦发生事故可能导致两方面的损害：一是劳务提供者自己受伤；二是劳务提供者造成其与平台之外的第三人损害，包括劳务需求者和其他第三人，如乘客或道路行人。

无论是劳务提供者自己受伤后的保障，还是平台是否应就第三人损害承担责任，在法律上都须厘清劳务提供者与平台之间的合同关系问题。在自治型平台下，劳务供需双方是合同双方，平台是居间人，不参与该具体交易，当然不对劳务履行中的损害承担责任。在组织型平台下，A、B两种模式均以劳动合同为基础组织劳动力，法律关系较为清晰，亦有明确的法律依据。

在劳务提供者自己受伤的情况下，平台或代理商作为用人单位依据《社会保险法》第33条和《工伤保险条例》第2条，为劳务提供者办理工伤保险，发生工伤后向社保经办机构申请工伤保险待遇；如果平台或代理商应当为劳务提供者办理工伤保险而没有办理，那么依据《工伤保险条例》第62条第2款，在发生工伤事故后，由平台或代理商作为用人单位支付工伤保险待遇的相关费用。

在劳务提供者造成第三人损害的情况下，平台或代理商作为用人单位应当为劳动者的职务行为承担损害赔偿责任，根据《侵权责任法》第34条第1款，用人单位的工作人员因执行工作任务造成他人损害的，由用人单位承担侵权责任。在实践中，部分代理商的管理不规范，未与劳务提供者订立书面劳动合同，法院通过考察代理商对劳务提供者的指挥管理，认定二者构成劳

① 据美团研究院报告，2018年有270万骑手配送外卖订单，相对于2017年增加了50万；据“饿了么”的报告，该平台的蜂鸟配送注册骑手已达300万。参见美团研究院《城市新青年：2018外卖骑手就业报告》，https://about.meituan.com/institute，2019/9/2. 饿了么：《2018外卖骑手群体洞察报告》，https://download.mouse0232.cn/pdf/1228/2018，2019/9/2。

动关系，由代理商对第三人损害承担责任[①]。

C 模式的法律适用则产生了分歧。首先，平台与劳务提供者在此模式下未订立劳动合同，因此不能直接套用上述 A、B 模式下的法律适用方法。其次，二者因无劳动关系而不能适用劳动法，就只能适用民法，那么，在此承揽关系中，劳务提供者对自身的损害及其造成的第三人均须自担其责。最后，中国从事平台用工的劳务提供者以“农民工群体为主”[②]，在发生事故后几乎没有足够的财力承担事故损害，若自身受伤则可能使家庭陷入困境，若造成第三人损害则事实上难以实现赔偿。可见，互联网平台用工在 C 模式下存在社会风险分配不均的问题，劳务提供者个人成为此类用工模式的风险承担者，而其作为个人，或者说弱势的个人，本就无力承担该社会风险，这是当前互联网平台用工的主要法律问题。

（二）规范互联网平台用工的思路与争论

由于互联网平台用工模式的发展演变有一个过程，需要逐步跟踪、观察与归纳，立法与政策制定层面并未急于给予调整平台用工的结论性意见，讨论中较多提及的一句话是“让子弹飞一会儿”。这种思路对于平台用工的发展无疑是正确的，给予新的就业模式以足够的空间和充裕的时间，待其充分展示其特点后再有针对性地予以规范。在这一思路的指引下，过去一段时间制定的相关规范性文件均未对平台用工予以严格规制。例如，第一部针对网约车的规范性文件是交通部等七部门下发的，于 2016 年 11 月 1 日起实施的《网络预约出租汽车经营服务管理暂行办法》，该办法第 18 条规定，“网约车平台与驾驶员根据工作时长、服务频次等特点签订多种形式的劳动合同或者协议”，此为“当事人选择”的立法模式，组织型平台在 A、B 模式下为有效组织劳动力而采用

① 参见长春市南关区人民法院（2017）吉 0102 民初 223 号民事判决书、合肥市庐阳区人民法院（2017）皖 0103 民初 5604 号民事判决书、合肥市庐阳区人民法院（2018）皖 0103 民初 2653 号民事判决书、合肥市庐阳区人民法院（2017）皖 0103 民初 5604 号民事判决书、上海市青浦区人民法院（2016）沪 0118 民初 13396 号民事判决书。

② 参见王全兴、刘琦《中国新经济下灵活用工的特点、挑战和法律规制》，《法学评论》2019 年第 4 期。

劳动合同，在 C 模式下为方便双方灵活自主的合作关系而采用协议，即民事合同。对于一个劳务提供者，如果他愿意获得较完善的保护，则进入 A 或 B 模式，与平台或代理商订立劳动合同，但须以丧失工作自主性为代价，接受平台或代理商日常的监督管理；如果他更偏好工作自主性，则进入 C 模式，与平台订立民事协议，在享受工作自主性的同时要谨防职业风险。可见，该办法虽然为平台用工各模式提供了合同依据，但是并未解决 C 模式下的社会风险分配问题。此后，2019 年 1 月 1 日起施行的《电子商务法》也涉及平台用工的问题，该法第 9 条规定，“本法所称电子商务经营者，是指通过互联网等信息网络从事销售商品或者提供服务的经营活动的自然人、法人和非法人组织”，该法第 10 条对“经营活动”予以解释，包括“个人利用自己的技能从事依法无须取得许可的便民劳务活动”，可见《电子商务法》将平台用工的劳务提供者纳入“电子商务经营者”的范畴，其法律适用依据是该法第 47 条，“订立和履行合同适用本法、《民法总则》和《合同法》等法律规定”。由于《电子商务法》对平台用工无特殊规定，那么应适用民法予以调整，仍是由劳务提供者承担风险。

相对宽松的制度环境将平台用工的法律适用问题转嫁给了法院，产生分歧的主要是组织型平台 C 模式下的争议处理。在中国裁判文书网检索 2014~2018 年因 C 模式产生的争议案件判决可以发现三种处理方法：第一，如果劳务提供者未发生事故，仅主张认定其与平台之间存在劳动关系，法院不予以支持[①]；第二，如果劳动提供者自身受到伤害的，希望通过认定劳动关系的途径由平台承担损害赔偿责任或支付工伤待遇，法院存在支持与反对两种判决结果[②]；第三，劳务提供者造成第三人损害的，部分法院判决劳务提供者承担责

① 参见北京市第一中级人民法院（2014）一中民终字第 6355 号、北京市第一中级人民法院（2015）一中民终字第 176 号、北京市第一中级人民法院（2015）一中民终字第 01359 号、北京市海淀区人民法院（2018）京 0108 民初 30201 号。

② 认定平台承担责任的案件包括：北京市海淀区人民法院（2017）京 0108 民初 53634 号、重庆市第五中级人民法院（2017）渝 05 行终 351 号、北京市海淀区人民法院（2017）京 0108 民初 54995 号。否定平台承担责任的案件包括：北京市石景山区人民法院（2016）京 0107 民初 4021 号、滁州市中级人民法院（2017）皖 11 民终 938 号、威海市中级人民法院（2017）鲁 10 民终 1858 号、无锡市梁溪区人民法院（2017）苏 0213 民初 8149 号、北京市第三中级人民法院（2018）京 03 民终 5233 号。

任[①]，部分法院判决平台承担责任[②]。从法院的判决结果可以看到两种裁判思路的分歧，一种是遵循法院的保守立场，强调“合法性”，根据平台与劳务提供者之间合同关系的性质分配责任，这在现有制度框架下无疑是符合司法权性质的；另一种是“结果导向”的裁判思路，主要是考虑到劳务提供者自身的弱势性，更注重司法的社会保护功能，在结果上由平台承担责任更具有“合理性”，因而在劳务提供者对平台的收入依赖、平台规则对劳务提供者的要求等要点上予以扩大解释，以归入劳动关系，进而引入劳动法的保障机制，实现社会风险的再分配。

从法院的分歧可以发现，就如何规范具有创新意义的互联网平台用工，即组织型平台C模式的方案选择，能否适用劳动法是争论的焦点。在学界，主张对平台用工适用劳动法的观点不在少数，这种观点的产生与法院“结果

① 劳务提供者承担损害赔偿责任的案件如下：广州市海珠区人民法院（2014）穗海法民二初字第1082号、南京市鼓楼区人民法院（2015）鼓民初字第7340号、上海市虹口区人民法院（2016）沪0109民初22401号、上海市浦东新区人民法院（2016）沪0115民初81742号、北京市西城区人民法院（2017）京0102民初32348号、北京市东城区人民法院（2017）京0101民初6586号、北京市西城区人民法院（2017）京0102民初10084号、北京市丰台区人民法院（2017）京0106民初14428号、青岛市李沧区人民法院（2017）鲁0213民初187号、天津市河东区人民法院（2017）津0102民初7604号、南京市鼓楼区人民法院（2017）苏0106民初1322号、南京市秦淮区人民法院（2017）苏0104民初937号、南京市玄武区人民法院（2017）苏0102民初5396号、上海市浦东新区人民法院（2017）沪0115民初25255号、上海市浦东新区人民法院（2017）沪0115民初25257号、上海市静安区人民法院（2017）沪0106民初8770号、上海市徐汇区人民法院（2017）沪0104民初8948号、杭州市滨江区人民法院（2017）浙0108民初1626号、杭州市滨江区人民法院（2017）浙0108民初1046号、北京市西城区人民法院（2018）京0102民初4883号。平台与劳务提供者分担赔偿责任的案件是重庆市渝北区人民法院（2018）渝0112民初438号。

② 平台承担损害赔偿责任的案件如下：上海市浦东新区人民法院（2014）浦民一（民）初字第37776号、西安市中级人民法院（2017）陕01民终11374号、广州市中级人民法院（2017）粤01民终13837号、天津市第二中级人民法院（2017）津02刑终62号、杭州市中级人民法院（2017）浙01民终4425号、上海铁路运输人民法院（2017）沪7101民初621号、上海铁路运输人民法院（2017）沪7101民初617号、上海市第一中级人民法院（2017）沪01民终10822号、上海市闵行区人民法院（2017）沪0112民初12313号、咸阳市中级人民法院（2018）陕04民终848号、苏州市中级人民法院（2018）苏05民终815号、上海市浦东新区人民法院（2017）沪0115民初74197号、上海市第二中级人民法院（2018）沪02民终1665号、北京市第二中级人民法院（2014）二中民终字第07157号。

导向”的裁判思路具有相同的制度背景，即中国针对以劳务为标的的交易关系形成了“独立性劳动”与“从属性劳动”的二元立法框架，前者由民法予以调整，后者由劳动法予以调整，所形成的法律效果是民法的保障力度很弱，而劳动法的保障力度很强，二者存在相当大的差异。那么，在此制度框架下，欲在民法之外引入保障机制则非劳动法不可。但是，组织型平台 C 模式与劳动关系所包含的“从属性劳动”存在本质区别，在 C 模式下参与平台用工的劳务提供者具有显著的自主性，不符合劳动关系从属性[①]。即便引入劳动法，对该平台用工模式适用全部劳动法制度也是不适当的，因此有域外学者主张对平台用工的规制不拘泥于“合同定性—适用规则”的进路，法律适用方法应转变为根据不同情形分配责任[②]。国内学者也提出了“劳动法调整模式 + 雇佣合同调整模式”[③]、“劳动权利具体化”[④]、“劳动法的功利主义规制”[⑤]等思路。但在制度层面缺乏可操作的具体方案，并可能在实务层面更难以把握。

三　促进互联网平台用工健康发展的制度走向

在互联网平台用工模式发展渐趋成熟，法治探索已触及此类问题实质的背景下，国务院办公厅于 2019 年 8 月 8 日发布了《关于促进平台经济规范健

---

① 从属性是指劳动者在雇主的指挥监督之下给付劳务，是劳动关系的本质特征，亦是学界和司法实践均承认的劳动关系判断依据。从属性包括人格从属性和经济从属性，前者核心内容是“受拘束下的服从”，本质在于劳动者给付劳动的“不自由”；后者是指劳务提供者“为他人之目的而劳动”，包括劳动者在积极意义上使用雇主提供的劳动条件，给付劳动并获得工资，在消极意义上不承担雇主的生产经营风险。参见王天玉《经理雇佣合同与委任合同之分辨》，《中国法学》2016 年第 3 期。

② See Richard R. Carlson, “Why the Law Still Can’t Tell an Employee When It Sees One and How It Ought to Stop Trying”, 22 *Berkeley Journal of Employment and Labor Law*. 295 (2001).

③ 参见战东升《民法典编纂背景下劳动法与民法的立法关系——以“类似劳动者型劳务提供人”的保护为切入点》，《法学》2018 年第 10 期。

④ 参见肖竹《第三类劳动者的理论反思及替代路径》，《环球法律评论》2018 年第 6 期。

⑤ 参见丁晓东《平台革命、零工经济与劳动法的新思维》，载《环球法律评论》2018 年第 4 期。

康发展的指导意见》(以下简称《指导意见》),从顶层设计的高度全面规定了平台经济的各类问题,尤其是抓住了平台用工的焦点问题并指明了未来制度的发展方向。

第一,不生搬硬套地将现有劳动法规范适用于平台用工,而是根据平台用工的特点予以分类调整。《指导意见》第 2 条第 1 款规定,“对看得准、已经形成较好发展势头的,分类量身定制适当的监管模式,避免用老办法管理新业态;对一时看不准的,设置一定的‘观察期’,防止一上来就管死”。据此,对自治型平台和组织型平台 A、B 模式,具有明确的合同性质和法律依据,可以量身定制相应的监管模式。在地方实践层面,成都市发布了《促进新经济新业态从业人员参加社会保险的试行实施意见》,将平台用工的形态分为全日制、非全日制、劳务派遣、劳务外包、民事协议,并要求用工主体根据其与从业人员之间的合同关系承担相应义务。这一政策导向正是契合了组织型平台不同模式的差异,不将平台用工混为一谈,重点是将组织型 A、B 两种模式与 C 模式区分开,属于常规劳动关系范畴的用工形态依据现有的劳动法予以调整,而不能纳入劳动法调整的创新模式则先归入民事协议部分,正是体现了“避免用老办法管理新业态”的思路。

第二,平台用工职业伤害保障制度是当前制度建设的重点。分析平台用工争议案件的起因可以发现,在未发生事故损害时,劳务提供者直接请求认定劳动关系的比例很低,而在发生事故后,由哪一方来承担这一损害后果才是争议的焦点,就此损害归责的不同认识导致法院裁判思路的分歧。因此,平台用工职业伤害保障可谓当前法律问题的症结所在,而能否认定劳动关系又使得该问题的解决进退维谷。在此背景下,《指导意见》超越现有的争论,跳出民法与劳动法的二元立法框架,将平台用工职业伤害保障作为独立的问题予以应对,提出的解决思路是分两步走。第一步是当前通过商业保险的方式给予平台用工的劳务提供者以保障,《指导意见》第 2 条第 2 款规定,“鼓励平台通过购买保险产品分散风险,更好保障各方权益”。这种做法已为诸多平台所采用,发挥了保障功能。例如,美团平台从骑手当天所接的第一个订单劳务费中扣取3元，投保意外险[①]。第二步是着眼于未来，构建专门的社会保障制度，《指导意见》第5条第1款规定，“抓紧研究完善平台企业用工和灵活就业等从业人员社保政策，开展职业伤害保障试点，积极推进全民参保计划，引导更多平台从业人员参保”。从这一规定来看，政策层面将平台用工与灵活就业整合，为适应未来劳动方式的弹性化、灵活化趋势，以社会保障制度建设为重点，在民法与劳动法所能提供的保障机制之外，构建整体性的社会安全网络，更是将“全民参保计划”作为制度发展方向，从而超越具体交易关系中当事人分担风险的既有模式，朝在全社会范围分散职业风险发展。可以预期，这一政策的实施不但能够进一步促进平台用工及其他形式灵活就业的发展，还能够推动“独立性劳动”与“从属性劳动”二元立法框架的转变，对于这两种劳动形态之外的其他劳动形态予以制度保障，进而从现有二元立法框架向多层次的法律保障网络转型。

第三，强化政府监管，科学界定平台责任，有效控制平台用工产生的社会风险。如前所述，当前平台用工的社会风险主要是交通事故风险，该风险关涉劳务提供者、劳务需求者以及一般社会公众。此外，还存在网约车乘客个人安全保障风险、平台客户个人信息保护风险等其他风险类型，但从司法实践来看，比例最大、最为突出的仍是交通事故风险。对于如何防范和控制因平台用工产生的交通事故风险，一种观点是主张强化平台责任，理由在于劳务提供者在平台压力下普遍频繁地违反交通规则，以致增加了交通事故风险，结论是应加强对平台的监管。对此问题应当从两个方面来看，一方面，针对平台的算法，如果平台基于算法给劳务提供者设定的完成订单时间过短，那么政府应当介入予以纠正；另一方面，应当看到，劳务提供者以完成订单作为收入来源，即便没有平台设定时间的压力，其仍然会在一定时间内尽可能多地完成订单。那么，如果交通执法部门未对此类违法行为予以及时查处，相当于形成了一个可以通过交通违法降低配送时间成本的外部环境，那么劳务提供者的交通违法行为似乎就是一个“理性”的选择。而要求平台对更广

① 参见《美团众包骑手劳务协议》，https://peisong.meituan.com/app/zbRuleDetail?2019/9/12。

范围的众多劳务提供者进行时时监管是不可能实现的，其结果是政府监管责任未夯实、平台管理责任无法实现，社会风险随之聚集并在更大概率上发生事故。因此，《指导意见》第2条第2款规定，“明确平台在劳动者权益保护等方面的相应责任，强化政府部门监督执法职责，不得将本该由政府承担的监管责任转嫁给平台”。

B.9
中国5G时代的法律准备

吴　峻*

摘　要：5G时代对中国的法治建设提出了更高的要求。首先，需要遵循法治原则进一步推进电信改革，建立与整个竞争法体系相衔接的电信监管体系，鼓励电信运营商之间的竞争，并确保电信监管机构的独立性和专业性。其次，需要保证电信网络的安全，并在全球范围内寻求某种法律共识，以最终保护中国电信制造商的利益。最后，只有个人和用户的权利得到保障，才能为5G商用及产业发展提供确定的法律保障。这都需要中国基于法治原则进一步推进改革，扩大开放，切实保护个人权利。

关键词：电信改革　电信监管　电信法　个人信息保护

移动通信向5G[①]升级凸显全球竞争之势。美国、韩国、英国、瑞士等国运营商纷纷试水5G商用，中国工业和信息化部也于2019年6月6日向四家电信基础运营商发放了5G商用牌照，截至2019年10月10日17时，中国三大传统电信运营商5G预约用户数接近1100万[②]。同时，5G日益成为全球政治关注的一个焦点。美国政府对华为和中兴等中国5G设备领导者的围堵和限

---

*　吴峻，中国社会科学院法学研究所副研究员。

①　所谓"5G"，是"第五代数字蜂窝移动通信业务"的简称。根据工业和信息化部2019年6月6日发布的《关于修订〈电信业务分类目录（2015年版）〉的公告》，"第五代数字蜂窝移动通信业务是指利用第五代数字蜂窝移动通信网提供的话音、数据、多媒体通信等业务。"

②　临江：《三大运营商5G预约用户超千万》，《人民邮电报》2019年10月11日，第1版。

制，虚化了全球化条件下得之不易的有关法律共识，却也从另一个方面说明：5G 具有重要的经济和社会意义。在中国开启 5G 时代的当下，梳理相关的法律法规，就显得尤其必要和紧迫。

一　5G 升级需要基于法治原则的电信改革

中国的电信改革步伐和通信技术的演进是相辅相成的。从移动业务异军突起到向全部三家基础电信运营商发放 3G 牌照实现全业务竞争，都清楚地表明了技术对改革乃至法律的推动力。为推动 5G 商用，工业和信息化部也向 2016 年成立的中国广播电视网络有限公司（以下简称“中国广电”）颁发了 5G 牌照，使得相互竞争的基础电信商从三家实质性地成为四家，为中国电信业改革掀开了新的一页。但是还存在一些问题值得总结和思考，以便为 5G 商用打造更符合法治原则的法律环境。

（一）基础电信服务的法律定位及影响

在移动通信技术从 3G 向 4G 乃至 5G 过渡的进程中，基于电信运营商公共服务商的定位，中国政府推行了提速降费和电信基础设施共建共享措施。

国务院办公厅于 2015 年 5 月 20 日印发《关于加快高速宽带网络建设推进网络提速降费的指导意见》（以下简称《提速降费指导意见》），正式将“提速降费”定为政策目标，并规定了一系列指标和具体措施。提速降费政策面向消费者和中小企业，显著降低了移动流量及宽带使用费，为经济发展注入了动力。据统计，目前中国用户月均使用移动流量达到 7.2GB，为全球平均水平的 1.2 倍[①]。在迈向 5G 的 2019 年，工业和信息化部和国务院国有资产监督管理委员会于 5 月 8 日联合发出通知[②]，进一步推动提速降费，提出“双 G

① 许诺：《数说 70 年：从 2G 跟随到 5G 引领　数字经济已超 30 万亿》，《新京报》2019 年 10 月 6 日，第 A09 版。

② 工信部联通信〔2019〕94 号《两部门关于开展深入推进宽带网络提速降费　支撑经济高质量发展 2019 专项行动的通知》。

双提”“同网同速”“精准降费”等要求。

提速降费是通过政府的指令来限定运营商的服务定价权，以求达成一定的经济和社会效益。《提速降费指导意见》对此强调了运营商的“社会责任”。但是要看到，电信市场上已经形成了几家基础运营商相互竞争的局面。在中国政府就数据流量服务推行提速降费之前，三家传统电信运营商之间的竞争已经大幅度降低了固话乃至移动语音通话服务的费用——运营商对利润和市场的追逐使然。目前，持有 5G 牌照的基础运营商已有四家，而 5G 的建设属于一次重大技术升级，需要大量的前期资本投入。此时推行提速降费，在电信运营商而言，势必会与推行新业务产生的巨额资金需求相矛盾。这个矛盾如何平衡及解决，将会影响中国 5G 商用的速度和质量。因此，为“避免重复建设”及“资源浪费”，鼓励电信基础设施共建共享就成为一个现实的选择。

在中国移动通信技术由 3G 向 4G 演进的进程中，中国通信设施股份有限公司于 2014 年 7 月 15 日成立，后更名为中国铁塔股份有限公司（以下简称中国铁塔）。中国铁塔系由中国电信集团有限公司（以下简称“中国电信”）、中国联合网络通信集团有限公司（以下简称“中国联通”）及中国移动通信集团有限公司（以下简称“中国移动”）三家基础电信服务运营商设立，并在其后收购三家基础电信服务运营商的通信铁塔及其附属资产。中国铁塔的成立及运营实际上是对电信业的一次重组：剥离现有基础电信服务运营商的铁塔等资产，交由中国铁塔专营，并限制基础电信服务运营商新建通信铁塔。这种铁塔专营安排固然有节约运营商资本投入的优点，可以部分缓解运营商技术升级带来的资金压力，但其中的竞争法问题需要引起注意。

共建共享本身是互相竞争的运营商相互合作的一种形式，有限制竞争的可能。中国铁塔以经营三家传统基础电信运营商通信铁塔及其附属资产的形式提供服务，实质上是三家传统基础电信运营商在通信铁塔领域的一次经营者集中，其带来的竞争效果和影响远远超出了传统共建共享安排的范围；同时，工业和信息化部及国务院国有资产监督管理委员会关于电信基础设施共建共享的文件实质上给予中国铁塔某种垄断地位，无论是对于5G时代的电信市场竞争，还是对于其他方在通信铁塔领域的发展，都形成某种政策阻碍。获发5G牌照的中国广电是否承认目前监管架构下中国铁塔在通信铁塔领域的垄断地位？中国广电能否自行根据其经营需要发展自己的铁塔网络？2019年9月9日中国电信与中国联通达成《5G网络功能共建共享框架合作协议书》，提出要合作共建一张5G接入网络，是否属于中国铁塔统筹安排的范围？对这些问题的回答将塑造5G时代电信业竞争和监管的基本法律框架，意义深远。

无论是以国务院文件规定的提速降费还是中国铁塔公司的成立及运营，都体现了目前中国基础电信运营商的一种法律定位：公共服务提供商。如果把互联网分为物理层级、逻辑层级和内容层级这三个层级，中国政府目前的政策倾向于把物理层级的互联网——尤其是移动互联网——视为一种公共资源，适用与内容层级不同的监管模式：公共资源应该低价无差别地向公众乃至中小企业提供，须对基础运营商的缔约自由进行严格限制；而内容层级则适用市场机制，运营者自主提供服务并决定自己服务的条件和价格。换言之，以基础电信服务价格监管制度间接补贴增值电信服务（含互联网内容服务）。这种定位的逻辑虽然清晰，但可能并不反映市场发展的状况。目前以互联网产业为代表的内容产业发展迅速，在功能上对互联网物理层级的服务形成替代之势。如果坚持基础电信服务和增值电信服务的区别监管，不考虑其功能替代的趋势，坚持适用截然不同的法律原则，可能会导致基础电信的投资不足，并进而影响互联网产业内容层面的发展。另外，交叉补贴本来就是各国电信改革的对象，而提速降费和中国铁塔的运作却在5G时代加强了这一趋势，并不利于电信业的长远发展和技术进步，也不利于构建独立的电信监管架构。

（二）以竞争为基础的体系化监管体系亟待建立

电信业因其网络效应和基础设施地位，一向受到各国竞争法及行政法的关注。但绝大多数国家都以专门的电信法加以应对，并在其中反映竞争法及行政法的基本原则和要求。这种法律制度成立的前提就是：电信市场中不存在基于各种理由予以合法化的垄断制度设计，即电信业的市场化改革业已完成。否则，维持垄断的制度设计无法解决电信产业发展中出现的问题，必然与竞争法的要求产生冲突，可能会使得反垄断机构与电信监管机构陷入执法冲突。

中国电信市场还存在竞争不充分的情形，市场化改革仍然任重道远。无论是中国电信在 1999 年依业务拆分还是 2002 年将依地域拆分，均系国务院主导，且拆分后的电信业还是以诸如移动、固话等领域的垄断或寡头形态替代了原有的垄断形态，因此不得不对整个电信业维持高强度的行政监管。虽然 2008 年 3G 牌照的发放打破了这种垄断形态，但是三家基本电信运营商依照中国政府的“推荐”使用三种不同制式的标准，使得用户在不同运营商之间自由选择的门槛很高：用户如果不满意自己使用的移动通信服务，想要更换运营商，必须要换手机或终端。这限制了用户对运营商的选择，使得移动通信市场竞争并不充分。即使到了 4G 时代，仍然存在 TD-LTE 和 FDD-LTE 制式的分别，消费者变换运营商的终端门槛依然存在。不可否认，全网通制式的终端固然大幅降低了这种门槛，但全网通制式终端的成本不可避免地会高于单一制式手机；换言之，全网通手机的上市意味着允许用户支付这部分高出的成本，以获得无须更换手机终端而更换运营商的权利，属于用户对自由选择权的一种间接赎买。5G 时代，中国的四家运营商都使用同样的制式，影响电信用户自由选择服务提供商的终端门槛不复存在。但如前所述，中国铁塔独家建设运营通信铁塔及附属设施的制度设计，使得 5G 通信的物理网络层面又出现了实质性的垄断，使得三大运营商无法进行有效的网络竞争。同时，为避免这种垄断安排影响电信市场的竞争，就不得不对中国铁塔及其三家运营商股东维持相当强度的行政监管。这样，人为的垄断性安排使得电信监管架构始终无法与反垄断法体系对接，由此造成的制度性困惑无法有效化解。

对此，《反垄断法》当中关于行政垄断的设计似乎可以提供某种解决方案。但是，如果允许市场监督管理总局代行司法机关的职能，允许其代替国务院对工业和信息化部职权的合法与否进行判断，就会产生严重的行政法乃至宪法问题。这就是《反垄断法》对行政垄断无法规定有效法律救济条款的原因。诚然，实践中存在市场监督管理部门就行政垄断行为处罚运营商的案例，但很难说这种做法符合责罚相适应原则。

另外，提速降费及共建共享安排削弱了工业和信息化部作为电信监管机构的独立地位。为有效完成国务院规定的提速降费目标，为推进电信基础设施的共建共享，作为行业监管部门的工业和信息化部和作为国有企业监管部门的国资委常常联合对相关议题发布部门规章。这固然有助于问题得到快速处理或解决，但客观上却削弱了工业和信息化部作为电信监管机构的独立性，不利于建立基于竞争原则的电信监管体系。如果监管机构的独立性不能保证，很难想象电信市场能够形成有效的竞争。而竞争机制是提速降费最有力的市场保证。在中国电信运营商悉数为国有控股的背景下，让工业和信息化部与国务院国有资产监督管理委员会联合发布规章解决问题，就迫使工业和信息化部不得不考虑国有基础运营商的业务经营，无法独立作出产业监管判断。在5G时代，如果电信监管机构的独立地位不能得到保证，就无法推进电信业在新技术条件下进一步改革，无法继续推进电信竞争的发展，无法满足世贸组织在电信服务贸易架构下的监管要求。因此，为适应5G时代的电信监管要求，必须改变目前的提速降费及共建共享推进方式，以促进市场竞争和独立监管为原则，而不是相反。

二 5G升级对电信网络安全的法律保障新要求

5G移动通信技术的商用并不会改变电信运营商与用户的基础法律关系，但它丰富了电信用户概念的法律内涵。5G移动网络不但将服务范围扩张至个人生活消费的方方面面，还为传统线下机构提供各种远程服务创造了可能，这都对通信网络的可靠性和安全性提出了更高的要求，法律必须对此有所反映。一方面，电信法体系须确保5G网络完成其“万物互联”数据及语音传输的可靠性和安全性，这并不会改变传统电信法律体系对通信网络安全的要求；另一方面，对于利用5G技术接入互联网的各种终端（如无人汽车、穿戴式设备等），其接入互联网及保持连接可靠性及安全性成为相关产品质量标准或要求的一部分，应该属于产品质量法的范围。唯有如此，才能在维护现有法律体系的同时，为5G技术的商用和推广提供坚实的法律基础。

因此，需要确立5G网络可靠性及安全性的法律制度，这是保障5G网络的基石。《电信管理条例》确立了“电信设备进网许可证”制度，确立了网络设备和终端的许可进网制度，而《网络安全法》则从“网络安全支持与促进”及“监测预警与应急处理”两方面规定了对网络安全的具体要求。其中，《网络安全法》提出了“关键信息基础设施”的概念，并特别在第35条规定了关键信息基础设施运营者采购网络产品和服务的“国家安全审查”制度。应该说，这些规定能够满足5G网络可靠性和安全性的一般需求。但其法律体系尚待完善。一方面，需要针对电信网络确立独立的监管体系。5G网络作为电信网络，专业程度高，需要在互联互通、技术标准及处理措施方面进行专业、高效的监管。《网络安全法》贯彻的是网络领域的大安全观，所以网络安全方面是由国家网信部门牵头处理。这种处理方式固然可以保证基于大安全观的法律构建，但是如果不在其中进一步明确电信监管机构的地位，可能并不能充分发挥已有电信监管体系的主动性和专业性优势。另一方面，需要对《电信条例》及《网络安全法》所规定的相关措施建立体系化的制度。《网络安全法》位阶当然高于《电信条例》，《电信条例》规定的“电信设备进网许可证”制度在逻辑上可以是《网络安全法》所规定网络安全措施的结果和具体化。但实际而言，电信设备进网许可制度还体现着电信监管机构对频谱、制式等其他因素的考虑。从这个意义上说，电信设备进网许可证制度涵盖的议题远比《网络安全法》中涉及网络安全的措施要丰富和综合，这与两者所属成文法的位阶关系极不对称，不符合对5G技术商用的法律需求。

5G技术的推广对全球化的法律共识提出了要求，对此，中国需要有所贡献。自从斯诺登事件之后，在互联网领域，各国之间的互信异常脆弱。5G

技术使得互联网进一步突破了之前的信息领域，直接渗透到个人生活的方方面面，电信网络在一国的战略地位日益突出。基于此，各国纷纷对5G网络的安全性进行了政策乃至法律审视，提出相关要求，并出台有关措施予以落实。

目前以5G网络安全为由采取各种针对性措施的主要是美国，而欧盟则正在根据其评估考虑采取有关措施。美国一边通过国内具体诉讼对华为等公司保持法律压力，一边利用各种场合对其盟友施加压力，希望它们能够在5G建设中排除华为等公司。欧盟委员会于2019年3月26日通过《关于5G网络互联网安全问题的委员会推荐意见》[①]（以下简称《5G网络推荐意见》），确定了5G网络安全的欧盟路径。据此，在欧盟委员会和欧盟互联网安全局的协助下，欧盟成员国于同年10月9日共同发布了《欧盟5G网络互联网安全问题风险协同评估报告》（以下简称《5G风险协同评估报告》），就5G网络建设对欧盟外部供应商的依赖，表示了自己的担忧。按照《5G网络推荐意见》的规划，欧盟成员国通过《网络与信息系统安全指令》项下的合作小组达成共识，发布《基于5G网络之互联网安全——欧盟风险管控措施工具箱》。该文件在2020年1月29日被《欧盟委员会呈送欧洲议会、欧盟理事会、欧洲经济社会委员会及地区委员会关于在欧盟范围确保5G部署而实施欧盟工具箱之通告》[COM（2020）50 final]（以下简称《欧盟委员会工具箱通告》）予以确认。与2019年3月欧洲议会在一项决议[②]中对中国公司技术地位产生的安全担忧相呼应，《5G风险协同评估报告》将特定“非欧盟国家”或“国家支持的行为方”列为所谓“威胁行为方”范围内的特别关注对象，认为对第三方供应商及其5G供应链中角色的依赖使得欧盟成员国电信网络受到“威胁行为方”攻击的危险增大。《欧盟委员会工具箱通告》对之表示认同，确认了工具箱中的一系列措施。其中，可以在必要情形

① C (2019) 2335 final.

② European Parliament resolution of 12 March 2019 on security threats connected with the rising Chinese technological presence in the EU and possible action on the EU level to reduce them [2019/2575(RSP)].

下排除高风险供应商参与网络核心资产部分，或对之采取其他限制措施，并要求落实相关战略，以确保相关设备提供商的多元构成。其所指为何，不言而喻。

电信设备和终端采购涉及全球贸易，世贸组织关于货物和服务贸易的法律架构为其提供了有力的法律支撑，在这个意义上，有关措施必然要接受世贸组织贸易规则的检验。因此，中国完全可以在世贸组织场合对美欧目前及未来可能对中国电信设备制造商采取的歧视性措施提出沟通和异议。但是，目前世贸组织争端解决机构运作不畅，各经济体贸易紧张关系依然存在，世贸组织的政策协调功能受到很大限制。

三　5G 升级需要建立系统的权利保护制度

如果说网络安全是解决 5G 网络的可靠性，那么数据保护及消费者权利保护就是为了对 5G 网络下个体的权利予以强调，从而保证 5G 技术对个人价值的提升与促进，而非相反。

（一）个人信息保护

5G 移动网络带来的个人信息保护问题空前严峻。利用电信运营商 5G 网络向用户提供各种服务的经营者成为海量数据的主要收集、控制、处理及接收方。市场对云计算、人工智能、自动驾驶技术的关注，反映了 5G 技术对产业变革的深刻影响，而数据收集、控制、处理是其中的核心问题。虽然 5G 时代会改变数据收集等相关行为的具体表现形式，数据利用行为会渗透到个人社会生活的方方面面，但不会改变数据利用行为的法律本质。在这个意义上，完备的个人信息保护制度不但能够保障 5G 时代的个人权利，也会延伸传统民事法律制度的适用边界，为传统法律制度在 5G 时代的适用提供现实路径。

中国正在建设完备的个人数据保护体系。《民法总则》在第 111 条确立了自然人个人信息保护制度，但其概念与传统意义上的个人数据保护法有些许差异。《网络安全法》第 40 条至第 45 条从个人信息安全的角度规定了网络运营商的数据保护原则和义务，但其法律责任条款并没有对此规定具体民事责任。《电子商务法》在第 23、24 条对个人信息保护进行了规定，着重强调用户信息的更正和删除及注销，但在法律救济方面偏重行政处罚，且直接援引《网络安全法》的法律责任条款。《消费者权益保护法》第 29 条的个人信息保护规则体现了权利保护的内涵，将个人信息受保护权作为消费者的一项基本权利予以确立，并规定了相应的民事责任，但其规定强调收集、使用行为，尚需进一步细化，且权利主体仅为消费者，其适用范围有限。除此之外，工业和信息化部还于 2013 年 7 月发布了《电信和互联网用户个人信息保护规定》，对电信及互联网领域个人信息保护规定了较详尽的监管措施，但囿于部门规章的位阶，未能从个人权利保护方面提供进一步路径选择。由此可见，中国个人数据保护的法律体系还不尽完备，对个人权利保护的意识较弱，体系化的个人信息保护制度尚需建立。

2019 年 1 月，中央网信办、工业和信息化部、公安部及市场监管总局联合发布《关于开展 App 违法违规收集使用个人信息专项治理的公告》，决定在 2019 年 1 月至 12 月开展专项行动，对 App 违规收集个人信息进行治理。值得注意的是，该文件第一项实际上规定，在个人信息收集时要取得用户知晓情形下的同意，这明显来自欧盟《个人数据保护通用条例》，而不是前述中国的四项法律或工业和信息化部的相关规章。如果现有个人信息保护法律规定中的“同意”是“知晓情形的同意”，必然是一个重大的法律细化和解释，以四部门联合发文的形式予以确立是否合适？由此例可见，缺乏完备的个人信息保护制度，实践中就不能基于确定的标准对个人信息进行保护，这不利于目前信息业的发展，也不利于 5G 商用的成功实现。

（二）频谱腾退中的用户权益保护

5G 商用不但反映了技术的升级，也体现着对频谱的需求。在技术升级时对原有技术频谱再行分配甚至“腾退”都是很自然的过程。欧盟将频谱资源的高效使用作为频谱管理的基本原则和三大目标之一，频谱的重新分配是其促进技术发展的重要手段[①]。而美国联邦通信委员会也将频谱重新分配作为促进技术发展的重要手段[②]。而在 3G 向 4G 的演进中，3G 频谱资源向 4G 腾退是自然而然的事情，4G 向 5G 演进就更是如此。在 5G 商用之际，中国政府已经进行了频谱腾退的规划[③]。

诚然，频谱资源的稀缺性可以解释频谱腾退的必要，但是尚需平衡其与电信用户权益保护之间的关系。根据《电信条例》的规定，与“电信经营者”对应的概念是“电信用户”，而非“电信消费者”[④]。这就意味着，进行“非生活需要购买”的电信用户可以是企业。在 5G 到来之际，运营商囿于成本考虑逐渐退出 2G 移动通信服务，这不仅迫使个人用户转向更高水平的移动通信服务，还对基于 2G 移动通信服务从事业务经营的企业用户提出了技术升级的要求[⑤]。对此，消费者权益保护体系不可能全部予以涵盖，电信用户权益保护就自然成为未来立法和司法需要解决的课题。

结　语

在 5G 时代来临之际，技术发展对中国电信业改革、相关法律制度建设与完善及个人权利保护都提出了新的要求。技术越发展，中国在电信法制领域的补课任务就越突出。

为在 5G 时代进一步推进基于法治原则的电信改革，必须承认运营商在市场化原则下运行的合法权益和要求，正视其在资金、竞争及发展方面的自主权，将基础电信商与增值电信商通盘考虑，不做过多的人为割裂，认可运营

① Article 45, Directive (EU) 2018/1972 of the European Parliament and of the Council of 11 December 2018 Establishing the European Electronic Communications Code.

② Redevelopment of Spectrum to Encourage Innovation in the Use of New Technologies, 7 FCC Rcd. 1542 (1992).

③ 黄海峰：《三大运营商频谱调整时间明确将加速 VoLTE、NB-IoT 的发展》，《通信世界》2019 年第 24 期。

④ 虽然《电信条例》第 24 条提出要“维护消费者合法权益”，但其第三章“电信服务”中有 11 条的规定均采用“电信用户”这个概念。

⑤ 黄海峰：《三大运营商频谱调整时间明确将加速 VoLTE、NB-IoT 的发展》，《通信世界》2019 年第 24 期。

商的商业判断和技术选择，尽快出台与《反垄断法》对接的电信法，确认过去二十多年来的电信改革成果，进一步推进电信改革，在电信领域进一步深化依法行政，鼓励电信运营商实现最高层次的网络竞争，最大限度地利用技术演进趋势释放电信业活力。

5G时代万物互联的愿景，使得电信网络安全问题日益突出。《网络安全法》需要借助更为基础性的法律才能满足5G通信网络的安全需求，需要电信法出台建立系统化的安全防护法律机制，并能理顺监管架构，更为有效地保障网络安全。另外，中国需要利用世贸组织多边机制及与发达国家的双边机制，寻找并促成各国形成一定的网络安全共识，以维护中国先进电信设备制造商的利益，保持中国电信制造业升级发展的活力。

5G时代使得个人权利保护成为一项让人日渐焦虑的课题。对安全的重视不能取代和涵盖对个人权利的保护。一部全面的个人信息保护法才可能彻底修正目前个人信息立法的碎片化倾向，无法为消费者权益保护体系全部纳入的“电信用户”在万物互联的条件下亟须得到法律的保护。这不但需要立法者的努力，也有待司法机关在司法实践中不断探索。

新中国法治七十年

Seventy Years of Development of the Rule of Law in China

B.10
新中国宪法七十年

翟国强*

摘　要：中华人民共和国成立70年以来，中国宪法为国家治理提供了根本的规范依据。现行宪法颁布实施近四十年来的经验证明，这是一部符合实际、符合时代发展要求的好宪法。中国特色社会主义进入新时代，党和国家更加重视宪法在全面深化依法治国中的重要作用，更加注重宪法实施的功效。在全面深化依法治国的新时代，全面贯彻实施宪法是首要任务和基础性工作，在逻辑上需要坚守两个“首先”：依法治国首先要坚持依宪治国，依法执政首先要坚持依宪执政。宪法是国家治理体系的总依据，推进国家治理体

* 翟国强，中国社会科学院法学研究所研究员。

系和治理能力现代化要把保障宪法实施、维护宪法权威落到实处，健全保证宪法全面实施的体制机制，把宪法实施提高到新水平。

关键词：宪法发展　宪法实施　国家治理

宪法是国家的根本法，具有国家统合功能。除了具有最高的法律地位、法律权威、法律效力等之外，还具有根本性、全局性、稳定性、长期性等特征。制定和实施宪法，是近代以来中国人民争取民主、走向共和、实现国家独立和民族复兴的美好愿望和长期追求。直到 1949 年中华人民共和国成立，人民成为新国家、新社会的主人，才开启了人民立宪的新纪元。经过 70 多年的努力探索、不断创新，中国共产党和中国人民逐步确立了中国特色的社会主义宪法道路，走向依宪治国的新征程。

一　新中国宪法的创制

中国共产党从抗日战争时期就已经开始系统研究宪法理论的问题，以延安革命根据地时期为时间节点。尤其在抗日战争结束之后，在国民党主导的宪法起草过程中，中国共产党就成立了宪法研究会，开始有组织、系统地研究宪法问题。虽然当时的主要任务是批判国民党的宪法草案和揭露国民党“伪宪政”，但意味着中国共产党开始重视理论联系实践，试图利用宪法理论为当时围绕宪法修改的合法斗争提供理论支持。这一重要进程离不开共产党领导人毛泽东同志的重要引领，尤其在中国共产党第七届代表大会后，毛泽东思想成为理论权威，被认为是马克思主义中国化的理论成果之一。毛泽东同志个人对宪法的认识和论著为新中国社会主义宪法打下重要基础。例如，毛泽东同志在 1940 年《新民主主义的宪政》一文中就提出了非常有影响的宪法概念，即“世界上历来的宪政，不论是英国、法国、美国，或者是苏联，都是在革命成功有了民主事实之后，颁布一个根本大法，去承认它，这就是宪法。中国则不然。中国是革命尚未成功，国内除我们边区等地而外，尚无民主政治的事实。中国现在的事实是半殖民地半封建的政治，即使颁布一种好宪法，也必然被封建势力所阻挠，被顽固分子所障碍，要想顺畅实行，是不可能的[①]”。这种观点对共产党影响非常大，后来共产党就是按照这样一个思路去进行宪法实践的。

1946~1947 年，随着战局转变，中国共产党在力量上逐渐占据优势，开始认真研究中国未来的宪法问题，不只满足于陕甘宁，而是打算起草“全国性的宪法”。负责这项工作的是前身为“宪法研究会”的中央法律问题研究委员会，成员有林伯渠、徐特立、陈伯达、张曙时、李木庵、刘景范、黄松龄、马锡五、廖鲁言、黄觉民。该宪法草案起草全面贯彻了斯大林的宪法观念，尤其在宪法概念方面吸纳了“宪法是对民主事实的确认”的观点。该草案完成后，王明和谢觉哉二人曾向毛泽东汇报。但是，后来中国共产党暂时放弃了制定全国性宪法的打算。

1949 年 2 月，中共中央发布《关于废除国民党的六法全书与确定解放区的司法原则的指示》，这一司法和法律适用问题为新中国的立宪工作奠定了基础。但在新中国成立前期，由于人民解放战争仍在继续，土地制度改革在新解放区尚未开始，被战争破坏的国民经济有待恢复，人民群众的组织程度还有待提高，全民选举尚无法实现，召开全国人民代表大会制定宪法的时机还不成熟，所以直到 1954 年，中华人民共和国第一部宪法才告诞生。

（一）共同纲领

1948 年，中国共产党发出“五一口号”，号召“各民主党派、各人民团体、各社会贤达迅速召开政治协商会议，讨论并实现召集人民代表大会，成立民主联合政府”。1949 年 9 月 21~30 日，由中国共产党及各民主党派、人民团体和无党派民主人士等代表（含候补代表）共 662 人参加的中国人民政治协商会议第一届全体会议在北平举行。这次大会作出重要决定，那就是由中国人民政治协商会议执行全国人民代表大会职权，通过制定纲领性的文件

① 毛泽东:《新民主主义的宪政》，载《毛泽东选集》（第二卷），人民出版社，1991。

以规范和统一全体中国人民的行动，指导国家完成当时的重大任务。1949 年 9 月 29 日，中国人民政治协商会议第一届全体会议正式通过《中国人民政治协商会议共同纲领》(简称《共同纲领》)。

总体来看，《共同纲领》是马克思主义中国化的具体产物，也是对新民主主义革命取得胜利的事实进行确认。它总结了中国人民自鸦片战争以来反对帝国主义、封建主义、官僚资本主义革命斗争的经验，是从当时中国政治、经济、社会的实际情况出发制定的一部建国纲领。除此，《共同纲领》将党的全部最低纲领以及将来社会主义的纲领与基本大政方针相衔接，一道成为新中国的建设蓝图。可以说，《共同纲领》是立足于当时的社会历史条件制定的宪法性文件，起到临时宪法的功能，为 1954 年《宪法》的制定奠定了基础，在新中国制宪史上具有重要地位。

（二）1954年《宪法》

新中国成立后，在贯彻、执行《共同纲领》的五年内，中国的政治、经济形势发生了深刻的变化，主要体现为：①土地改革在全国大部分地区已经完成，封建制度基本被消灭；②国民经济初步恢复，对农业、手工业和资本主义工商业的社会主义改造开始实施；③抗美援朝军事行动基本结束，新生的国家政权得到巩固；④通过镇压反革命和“三反”“五反”运动，提高了人民的觉悟，加强了人民民主专政政权。总之，《共同纲领》的有效实施促进了国家政权逐渐巩固，社会秩序逐步好转。这又为成文宪法的制定创造了条件。同时，制定一部正式的宪法、确认中国共产党领导的人民政权的合法性，也成为必然要求。

1953 年 1 月 13 日，中央人民政府委员会第二十次会议通过《关于召开全国人民代表大会及地方各级人民代表大会的决议》，决定成立以毛泽东为主席的宪法起草委员会，负责宪法起草工作。1954 年 1 月 9 日，宪法起草小组在毛泽东的主持下，首先制订了详细的工作计划。报经中央批准后，2 月中旬拟出了宪法草案的初稿，下旬修改出了二读稿和三读稿。1954 年 3 月，毛泽东同志将中共中央拟订的宪法草案初稿交给宪法起草委员会，这个宪法草案初稿是日后“五四宪法”的基础，宪法起草委员会在充分讨论并广泛征求意见后进行了多次修改，于 1954 年 6 月又向全国公布，交付全国人民讨论，经过广泛讨论形成最终草案。最后，1954 年 9 月 20 日第一届全国人民代表大会第一次会议审议全票通过《中华人民共和国宪法》(俗称“五四宪法”)。这部宪法除序言外，正文包括总纲、国家机构、公民的基本权利和义务以及国旗、国徽、首都四部分，总计 106 条。

1954 年《宪法》具有鲜明的时代特点。①确立了人民民主原则和社会主义原则；坚持人民民主的基本原则，通过人民广泛参政、议政扩大了宪法的社会基础；将社会主义作为一项原则予以规定，是新中国成立后第一次通过宪法予以规定。②这部宪法以《共同纲领》为基础，记载了中国人民一百多年来英勇奋斗的胜利成果，总结了新中国成立以来革命和建设的经验，丰富和发展了《共同纲领》，体现了历史与现实的有机结合。③在内容上，这部宪法反映了社会主义过渡时期的特点，除了确认生产资料的社会主义公有制、消灭剥削制度，还规定依法保护资本家的生产资料所有权和其他资本所有权。

1954 年《宪法》是在新中国从新民主主义向社会主义过渡时制定和颁布的，它吸收了苏联 1936 年宪法和其他社会主义国家的立宪经验，以《共同纲领》为基础并加以发展。作为新中国第一部社会主义类型的宪法，“五四宪法”准确把握了新民主主义革命取得胜利的历史条件，结合社会主义改造，规定了国家在过渡时期的总任务，将社会主义制度的道路和目标明确化，以此确立适合中国国情的国体和政体。同时，系统完整地规定了公民的基本权利和义务。总之，“五四宪法”的制定和实施对巩固人民民主专政、促进社会主义发展，起到了推动和保障作用。在“五四宪法”颁布实施的前几年，各级国家机关及其人员基本保持了对宪法规范的遵守。尤其中央在作出重大决策时，领导人都非常注重对宪法的遵从，时刻提醒“可不要违宪呐[①]”！1954 年《宪法》颁布实施后，中国社会主义革命和建设事业飞速发展，1956 年国家完成对农业、手工业和资本主义工商业的改造。但 1957 年以后，国家政治

① 《彭真传》，中央文献出版社，2012，第 858 页。

生活一度脱离正轨，极“左”思潮导致宪法和法制逐渐被忽视，导致这部宪法没有得到很好实施。不仅人民代表大会制度遭到削弱，而且国家机构正常秩序、公民基本权利遭遇侵犯，宪法秩序遭到严重冲击，以致在“文化大革命”时期《宪法》实际上成为一纸空文。

1970年3月，中共中央提出召开第四届全国人民代表大会，并提出修改宪法的建议。1973年8月，中共中央决定召开全国人民代表大会，修改宪法。1975年1月17日，四届全国人大一次会议审议通过了1975年《宪法》。这部宪法是一部有严重缺陷的宪法。

二　改革开放新时期宪法的与时俱进

1976年10月，“文化大革命”结束，拨乱反正工作被提上国家的议事日程。为纠正宪法中的极“左”错误，恢复被破坏的民主法制原则，适应新的历史时期的需要，实施建设社会主义强国的任务，有必要对1975年《宪法》进行修改。

（一）1982年《宪法》的诞生

1978年3月5日，五届全国人大一次会议全面修改1975年《宪法》，通过了1978年《宪法》。

1978年《宪法》较之1975年《宪法》具有一定的进步性，但是由于受到历史条件的限制，1978年《宪法》未能完全摆脱“文化大革命”的消极影响，未能彻底纠正1975年《宪法》中的错误，主要表现在以下方面。

①在序言中，继续保留了“坚持无产阶级专政下的继续革命”这样的表述，更重要的是沿袭了“以阶级斗争为纲”的基本路线，导致“文化大革命”的错误路线没得到根本纠正；②在国家机构中，仍未恢复国家主席的建制，保留了地方各级革命委员会；③在公民基本权利和义务中，继续规定“大鸣、大放、大辩论、大字报”为公民的四大权利；④在经济制度方面，对个体经济给予严格的限制等。

随着对真理标准问题讨论的不断深入，对无产阶级“文化大革命”教训的不断反思，以及对发扬社会主义民主、加强社会主义法制重要性认识的不断深化，为适应新的政治经济形势，1978 年《宪法》在公布实施后不久便进行了两次部分修改。

第一次修改是 1979 年 7 月 1 日。五届全国人大二次会议通过了《关于修正〈中华人民共和国宪法〉若干规定的决议》。决议共 8 条，主要内容有：将地方各级革命委员会改称为地方各级人民政府；规定县级和县级以下人民代表大会代表由选民直接选举产生；将上下级人民检察院的关系由监督关系改为领导关系；扩大人民代表大会的职权，赋予人大代表质询权和罢免权；决定在县和县以上的地方各级人民代表大会设立常务委员会。

第二次修改是 1980 年 9 月 10 日，五届全国人大三次会议通过了《关于修改〈中华人民共和国宪法〉第四十五条的决议》，删除了宪法原条文中公民“有运用‘大鸣、大放、大辩论、大字报’的权利”的规定。

1980 年 8 月 18 日，邓小平同志系统地阐述了党和国家领导制度改革的问题。他在中共中央政治局扩大会议上的讲话中提出，国家重大变革的首要任务是修改宪法。1980 年 9 月，五届全国人大三次会议根据中共中央的建议，作出《关于修改宪法和成立宪法修改委员会的决定》，成立了以叶剑英为主任委员的宪法修改委员会。邓小平指出，原有的宪法已经有 30 年，新宪法要给人面貌一新的感觉。1982 年 9 月，中国共产党第十二次全国代表大会的召开为宪法修改提供了良好的社会历史条件，奠定了重要的理论基础。

经过长时间的筹备和起草工作，在广泛征求意见的基础上，形成并公布了《中华人民共和国宪法（修改草案）》。经全民讨论，全国人大常委会将《中华人民共和国宪法（修改草案）》提交全国人民代表大会审议。1982 年 12 月 4 日，五届全国人大五次会议以绝对高票通过了《中华人民共和国宪法》，到会代表 3040 名，其中赞成票 3037 张，弃权票 3 张[①]。

① 《彭真传》，中央文献出版社，2012，第 1487 页。

（二）1982年《宪法》的主要内容和基本特点

1982 年《宪法》在国家机构、公民基本权利和义务等方面均继承并发展了 1954 年《宪法》的基本原则，其结构为序言、总纲、公民的基本权利和义务、国家机构以及国旗、国徽、首都共 4 章，总计 138 条。

1. 确立宪法的指导思想和国家的根本任务

1982 年《宪法》在序言中阐明了马克思列宁主义、毛泽东思想在国家社会生活中的指导地位，并明确规定了国家的根本任务，即“集中力量进行社会主义现代化建设……逐步实现工业、农业、国防和科学技术的现代化，把中国建设成为高度文明、高度民主的社会主义国家”。

2. 完善了对公民基本权利的保障

1982 年《宪法》继承了新中国成立以来历部宪法关于公民基本权利的规定，吸取了“文化大革命”期间任意侵犯公民基本权利和自由的教训，完善了对公民基本权利和自由的保障。具体表现在：一是调整宪法结构，把“公民的基本权利和义务”置于“国家机构”之前，使宪法结构更加合理；二是扩大公民基本权利和自由的范围；三是强调权利和义务的一致性；四是恢复了“公民在法律面前一律平等”的宪法原则等。

3. 总结历史经验，加强社会主义民主法制建设

《宪法》第 2 条规定：“中华人民共和国的一切权力属于人民。人民行使国家权力的机关是全国人民代表大会和地方各级人民代表大会。人民依照法律规定，通过各种途径和形式，管理国家事务，管理经济和文化事业，管理社会事务。”作为中国根本制度的人民代表大会制度不断完善和发展。第 5 条规定：“国家维护社会主义法制的统一和尊严。一切法律、行政法规和地方性法规都不得同宪法相抵触。……任何组织或者个人都不得有超越宪法和法律的特权。”

4. 维护国家统一和民族团结，为“一国两制”提供了宪法依据

这部宪法在序言中就明确了台湾是祖国领土的一部分，祖国统一是重要的目标。在正文部分，第 31 条规定了设立特别行政区的条款。这些规定为国

家统一、香港和澳门回归以及港澳基本法的制定奠定了宪法基础。在民族政策方面，更加注重各民族的平等和团结，扩大民族自治区域的自治权等。

5. 完善国家机构体系

“八二宪法”对国家机构体系加以具体完善，主要包括恢复国家主席设置，废除领导干部职务终身制，设立中央军事委员会，增设审计机关，完善人民代表大会运行机制等。

（三）历次宪法修改

随着改革开放和社会主义现代化建设的实践与发展，中国的经济、政治、文化等领域不断发生变化，1982 年《宪法》中某些条款和内容与现实发展需要不相适应，有必要进行修改。宪法必须随着党和国家事业的发展而变化，修改宪法成为主要面向。

1982 年《宪法》公布施行后，由于改革开放和社会主义现代化建设的实践和发展，在党中央领导下，全国人大在 1988 年、1993 年、1999 年、2004 年、2018 年先后五次对 1982 年《宪法》的相关条款作出修正，共计通过了 52 条宪法修正案。实践表明，中国宪法是随着时代进步、党和人民事业发展而不断发展的，宪法确立的一系列制度、原则和规则，要在国家和社会生活中起到基础规范作用，就必须得到长期坚持和全面贯彻。

随着对中国国情认识的深入和改革开放的展开，中国的私营经济得到一定程度的发展。为适应这种变化，有必要通过宪法修改，确认私营经济的合法地位。

1992 年，党的十四大确立了邓小平理论在全党的指导地位，把建设中国特色社会主义理论确定为改革开放和建设的基本方针，其中最突出的是提出建设社会主义市场经济的改革目标。但是，这一目标与宪法原来规定的以计划经济为主、市场调节为辅的经济体制产生了矛盾。

1997 年，党的十五大肯定了邓小平理论在党和国家生活中的重要历史地位和指导意义，并在党章中将其确立为党的指导思想。在科学总结中国社会主义民主和法制建设经验教训的基础上，十五大提出了“依法治国，建设社会主义法治国家”的基本方略。在此背景下，根据党的十五大精神以及社会发展的实际需要，对宪法进行相应修改已势在必行。

1998 年 11 月 13 日，中共中央召开修宪会议，讨论提出修改宪法的原则是：以党的十五大精神指导修宪，宪法内容必须修改的才修改，可改可不改的不改，有争议的问题不改。1999 年 1 月 22 日，中共中央向全国人大常委会提出修改宪法部分内容的建议。九届全国人大常委会七次会议讨论了中共中央的建议，依照《宪法》第 64 条的规定，提出宪法修正案（草案），提请九届全国人大二次会议审议。1999 年 3 月 15 日，九届全国人大二次会议通过了《中华人民共和国宪法修正案》，明确了邓小平理论在中国社会主义现代化建设中的指导地位，指出中国将长期处于社会主义初级阶段；确认“依法治国，建设社会主义法治国家”的治国方略；规定在社会主义初级阶段坚持公有制为主体、多种所有制经济共同发展的基本经济制度，坚持按劳分配为主体、多种分配方式并存的分配制度；农村集体经济组织实行家庭承包经营为基础、统分结合的双层经营体制；明确在法律规定范围内的个体经济、私营经济等是社会主义市场经济的重要组成部分。

2002 年 11 月，党的十六大把“三个代表”重要思想同马克思列宁主义、毛泽东思想、邓小平理论一道确立为党的行动指南并写入党章。这是改革开放与社会主义现代化建设新时期党的指导思想的重大发展。2002 年 12 月，胡锦涛在首都各界纪念宪法公布施行 20 周年大会上指出：“要适应改革开放和社会主义现代化建设的发展要求，根据实践中取得的重要的新经验和新认识，及时依照法定程序对宪法的某些规定进行必要的修正和补充，使宪法成为反映时代要求、与时俱进的宪法。”2003 年，党的十六届三中全会根据新形势新经验，提出修宪建议。以此为基础，全国人大常委会依照《宪法》第 64 条的规定，形成宪法修正案（草案），提请十届全国人大二次会议审议。

2004 年 3 月 14 日，十届全国人大二次会议通过《中华人民共和国宪法修正案》，共 14 条。此次通过的修正案内容主要包括：确认“三个代表”重要思想在国家社会生活中的指导地位；明确物质文明、政治文明和精神文明协调发展；将“社会主义事业的建设者”列为爱国统一战线的组成部分；

规定国家为了公共利益的需要，可以依照法律规定对公民的私有财产实行征收或征用并给予补偿；明确国家鼓励、支持和引导非公有制经济的发展；保护公民合法的私有财产不受侵犯；在公民权利保障方面，规定国家建立社会保障制度；国家尊重和保障人权；在国家机构设置方面，规定国家主席可进行国事活动；将乡、民族乡、镇的人民代表大会的任期延长为5年。

2004年宪法修改以后，党和国家事业又有了许多重要发展变化。2018年1月18日至19日，中国共产党第十九届中央委员会第二次全体会议审议并通过了《中共中央关于修改宪法部分内容的建议》。1月26日，中共中央向全国人大常委会提出《中国共产党中央委员会关于修改宪法部分内容的建议》。1月29日至30日，十二届全国人大常委会召开第三十二次会议，决定将宪法修正案（草案）提请十三届全国人大一次会议审议。2018年3月11日，第十三届全国人民代表大会第一次会议通过了宪法修正案第32条至第52条，共计21条。涉及内容包括：确立科学发展观、习近平新时代中国特色社会主义思想在国家政治和社会生活中的指导地位，调整充实中国特色社会主义事业总体布局和第二个百年奋斗目标的内容，完善依法治国和宪法实施举措，充实完善中国革命和建设发展历程的内容，充实完善爱国统一战线和民族关系的内容，充实和平外交政策方面的内容，充实坚持和加强中国共产党全面领导的内容，增加倡导社会主义核心价值观的内容，修改国家主席任职方面的有关规定，增加设区的市制定地方性法规的规定，增加有关监察委员会的各项规定。

三　新时代宪法实施的新发展

中国特色社会主义进入新时代，党中央在全面深化依法治国过程中更加重视宪法实施。在宪法地位方面，提出两个“首先”，一是坚持依法执政首先要坚持依宪执政，二是强调坚持依法治国首先要坚持依宪治国；在宪法作用方面，党中央提出实施宪法是建设社会主义法治国家的首要任务和基础工作。具体而言，党的十八届三中全会、四中全会，党的十九大、十九届二中全会、十九届三中全会、十九届四中全会都对宪法地位和宪法作用作了具体部署，主要围绕贯彻实施宪法，维护宪法权威进行部署。在党中央的统一部署下，这必将起到显著的成效。主要表现在以下四方面。

第一，通过科学立法推进宪法实施。主要包括：制定国家勋章和国家荣誉称号法、国歌法，设立国家宪法日，建立宪法宣誓制度；修改立法法、地方组织法、选举法、代表法、预算法；依据宪法，授权国务院、最高人民法院、最高人民检察院或者地方、军队等进行改革试点，涉及国家监察体制改革、行政审批制度改革、农村土地制度改革、金融体制改革、司法体制改革、公务员制度改革、社会保险制度改革、军官制度改革等，确保有关改革试点在法治框架内有序进行。

第二，通过加强规范性文件备案审查推动宪法实施。自党的十八大以来，全国人大常委会对规范性文件加大了备案审查力度，切实加强宪法的地位。从 2013 年至 2016 年，全国人大常委会采取主动审查方式对“一府两院”新制定的 140 件规范性文件进行逐件研究。同时，对地方性法规也有重点地主动审查，接收处理各类审查建议 443 件，纠正了 50 多件法规的问题。

第三，通过决定、决议等方式推动宪法落实。一是通过了关于香港特别行政区域行政长官普选问题的决定，并在 2016 年对香港立法会产生办法作出决定。这一系列决定为香港特别行政区换届选举提供了法律和制度保障。对《香港特别行政区基本法》第 104 条作出具体解释，为反“港独”捍卫宪法和基本法权威作出重大贡献。除此，将《国歌法》列入两个基本法附件三，在香港、澳门特别行政区实施，有助于实现宪法空间纵深拓展。二是通过关于特赦部分服刑罪犯的决定，决定在纪念中国人民抗日战争暨世界反法西斯战争胜利 70 周年之际，特赦部分服刑罪犯。三是采取创制性办法及时妥善处理辽宁贿选案，通过关于成立辽宁省第十二届人民代表大会第七次会议筹备组的决定，这一举措切实维护了宪法及法律权威。

第四，通过推进全面依法治国，有效贯彻实施宪法。立法机关推进科学立法、民主立法、依法立法，立法质量不断提高，以宪法为核心的法律体系不断完善；行政机关推进依法行政和行政体制改革，法治政府建设展现出前所未有的“加速度”；司法机关依宪依法履行职责，深化司法改革，司法公信力不断提升，对维护宪法和法治权威发挥了重要作用；领导干部带头尊法学法守法用法，运用法治思维和法治方式的能力和水平明显提高，全体人民自觉守法，宪法意识和法治权威在全社会逐步树立。

四　进一步维护宪法权威，推进宪法实施

宪法的良好实施至关重要，直接关系到宪法的权威及其生命力。新中国成立以来的法治进步离不开宪法实施的推动，在国家和社会生活中宪法起到越来越重要的作用。然而，中国宪法的实施模式与西方以司法为中心的模式截然不同，中国带有明显的政治和法律双轨制实施特点。一方面，中国宪法是党的领导之下的实施模式，依靠人民群众的力量，从各方面保证宪法的实施。用彭真在《关于中华人民共和国宪法修改草案的报告》的话说就是：“十亿人民养成人人遵守宪法、维护宪法的观念和习惯，同违反和破坏宪法的行为进行斗争，这是一个伟大的力量。”[①] 提高社会各界的宪法观念和宪法意识，促进“全国各族人民、一切国家机关和武装力量、各政党和各社会团体、各企业事业组织”主动以宪法为活动准则，在宪法范围内活动，保证宪法的实施，维护宪法权威。另一方面，作为根本性的法律，中国宪法也发挥了法律规范的功能。回顾现行宪法颁布以来的实施情况，其中一个重要的经验就是通过立法来实施宪法。从中国特色社会主义法律体系的形成过程来看，立法机关一直坚持通过完备的法律推动宪法实施。因此，十八届四中全会决定特别强调，“使每一项立法都符合宪法精神”。当然，宪法的实施不仅仅是立法机关的职责。根据宪法，所有国家机关都有实施宪法的义务，都必须在宪法的范围内活动。

（一）宪法实施的政治保障

从政治角度来看，宪法作为国家构成要素的基本法，在治国理政的过程

① 彭真在第五届全国人民代表大会第五次会议上作《关于中华人民共和国宪法修改草案的报告》，1982 年 11 月 26 日。载《彭真文选》，人民出版社，1991，第 436~453 页。

中需要发挥总章程的作用。一方面，需要有效保障国家各项工作高效进行，保持正确的前进方向；另一方面，需要在大是大非问题上有正确的价值判断，防止颠覆性错误。尤其是后者，中国作为一个世界性大国，在政治认识方面绝对不能对根本性问题有颠覆性错误，一旦出现则波及的空间和对象难以想象。新中国成立70年来宪法实施的经验教训告诉我们：只有通过宪法保障人民当家作主，只有通过宪法确认改革开放和社会主义现代化建设的成果，才可能推动社会主义稳定与发展、保障人权和维护祖国统一。自“八二宪法”以来，宪法实施对中国政治、经济、文化、社会产生不可估量的影响。这部宪法的相对稳定性与变动性，不断使宪法符合实际情况、符合时代发展，充分体现了宪法保障人民根本利益的本质特征。新时代以来的宪法修改，使得宪法内容及其机制更加完善，有助于保障中华民族实现伟大复兴，有助于保障中国特色社会主义道路的前进方向。宪法的根基在于良好的宪法实施，而良好的实施需要人民发自内心的拥护，宪法需要全体人民真诚的信仰。新时代以来，全面深化依法治国就需要全面贯彻宪法实施，要求全社会树立宪法至上的理念，不仅要求在全社会中深入开展遵从、学习、遵守、维护、运用宪法的教育，而且要求全民族增强宪法意识、弘扬宪法精神。

（二）宪法实施的法治保障

从宪法作为基本法的特征来看，全面推进依法治国必须实现依宪治国。具体而言，宪法作为总依据，在立法、执法、司法、守法过程中必须严格遵循。同时，宪法作为最基本的活动准则，必须切实有效地维护宪法尊严，任何组织或者个人，都不得有超越宪法和法律的特权。一切违反宪法和法律的行为，都必须予以追究。作为根本法，宪法必须被实施，否则将形同具文。

为保障宪法实施，应进一步加强宪法实施的监督，推进合宪性审查工作，维护宪法权威，把依法治国、依宪治国工作提高到一个新水平。十九大报告也专门指出，要加强宪法实施和监督，推进合宪性审查工作。同时，通过宪法修改在全国人大下设宪法和法律委员会，此举对加强宪法实施和监督有重要意义。

合宪性审查制度是保障宪法有效实施的关键制度。合宪性审查，通俗来说，就是对相关法律文件或具体行为是否符合宪法原则、精神及内容进行一种认定式审查，属于一种程序性机制。经审查如果认为相关法律文件或具体行为与宪法规定不一致或相抵触，则可以作出是否具有法律效力的判断。在现阶段，合宪性审查的职权主要由全国人大常委会行使。通常由全国人大常委会法工委对报送全国人大常委会备案的行政法规、地方性法规、司法解释进行审查，对公民、组织提出的审查建议进行研究处理。《立法法》规定，政府、军事机关、司法机关、检察机关以及省级人大常委会认为行政法规、地方性法规等规范性文件与宪法法律相抵触的，都可以向全国人大常委会提出审查要求。除此之外，其他机关、团体、组织或个人只能提出审查建议，而这种建议最终采纳与否取决于全国人大常委会自身决定。

当前对法律的合宪性审查主要是事前审查，即对法律草案生效之前的合宪性审查。同时，《立法法》也有事后审查的规定。但由于缺乏完善有效的合宪性审查制度，宪法所规定的原则、精神、要求、权利等内容不能得以全面深化实施。通过合宪性审查维护宪法权威比任何宪法宣誓、宪法宣传都要好，但由于合宪性审查这一环节的羸弱，宪法权威在实施过程中大打折扣。加强合宪性审查的建设工作，不仅可以全面激活宪法对政治生活和社会生活的规范功能，而且可以确保宪法权威，进一步保证各级国家机关遵守与贯彻实施宪法。

B.11
新中国社会法法治七十年

林 嘉　周 圆*

摘　要：社会法是中国特色社会主义法律体系中七大法律部门之一。社会法是为解决社会问题而制定的、具有普遍社会意义的、以社会利益为本位的法律，其目的是保护公民的生存权，实现社会公平，增进社会福祉。新中国成立七十年来，社会法经历了探索、转型、发展和不断完善的过程。新时代中国特色社会主义的发展对社会法提出了新要求，也带来了新机遇。面向未来，社会法建设需要坚持良法善治，深化理论研究，保障社会权实现，回应现实需求。

关键词：社会法　社会保障　劳动就业

新中国成立七十年来，尤其是改革开放以来经济高速发展、民主法治日益完善、社会建设和民生保障进程逐步加快。与中国社会的巨大成就同步，社会法也走过了从单薄到完备、从稚嫩到成熟的发展历程，最终以独立部门法的身份成为中国特色社会主义法律体系的重要组成部分，其立法与实施都取得了前所未有的成就。社会法作为规范劳动关系、社会保障、特殊群体权益保障、社会组织等方面法律规范的总和，以社会利益为本位，以社会公平为价值追求，以社会大众为保障对象，以个体自治、团体自治、国家强制相结合为调整模式，在中国民生保障和社会建设法治化进程中发挥着促进经济

* 林嘉，中国人民大学法学院教授、博士生导师，中国社会法学研究会常务副会长；周圆，中国人民大学法学院博士研究生。

发展、维持社会稳定、实现社会公平的重要功能。中国特色社会主义制度为社会法提供了天然的制度土壤，给社会法功能的发挥留下了制度空间，为社会法的进一步发展与完善提供了制度支持。

一 新中国社会法的发展历程

1949 年新中国成立后，中国社会经济发展经历了翻天覆地的变化，社会法的建设一直服务于国家社会经济发展，70 年来经历了探索、转型、发展和不断完善的过程。

（一）新中国成立至改革开放前社会法的探索

新中国成立后，国家面临建设新政权和恢复经济生产的双重任务，社会法服务于中心工作。

第一，恢复经济生产，构建社会安全网。1956 年，生产资料私有制社会主义改造完成之前，当时的所有制形式还较为多元，存在小手工业者、民族工商业者等。为了恢复生产，国家仍然部分延续了新中国成立前的劳动用工体制，承认雇佣关系的存在。1951 年，颁布《工会法》《劳动保险条例》等，构建了新中国成立初期基本的生产组织和社会安全网，稳定工厂劳动者队伍，促进生产恢复。

第二，服务政权建设，建立军人复员转业制度。新中国成立后，国家的中心工作由革命战争逐步向政权建设和经济生产过渡，因此，1950 年，人民革命军事委员会、政务院发布《关于人民解放军 1950 年的复员工作的决定》，创立了军人优抚安置制度，不仅解决了部队冗员问题，更为新中国提供了一支规模较大的忠党爱民、文化水平相对较高的干部队伍，建立了国家所需的基本的治理人才队伍和治理体系。

第三，统一安置招收，形成统招统配的劳动就业体制。随着生产资料私有制的社会主义改造的进行，劳动用工体制也逐渐发生改变。新中国成立之初，政府为解决失业问题，建立劳动力统一介绍和统一招收制度——“包下来”政策。到1954年，除少数集体和个体劳动者外，其他全都由国家包下来，甚至刑满释放人员也由国家安置。1955年，“包下来”政策逐渐演变为全国统一的劳动力招收和调配制度，即统包统配、只进不出的用工制度。

“文化大革命”期间，中国的劳动就业体制以及劳动保险制度受到冲击，劳动就业面临极大的困难，而劳动保险制度也被单位保障制度所取代。

（二）20世纪80年代经济体制改革与社会法转型

第一，改革以固定工为特点的劳动用工制度，开始试行劳动合同制。党的十一届三中全会确立了全党的工作重心转移到经济建设上来，以固定工为特点的劳动用工制度成为经济体制改革的重要内容之一。从1980年开始，上海市率先实行劳动合同制试点，在部分行业对新招的工人实行劳动合同制，之后逐渐扩大到北京、广西、广东、河南等地，合同制工人达到16万人；1983年2月，原劳动人事部下达《关于积极试行劳动合同制的通知》，劳动合同制试点改革逐步深化，至1985年底，合同制工人达到332万人。经过前期探索和试点，1986年7月国务院同时颁布《国营企业实行劳动合同制暂行规定》《国营企业招用工人暂行规定》《国营企业辞退违纪职工暂行规定》《国营企业职工待业保险暂行规定》，拉开了改革开放以来中国劳动制度第一轮重大改革的序幕。改革的主要目标是消除劳动制度中包得过多、统得过死、能进不能出的弊端，逐步建立起一套能够适应社会主义商品经济发展要求的新型劳动制度。具体措施包括废除“子女顶替”和“内招”，在企业新招工人中实行劳动合同制，建立企业职工待业保险制度等。

第二，改革国家型的社会保险制度，开始探索多层次的社会保险。至20世纪80年代，中国已建立起以公有制为基础的职工劳动保险制度。在经济体制改革的背景下，以计划经济为基础建立起来的社会保险制度已难以适应改革的需要，国家开始探索社会保险制度改革。1983年底，一些省市开始实行医疗制度改革试点；1984年开始实行退休基金社会统筹试点；1991年6月，国务院发布《关于企业职工养老保险制度改革的决定》，提出了建立多层次养老保险的目标，即逐步建立起基本养老保险、企业补充保险和职工个人储蓄性养老保险相结合的多层次养老保险制度。

第三，改革区域性扶贫救济，开始实行大规模开发式扶贫救济。1978年党的十一届三中全会首次明确提出，中国部分地区存在贫困问题，要重点扶持，摆脱贫困。1982年开展“三西”地区扶贫计划，1984年确定重点解决十几个集中连片地区贫困问题，开展区域性扶贫救济。1986年中国开始了有计划、有组织、大规模的开发式扶贫工作，国务院成立贫困地区经济开发领导小组，确定开发式扶贫基本方针；农村贫困人口从1978年的2.5亿人直接下降至1993年的8000万人，贫困发生率从30.7%下降至8.7%。

（三）20世纪90年代市场经济体制的确立与社会法的发展

1992年党的十四大明确提出建立社会主义市场经济体制目标。社会主义市场经济体制目标的确立，对中国社会法的发展提出了新要求，同时也大大促进了中国社会法的发展。

第一，以《劳动法》的颁布为标志，中国确立了社会主义市场经济条件下调整劳动关系的基本劳动法律制度。1994年7月5日第八届全国人大常委会通过《劳动法》，这是新中国成立后颁布的首部劳动法，是一部基础性、综合性的劳动法律，具有里程碑意义。《劳动法》的颁布，为转型中国家市场经济劳动关系的调整提供了法律依据，确立了保护劳动者合法权益的基本原则，有利于协调劳动关系的发展。中国相关劳动法律法规的立法进程亦逐步加快。1992年4月，第七届全国人民代表大会通过《工会法》；1994年9月至年底，劳动部出台了17个配套规章，包括《企业经济性裁减人员规定》《企业职工患病或非因工负伤医疗期规定》《违反和解除劳动合同的经济补偿办法》《工资支付暂行规定》等，进一步细化了《劳动法》的法律条文，使之具有更强的操作性。

第二，通过出台一系列行政法规和规范性文件，推动社会保障制度改革和法治化进程。1993年11月党的十四届三中全会通过《关于建立社会主义市场经济体制的若干问题的决定》，明确将社会保障制度确认为市场经济正常运行维系机制的五大支柱之一。中国社会保险制度进入全面改革的快车道。养老保险方面，1997 年国务院发布《关于建立统一的企业职工基本养老保险制度的决定》，确立社会统筹和个人账户相结合的养老保险制度改革方案。医疗保险方面，1998 年国务院发布《关于建立城镇职工基本医疗保险制度的决定》，提出城镇所有用人单位及其职工都要参加基本医疗保险，基本医疗保险费由用人单位和职工共同缴纳。失业保险方面，1999 年国务院发布《失业保险条例》。工伤保险方面，1996 年劳动部发布《企业职工工伤保险试行办法》。生育保险方面，1994 年劳动部颁发《企业职工生育保险试行办法》。社会保险费征缴方面，1999 年国务院发布《社会保险费征缴暂行条例》。此外，中国社会救助制度开始从贫困救济逐渐转向社会救助。1994 年国务院发布《国家八七扶贫攻坚计划（1994~2000）》《农村五保户供养工作条例》。国务院于 1997 年颁发《关于在全国建立城市最低生活保障制度的通知》，1999 年颁发《城市居民最低生活保障条例》。农村贫困人口从 1993 年的 8000 万人直接下降至 2007 年的 1479 万人，贫困发生率从 8.7% 下降至 1.6%，中国成为第一个提前实现联合国千年发展目标中贫困人口比例减半任务的国家。

第三，关注特殊群体权益保护，构建特殊群体权益保护法律制度。为保障妇女、未成年人、老年人的合法权益，1992 年 4 月，第七届全国人民代表大会通过《妇女权益保障法》；1991 年 9 月，七届全国人大常委会通过《未成年人保护法》；1996 年 8 月，八届全国人大常委会通过《老年人权益保障法》。

第四，发挥社会组织在经济社会发展中的作用，加强各类社会组织立法。为促进各类社会组织健康发展，规范社会组织行为和相关活动，国家出台了相关法律法规。1993 年 10 月，八届全国人大常委会通过《红十字会法》；1998 年 10 月，国务院颁布《社会团体登记管理条例》；1999 年 6 月，九届全国人大常委会通过《公益事业捐赠法》。

（四）21世纪和谐社会的构建与社会法的完善

进入 21 世纪以来，中国经济社会进入快速发展时期。2001 年中国加入 WTO，成为世贸组织正式成员国，进一步融入经济全球化进程。同年中国批准加入联合国《经济、社会及文化权利国际公约》。2004年《宪法》修改增加了“国家尊重和保障人权”条款，明确了人权保护的宪法价值。2004年党的十六届四中全会提出了构建社会主义和谐社会的目标。随着中国政治、经济、社会、法治建设的加强，中国社会法制迎来了快速发展时期。

第一，以《劳动合同法》的颁布为标志，中国劳动法律制度不断健全与完善。随着经济全球化发展、经济体制改革深化，劳动关系呈现主体多元化、内容复杂化、形态弹性化等新变化，《劳动法》已难以适应劳动关系法律调整的需求。2007年6月29日，十届全国人大常委会通过《劳动合同法》，该法在起草制定过程中和实施后都引发了很大的争论。与《劳动法》相比，《劳动合同法》进一步明确了保护劳动者合法权益的立法宗旨，规范了劳动合同订立的形式，扩大了无固定期限劳动合同的适用，限定了违约金条款的适用，适当扩大了经济补偿金的适用，并对劳务派遣、非全日制用工等进行了规范。此外，2007年全国人大常委会颁布《就业促进法》和《劳动争议调解仲裁法》，2011年修改《职业病防治法》，2012年修改《劳动合同法》，2014年修改《安全生产法》。除劳动法律外，国务院颁布《劳动合同法实施条例》《女职工劳动保护特别规定》等行政法规，人社部颁布《企业职工带薪年休假实施办法》《劳务派遣暂行规定》等部门规章。对建立稳定和谐的劳动关系、保护劳动者的合法权益具有积极意义。

第二，和谐社会构建背景下中国社会保障制度进入快速发展阶段。2004年《宪法》修改明确规定，“国家建立健全同经济发展水平相适应的社会保障制度”。社会保障成为国家的基本社会政策。社会保障的立法指导思想开始从为经济发展和经济体制改革服务的效率观向公平正义的价值观转移，政府责任得到加强，城市、农村二元结构导致的农村社会保障制度薄弱问题开始受到重视，这一时期中国社会保障制度改革目标就是要着力解决由城乡二元结构导致的农村社会保险制度薄弱问题，建立覆盖城乡居民的社会保障制度。2010年10月28日十一届全国人大常委会颁布《社会保险法》，这是新中国成立以来社会保险领域第一部综合性的基本法律，标志着中国社会保险制度进入法治化轨道。此后，国务院及相关行政部门颁布了一系列配套法规和规章，包括《实施〈社会保险法〉若干规定》《社会保险基金先行支付暂行办法》《城乡养老保险制度衔接暂行办法》《工伤保险条例》（修订）等。此外，社会救助法治化进程也在加快，《社会救助法》进入立法议程。2003 年，国务院颁布《城市生活无着的流浪乞讨人员救助管理办法》；2007 年，国务院发布《关于在全国建立农村最低生活保障制度的通知》；2014 年 2 月，国务院公布《社会救助暂行办法》。

第三，加强社会治理，加快社会组织和慈善事业立法。随着中国经济社会不断发展，社会组织在扩大民众参与、加强社会治理等方面发挥着重要作用。2004 年国务院通过《基金会管理条例》，加强对社会组织的规范化管理；2016 年 3 月全国人大通过《慈善法》，这是慈善领域的一部基础性、综合性法律，有利于规范慈善行为，推动慈善事业发展。

二　社会法发展的多维度观察

（一）民生保障与社会治理体系和能力现代化的发展方向

十九大报告提出，全面深化改革总目标是完善和发展中国特色社会主义制度、推进国家治理体系和治理能力现代化，并将治理体系和治理能力现代化作为从 2020 年到 21 世纪中叶“两步走”战略中国家发展成就的重要指标。十九届四中全会强调了民生建设领域的治理体系和治理能力现代化，要求“坚持和完善统筹城乡的民生保障制度，满足人民日益增长的美好生活需要”。

民生保障是社会法的宗旨和重要职能，十九届四中全会决定提出的要求对完善社会立法有明确的指引作用。①健全幼有所育体制机制，要求保障婴幼儿的照护服务，完善儿童福利制度；②健全劳有所得体制机制，要求保障劳动者能够及时、足额获得合法劳动收入，尤其是保障农民工的工资足额支付，完善收入分配制度和欠薪保障制度，缩小收入差距，实现社会公平；③健全病有所医、老有所养体制机制，则是要完善医疗保险和养老保险法律制度，构建完整的社会安全网；④健全弱有所扶体制机制，则是要强化社会救助制度；⑤健全有利于更充分更高质量就业的促进机制，完善就业保障制度，包括就业促进和就业服务等制度；⑥构建服务全民终身学习的教育体系，要求国家政策层面要大力推动劳动职业培训，强调完善教育福利制度和职业培训体系；⑦坚决打赢脱贫攻坚战，要求完善社会救助、社会福利制度，实现全面脱贫，“真脱贫、脱真贫”；⑧要坚持和完善共建共治共享的社会治理制度。社会治理是国家治理的重要方面，必须加强和创新社会治理，完善党委领导、政府负责、民主协商、社会协同、公众参与、法治保障、科技支撑的社会治理体系。社会治理是社会法实施机制的重要组成部分。民主协商、社会协同、公众参与、法治保障是对社会治理机制的关键要求，指明了建设和发展的方向。如何促进社会治理实施机制更好地发挥实效？如何处理社会立法和社会政策之间的关系，协调社会立法和政府合作的关系，切实保障社会多元主体参与社会共治并发挥应有的作用？这些问题都将是社会法治发展的重要议题。

（二）社会法立法集中的方向和领域

为切实通过科学立法和高质量立法推动更均衡更充分发展，满足人民群众对美好生活的向往，提升民生领域治理体系和治理能力的现代化水平，全国人大法工委发布了《立法规划（2018~2022 年）》，其中涉及社会法的立法包括学前教育法、《基本医疗卫生与健康促进法》、《未成年人保护法》（修改）、《预防未成年人犯罪法》（修改）、《安全生产法》（修改）、社会救助法、《退役军人保障法》、《老年人权益保障法》、劳动基准法等。这些立法主要围绕以下方面展开：一是特殊群体的权利保障立法，属于社会福利和社会优抚的范畴，包括《未成年人保护法》、学前教育法、《退役军人保障法》等；二是劳动领域的立法，包括《安全生产法》、劳动基准法等；三是社会保障领域的立法，包括社会救助法、《基本医疗卫生与健康促进法》等。

2019 年，社会法部门立法的方向主要集中在弱势群体权益保障、营造良好营商环境以及规范新业态劳动用工等方面。

首先，针对弱势群体的权益保障问题，明确各类弱势群体所遭遇的不同问题，分别采取针对性措施予以解决。针对目前中国老年人权益保障事业中养老机构数量少、设立难等问题，此次《老年人权益保障法》修改进行了集中处理[①]。针对女性就业歧视问题，人力资源和社会保障部、教育部、司法部、国家卫生健康委、国务院国资委、国家医保局、全国总工会、全国妇联、最高人民法院印发《关于进一步规范招聘行为 促进妇女就业的通知》，针对招聘环节性别歧视的具体表现进一步作出了细化规定。针对未成年人的保护问题，《未成年人保护法（修订草案）》广泛征求意见，关注预防性侵制度、防止校园霸凌、加强网络保护、强化委托照护等方面。这是对近年来未成年人保护面临的重要问题的积极回应。

其次，切实降低企业社保缴费负担，营造良好的营商环境。2019 年政府工作报告将以下内容明确列为政府工作任务："下调城镇职工基本养老保险单位缴费比例，各地可降至 16%。稳定现行征缴方式，各地在征收体制改革过程中不得采取增加小微企业实际缴费负担的做法，不得自行对历史欠费进行集中清缴。"这一举措有利于降低企业社保负担，激发企业活力特别是民营企业和小微企业的活力，从而营造良好的营商环境，进一步稳定社保体系。

最后，面对全面兴起的新业态平台用工，明确了规范用工亟须解决的重点问题，为接下来完善和细化相关法律法规指明了方向。当前，针对中国的平台用工问题，最主要的是如何加以规范，而其关键在于平台从业人员的社会保障问题。国务院办公厅于 2019 年 8 月 1 日发布《关于促进平台经济规范健康发展的指导意见》，针对平台用工问题作出回应，全国多个地方也对平台用工规范化问题进行了探索和实践，以保证平台用工在法治化、规范化的轨道上运行。

（三）国务院行政立法侧重社会问题的解决

面对 2020 年重要的脱贫攻坚战，中央层面高度重视农民工工资拖欠问题的解决。国务院出台《保障农民工工资支付条例》，用法治手段治理欠薪"顽疾"。人力资源和社会保障部也颁布了《关于实施"护薪"行动 全力做好

① 参见民政部关于贯彻落实新修改的《中华人民共和国老年人权益保障法》的通知，http://www.mca.gov.cn/article/xw/tzgg/201901/20190100014227.shtml。

拖欠农民工工资争议处理工作的通知》，通过对农民工工资支付的相关主体责任进行明确和细化，保障农民工工资的及时足额支付能够落地。

在促进就业方面，国务院就业工作领导小组的成立，为更好地实施就业优先政策、统筹协调就业工作注入新动力。在职业教育方面，国务院通过了《国家职业教育改革实施方案》。面对每年数百万大学生毕业季就业难问题，如何进行就业层面的供给侧结构性改革是未来社会法法治发展的深刻议题，这也必将对中国整体就业市场产生颠覆性的变化。

在社会保险方面，社保费由税务机关征收的改革不断推进。同时，为合理分配社保费缴纳的负担，《降低社会保险费率综合方案》稳步推进。降低社会保险费率，可以说是国家让利于企业、让利于民的重要举措，直接降低的是企业社保缴纳的比例，在减轻企业用工成本、推进企业参保方面具有积极意义。另外，《香港澳门台湾居民在内地（大陆）参加社会保险暂行办法》推动了在大陆就业的各类居民社保缴纳的多元和完备。在社会保险的险种改革方面，生育保险和医疗保险的合并实施是社会保险管理技术的革新。针对工伤认定及工伤保险法律适用的问题，最高人民法院发布《工伤保险法律适用会议纪要》。

在社会救助方面，民政部办公厅通过了《关于印发社会救助和养老服务领域基层政务公开标准指引的通知》。

针对关注度较高的休假问题，人力资源和社会保障部发布的《法定年节假日等休假相关标准》，对包括休息日、法定节假日、年休假、探亲假、婚丧假五类休假标准予以明确。

在反歧视领域，人力资源和社会保障部等九部门联合发布《关于进一步规范招聘行为 促进妇女就业的通知》，要求招聘环节不得限定性别，不得询问妇女婚育情况，不得将妊娠测试作为入职体检项目，不得将限制生育作为录用条件等。

（四）地方劳动仲裁审判改革实践不断深入

不同地区依照本地经济发展水平制定了存在不同程度差异的地方性劳动

争议仲裁和审判的规范和指导性文件。为统一劳动争议裁审法律适用标准，规范裁审程序衔接，各地出台了相关处理意见、会议纪要等规范和指导性文件。例如，重庆市六部门发布《劳动争议案件法律适用问题专题座谈会纪要》，安徽省发布《劳动人事争议仲裁案例研讨会纪要》，山东省高院、人社厅发布《关于审理劳动人事争议案件若干问题会议纪要》，山东省烟台市中级人民法院、山东省烟台市人力资源和社会保障局出台了《关于劳动争议案件裁审衔接问题的处理意见》，东莞市中级人民法院、东莞市劳动人事争议仲裁委员会发布《裁审衔接工作座谈会议纪要》等。

（五）社会法法治热点问题回顾

个别行业对现行法最低工时制度存在规避和突破的现象，引发各界对劳动基准法效力以及实施机制方面的思考和讨论。首先应当明确的是，现行法规定的工时制度属于劳动基准，属于强行法的性质，不得任意规避。其理由在于过长的劳动时间会造成劳动者身心健康受损。而部分企业规避《劳动法》关于工时等强制性劳动基准的适用，也引发了劳动基准作为强行法如何得以有效实施的思考：劳动法在司法诉讼过程中的刚性与企业管理过程中的柔性相矛盾，在日趋激烈的劳动力市场竞争下，劳动力市场的灵活性、安全性与劳动法的强制性之间的平衡问题日益凸显，劳动法自身面临新一轮的危机和变革。

2018 年底最高人民法院通过了《关于增加民事案件案由的通知》，民事案件案由规定中增加两类案由，在第一部分“人格权纠纷”的第三级案由“9、一般人格权纠纷”项下增加一类第四级案由“1、平等就业权纠纷”。在第九部分“侵权责任纠纷”的“348、教育机构责任纠纷”之后增加一个第三级案由“348 之一、性骚扰损害责任纠纷”。2019 年，“河南女孩应聘遭拒案”平等就业权纠纷等案件的审理也极大地推动了反歧视争议的司法实践，具有深远意义。

随着新一轮科技革命带来的劳动力用工形式的深刻变革，以外卖平台配送员、网约车司机、平台主播等为代表的网约工与平台法律关系的认定问题，以及由劳动关系认定牵连的社会保险尤其是工伤保险的支付、缴纳和人身损害赔付问题，不断引发学理研讨。虽然目前做法是保障网约工人身损害的风险能够合理分散，但从整体上深入剖析新时代用工的具体形式，反思劳动法律对用人单位和劳动者法律关系的调整模式，构建适应当代社会的社会保险体系，这些都是科技革命对社会法法治发展带来的重要命题。

三 社会法发展的展望

社会法与人权保护、民生保障息息相关。党的十九大报告提出，要坚持以人民为中心的发展思想，不断促进人的全面发展，实现全体人民共同富裕。党的十九大报告还提出，“打造共建共治共享的社会治理格局”，其关键是加强社会治理制度建设，完善党委领导、政府负责、社会协同、公众参与、法治保障的社会治理体制，改进社会治理方式，提高社会治理水平，让人民享有更加幸福安康的生活[①]。

（一）坚持良法善治，着力加快社会法领域的立法

社会法作为中国特色社会主义法律体系的重要法律部门，其体系建构应当遵循内在体系与外在体系的统一。内在体系象征法律规范的秩序性，外在体系展现法律形式的完整性和全面性。社会法的立法体系完善既要注重顶层设计的自洽性与严谨性，又要注重立法规划的科学性与紧凑性。从立法现状看，中国社会法体系较为庞杂，缺乏内在逻辑；立法层级较低，法律文件较少，更多是国务院颁布的行政法规、各部委的行政规章，还有相当部分的政策性文件。对此，要加快研究构建社会法立法体系，建立起既满足社会法体系自洽又具有开放性的社会法体系，以包容不断出台的新的法律制度。近年来，尽管中国社会法立法进程大大加快，但仍存在不少短板，一些支柱性的法律仍然缺位。要尽快制定社会救助法、基本医疗保险法、基本养老保险法、

① 王东旭:《人民日报新知新觉：打造共建共治共享的社会治理格局》，人民网－人民日报，http://opinion.people.com.cn/n1/2018/1022/c1003-30353756.html。

护理保险法、社会补偿法、儿童福利法、住房福利法、劳动基准法等一系列法律。要抓紧研究重要、关键法律的修改，如《劳动合同法》《社会保险法》《劳动法》等。此外，还要重点研究一些社会关注的问题，如延迟退休、退休人员缴纳医疗保险费、护理保险、企业补充养老保险和延税型商业保险等，以应对经济社会发展和人口老龄化带来的新问题。

（二）深化理论研究，注重强化社会法基础理论的本土化探讨

理论是实践的抽象，科学的理论对实践具有指导意义。社会法理论体系是中国特色社会法体系构建的理论基础，能够为社会法体系的搭建提供强有力的理论指导。完善社会法体系与社会法基础理论问题紧密相连，有什么样的社会法认识，就会有什么样的社会法体系构建。中国社会法面临的时代挑战，在于中国社会法的本土化和现代化问题。同时，本土化与现代化进程不能忽视中国现实的法律传统和法律环境，需着重注意西方法与中国法、制定法与民间法、成文法与习惯法之间的矛盾解决和冲突协调问题。中国社会法理论研究起步较晚，远远落后于实践的需求。社会法理论研究的滞后，影响了中国社会法制建设的实践，出现制度混乱和冲突、制度与体系衔接不畅、理论与社会实践脱节等问题①。应当结合中国社会经济的发展阶段，发挥社会主义制度的优越性，深化对社会法基础理论的研究。一方面，要重视对既有学说成果的梳理和批判，在社会法概念、原则等基本范畴上求得基本共识；另一方面，要立足国情，注重理论创新，形成中国特色社会法理论体系，指导中国社会法的实践和制度建构。

（三）保障社会权实现，建立健全社会法领域的治理体系

在社会法领域，主体多元化和内容复杂化的法律关系，需要不断创新和完善社会法治理体系，以保障公民社会权的实现。一是要从管理体制上明确各级政府的事权划分，通过权力清单厘清各级行政部门的权限，特别是在行

① 林嘉：《中国社会法治建设40年回顾与展望》，《社会治理》2018年第11期。

政给付行为上，给付主体、范围、程序以及责任要明确。二是要按照管办分开、政事分开的原则，建立独立运营的社会公共服务机构。政府购买服务有助于推动社会服务的社会化，竞争机制有利于调动民间组织参与社会领域服务提供的积极性。三是发挥社会组织和社会协商的参与作用。在社会保险领域，要建立规范的管理委员会、监督委员会、社保财务信息披露、听证制度等，从而保障参保人的社会保障给付请求权、知情权、参与权和监督权。在劳动关系领域，企业要坚持以职工为本，通过不断深化民主管理，让职工享有充分的民主权利，共同参与企业管理，共享企业发展成果，最大限度地调动职工的创造性、积极性和主动性，构建中国特色的和谐劳动关系。四是构建多元化纠纷解决机制。司法诉讼纠纷解决机制与调解、仲裁、行政裁决、行政复议等非诉纠纷解决机制的有效衔接，有助于保障社会法治理手段与实施效果的实现。

（四）回应现实需求，重点解决社会法领域的突出问题

改革开放以来，中国经济快速发展，逐渐打破原有的社会结构和社会秩序。在新的社会规则未能稳定形成之前，社会矛盾和纠纷增多，民生问题日益突出。加之社会主体日益多元化，社会利益关系日益复杂，尤其是人民对美好生活的需要扩展与层次提升，催生了中国实施以改善民生和创新社会治理为重点的社会建设。社会法在社会建设中的独特地位和功能作用决定了其需要对关乎人民切身利益的民生问题给予法律回应和制度安排，如公平可持续的社会保险制度构建问题，平台经济衍生的劳动力市场灵活性与安全性的关系问题，社会治理模式调整中社会治理现代化的实现问题，经济下行压力与休息休假等方面劳动者权益保障的平衡问题，生育保险制度问题，人口老龄化背景下老年照护问题以及人工智能对传统劳动力市场的冲击问题，等等。未来社会发展充满机遇也充满挑战，需要社会法的积极回应与应对。

法治指数

Rule of Law Index

B.12

中国政府透明度指数报告（2019）

——以政府网站信息公开为视角

中国社会科学院法学研究所法治指数创新工程项目组*

摘　要：2019 年度，中国社会科学院国家法治指数研究中心、法学研究所法治指数创新工程项目组围绕决策公开、管理服务公开、执行和结果公开、政策解读与回应关切、依申请公开等方面，继续对 49 家国务院部门、31 家省级政府、49 家较大的市政府、125 家县（市、区）政府开展政务公开工作的情况进行了第三方评估。评估显示，

* 项目组负责人：田禾，中国社会科学院国家法治指数研究中心主任，法学研究所研究员；吕艳滨，中国社会科学院法学研究所研究员、法治国情调研室主任。项目组成员：马甜莉、王小梅、王希、王祎茗、车文博、田纯才、田昕昕、代玲玲、冯迎迎、刘雁鹏、米晓敏、张亚军、胡昌明、洪梅、栗燕杰（按姓氏笔画排序）。执笔人：吕艳滨、田禾。

2019 年政务公开制度日趋完善，决策公开稳步推进，政务服务、行政执法、管理结果公开均有明显进步，但未来还需要进一步提升公开意识、找准公众需求、将公开融入政务活动全流程、提升信息化保障水平。

关键词：政务公开　政府透明度　法治指数　政府网站

2019 年，中国社会科学院国家法治指数研究中心、法学研究所法治指数创新工程项目组（以下简称“项目组”）继续对各级政府政务公开情况进行调研和评估，本报告对此次调研和评估情况进行了总结分析。

一　评估对象、指标及方法

2019 年的评估对象包括 49 家 2018 年机构改革后对外有行政管理权限的国务院部门、31 家省级政府（不包括港澳台地区）、49 家较大的市政府、125 家县（市、区）政府。本次选取的县（市、区）政府包括 2018 年从基层政务公开试点县（市、区）政府中抽取的对象、在非试点省份按照 GDP 排名抽取的部分县（市、区）政府，以及 2019 年新增加的省会城市、自治区首府和直辖市人民政府所在地的区级政府。

项目组根据《政府信息公开条例》、中共中央办公厅和国务院办公厅印发的《关于全面推进政务公开工作的意见》、国务院办公厅《〈关于全面推进政务公开工作的意见〉实施细则》、国务院办公厅《2019 年政务公开工作要点》等，优化指标设置，形成了 2019 年评估指标体系。一级指标包括决策公开、管理服务公开、执行和结果公开、政务公开平台建设、依申请公开（见表 1、2、3、4）。评估截至 2019 年 12 月 31 日。

决策公开指标主要考察国务院各部门、各级政府推进重大决策预公开、规范性文件公开以及政策解读的情况。

管理服务公开指标主要考察有相应职权的国务院部门、各级政府公开权力清单、政务服务信息、行政执法信息的情况；对县（市、区）政府还评估了其公开义务教育管理信息的情况。

执行和结果公开指标主要考察公开法治政府建设情况年度报告和建议提案办理结果的情况；对省级政府、较大的市和县（市、区）政府还考察了其公开审计报告、地方政府债务信息等情况。

政务公开平台建设评估各对象网站建设（包括栏目设置和检索功能）、政务新媒体、网站互动交流情况。其中，政府公报不适用于国务院部门。

依申请公开指标仅涉及 125 家县（市、区）政府，评估申请渠道的畅通性和答复规范化程度。项目组从 2019 年 8 月 27 日至 12 月 20 日，采取在线申请优先、信函申请辅助的方式进行了验证。

表 1　中国政府透明度指数指标体系（国务院部门）

一级指标	二级指标
决策公开（35%）	重大决策预公开（40%）
	规范性文件公开（30%）
	政策解读（30%）
管理服务公开（20%）	权力清单公开（30%）
	政务服务信息公开（40%）
	行政执法信息公开（30%）
执行和结果公开（25%）	法治政府建设情况年度报告（60%）
	建议提案办理结果公开（40%）
政务公开平台建设（20%）	网站建设（40%）
	政务新媒体（30%）
	网站互动交流（30%）

表 2　中国政府透明度指数指标体系（省级政府）

一级指标	二级指标
决策公开（35%）	重大决策预公开（40%）
	规范性文件公开（30%）
	政策解读（30%）
管理服务公开（20%）	权力清单公开（30%）
	政务服务信息公开（40%）
	行政执法信息公开（30%）
执行和结果公开（25%）	法治政府建设情况年度报告（20%）
	建议提案办理结果公开（20%）
	审计结果公开（30%）
	地方政府债务信息（30%）
政务公开平台建设（20%）	网站建设（30%）
	政务新媒体（20%）
	政府公报（30%）
	网站互动交流（20%）

表 3　中国政府透明度指数指标体系（较大的市政府）

一级指标	二级指标
决策公开（35%）	重大决策预公开（40%）
	规范性文件公开（30%）
	政策解读（30%）
管理服务公开（20%）	权力清单公开（30%）
	政务服务信息公开（40%）
	行政执法信息公开（30%）
执行和结果公开（25%）	法治政府建设情况年度报告（20%）
	建议提案办理结果公开（20%）
	审计结果公开（30%）
	地方政府债务信息（30%）
政务公开平台建设（20%）	网站建设（30%）
	政务新媒体（20%）
	政府公报（30%）
	网站互动交流（20%）

表4 中国政府透明度指数指标体系[县(市、区)政府]	
一级指标	二级指标
决策公开(30%)	重大决策预公开(40%)
	规范性文件公开(30%)
	政策解读(30%)
管理服务公开(20%)	权力清单公开(30%)
	政务服务信息公开(40%)
	行政执法信息公开(30%)
执行和结果公开(20%)	法治政府建设情况年度报告(20%)
	建议提案办理结果公开(20%)
	审计结果公开(20%)
	地方政府债务信息(20%)
	义务教育信息公开(20%)
政务公开平台建设(20%)	网站建设(30%)
	政务新媒体(20%)
	政府公报(30%)
	网站互动交流(20%)
依申请公开(10%)	渠道畅通性(40%)
	答复规范化(60%)

二 评估结果的总体情况

2019年，国务院部门排在前列的有：交通运输部、海关总署、国家发展和改革委员会、国家市场监督管理总局、工业和信息化部、民政部、国家税务总局、司法部、水利部、商务部（评估结果见表5）。省级政府排在前列的有：北京市、上海市、广东省、贵州省、四川省、山东省、安徽省、江苏省、宁夏回族自治区、天津市（评估结果见表6）。较大的市排在前列的有：厦门市、广州市、深圳市、成都市、青岛市、宁波市、银川市、合肥市、淄博市、苏州市（评估结果见表7）。县（市、区）政府排在前列的有：上海市普陀区、浙江省宁波市江北区、北京市西城区、山东省威海市荣成市、广东省深圳市罗湖区、上海市虹口区、浙江省温州市瓯海区、山东省济南市历下区、广东省广州市越秀区、上海市浦东新区（评估结果见表8）。

表5 中国政府透明度指数评估结果（国务院部门）

单位：分

排名	评估对象	决策公开（35%）	管理服务公开（20%）	执行和结果公开（25%）	政务公开平台建设（20%）	总分（满分100分）
1	交通运输部	76.2	58.75	88	93	79.02
2	海关总署	68	34.1	82	100	71.12
3	国家发展和改革委员会	72.6	38.2	70	100	70.55
4	国家市场监督管理总局	66.8	47.2	64	93	67.42
5	工业和信息化部	56.4	53.5	76	88	67.04
6	民政部	57.6	51.4	70	95	66.94
7	国家税务总局	55.8	65.6	58	93	65.75
8	司法部	52	40	73	93	63.05
9	水利部	50.6	58	52	95	61.31
10	商务部	50	43.4	64	93	60.78
11	自然资源部	50.6	39.5	64	95	60.61
12	人力资源和社会保障部	56.4	34.4	58	93	59.72
13	国家外汇管理局	82.8	40	16	88	58.58
14	教育部	47	50.5	52	95	58.55
15	外交部	48.2	30.2	64	86	56.11
16	国家林业和草原局	53.4	66.5	16	100	55.99
17	中国证券监督管理委员会	47	65.6	52	78	58.17
18	国家知识产权局	30.6	47.6	64	93	54.83

续表

排名	评估对象	决策公开（35%）	管理服务公开（20%）	执行和结果公开（25%）	政务公开平台建设（20%）	总分（满分 100 分）
19	中国民用航空局	48.8	36.25	52	81	53.53
20	财政部	40.4	35.9	52	95	53.32
21	国家广播电视总局	37.4	41.2	64	78	52.93
22	农业农村部	49.4	43.7	64	53	52.63
23	中国气象局	58.6	32	28	93	52.51
24	国家药品监督管理局	33.2	67.6	28	93	50.74
25	国家卫生健康委员会	44.8	45.55	28	88	49.39
26	国家体育总局	58.8	32	52	47	49.38
27	科学技术部	44	40.7	28	93	49.14
28	国家统计局	35	39.8	40	93	48.81
29	审计署	30	0	76	93	48.1
30	住房和城乡建设部	51.8	38.2	46	53	47.87
31	文化和旅游部	38.6	39.5	28	95	47.41
32	国家粮食和物资储备局	30.6	44.8	28	100	46.67
33	生态环境部	36.6	32	34	93	46.31
34	应急管理部	58.2	30.2	4	86	44.61
35	公安部	40.4	37.6	36	68	44.26
36	中国银行保险监督管理委员会（中国保险监督管理委员会）	48.2	47.6	28	53	43.99
37	国家铁路局	19.8	72.1	28	73	42.95
38	国家文物局	30.6	32.9	28	93	42.89
39	国家烟草专卖局	34.8	41	34	68	42.48
40	国务院国有资产监督管理委员会	31.8	18.75	28	88	39.48

续表

排名	评估对象	决策公开（35%）	管理服务公开（20%）	执行和结果公开（25%）	政务公开平台建设（20%）	总分（满分 100 分）
41	国家能源局	24.6	32.2	28	86	39.25
42	国家医疗保障局	45	8	28	68	37.95
43	国家信访局	25.8	0	40	93	37.63
44	国家邮政局	17.4	30.8	24	72	32.65
45	国家移民管理局	34.2	22.4	0	78	32.05
46	国家民族事务委员会	16.2	0	28	93	31.27
47	中国人民银行	14	45.7	4	65	28.04
48	国家中医药管理局	21.6	0	10	73	24.66
49	国家国际发展合作署	0	0	0	63	12.6

表 6　中国政府透明度指数评估结果（省级政府）

单位：分

排名	评估对象	决策公开（35%）	管理服务公开（20%）	执行和结果公开（25%）	政务公开平台建设（20%）	总分（100 分）
1	北京市	78.2	71	75.5	100	80.45
2	上海市	76.8	72	75	100	80.03
3	广东省	80.6	55	72.2	100	77.26
4	贵州省	63.6	92	51	100	73.41
5	四川省	62.5	66	67	95	70.83
6	山东省	60.5	57.4	72	100	70.66
7	安徽省	60	70	70.2	90	70.55
8	江苏省	63.2	82	63.5	80	70.40
9	宁夏回族自治区	65	69	62.5	91	70.38
10	天津市	50.8	74	75	95	70.33

续表

排名	评估对象	决策公开（35%）	管理服务公开（20%）	执行和结果公开（25%）	政务公开平台建设（20%）	总分（100分）
11	海南省	63.2	61	62.7	100	70.00
12	河南省	68.4	57	57	100	69.59
13	河北省	52	66	67	100	68.15
14	江西省	40.8	90.8	62.7	100	68.12
15	湖北省	45	75	69	100	68.00
16	浙江省	43.8	69	76.2	96	67.38
17	湖南省	56	41	76.5	90	64.93
18	广西壮族自治区	57.2	57	56.5	95	64.55
19	云南省	43.4	69	63.2	95	63.79
20	陕西省	44.4	66	64	95	63.74
21	甘肃省	43.2	70	59.4	95	62.97
22	青海省	56.6	34.4	62.3	100	62.27
23	吉林省	43.4	58	64.2	96	62.04
24	福建省	60.8	49	46.7	96	61.96
25	辽宁省	56.8	45	70.2	67	59.83
26	内蒙古自治区	45.2	66	49	91	59.47
27	重庆市	42	57	56.9	90	58.33
28	黑龙江省	52.2	41	50.7	90	57.15
29	山西省	40.2	45	57	96	56.52
30	新疆维吾尔自治区	35.4	49	52.5	90	53.32
31	西藏自治区	4.2	61	46.2	66	38.42

表7 中国政府透明度指数评估结果（较大的市政府）

单位：分

排名	评估对象	决策公开（35%）	管理服务公开（20%）	执行和结果公开（25%）	政务公开平台建设（20%）	总分（满分100分）
1	厦门市	88.40	80.80	63.20	93.00	81.50
2	广州市	80.80	77.24	63.7	88.00	77.25
3	深圳市	72.60	73.84	73.00	93.00	77.03
4	成都市	68.00	73.80	73.00	100.00	76.81
5	青岛市	77.00	57.64	77.00	95.00	76.73
6	宁波市	68.00	73.50	76.50	93.00	76.23
7	银川市	78.80	75.30	71.20	78.00	76.04
8	合肥市	61.80	57.64	90.00	100.00	75.66
9	淄博市	79.60	70.56	60.00	93.00	75.57
10	苏州市	72.50	75.48	63.20	93.00	74.87
11	淮南市	70.20	62.32	76.20	93.00	74.68
12	大连市	77.82	65.38	61.00	95.00	74.56
13	贵阳市	69.20	91.22	48.50	95.00	73.59
14	武汉市	72.6	69.32	62.00	94.00	73.57
15	珠海市	70.80	73.80	55.50	100.00	73.42
16	南宁市	70.80	65.38	69.00	90.00	73.11
17	杭州市	61.40	71.76	63.20	100.00	71.64
18	福州市	70.20	58.60	60.00	95.00	70.29
19	海口市	72.20	55.56	62.00	88.00	69.48
20	济南市	77.60	58.96	40.20	93.00	67.60
21	昆明市	68.60	55.72	59.00	86.00	67.10
22	南昌市	58.20	58.30	59.20	100.00	66.83
23	南京市	53.60	74.56	66.20	83.00	66.82
24	无锡市	51.86	63.88	63.10	100.00	66.70

续表

排名	评估对象	决策公开（35%）	管理服务公开（20%）	执行和结果公开（25%）	政务公开平台建设（20%）	总分（满分100分）
25	哈尔滨市	68.60	45.24	51.20	100.00	65.86
26	呼和浩特市	74.60	49.30	45.00	93.00	65.82
27	汕头市	54.20	62.32	57.50	100.00	65.81
28	郑州市	56.60	62.80	57.50	69.00	60.55
29	西安市	32.40	59.40	64.00	100.00	59.22
30	邯郸市	49.20	62.00	43.50	93.00	59.10
31	石家庄市	45.40	68.40	46.00	81.00	57.27
32	抚顺市	46.40	53.80	62.00	71.00	56.70
33	徐州市	49.40	75.28	29.70	83.00	56.37
34	沈阳市	42.00	62.50	42.20	93.00	56.35
35	长春市	54.60	57.04	59.00	54.00	56.07
36	长沙市	40.20	57.64	57.20	80.00	55.90
37	兰州市	38.40	63.44	35.00	86.00	52.08
38	本溪市	49.20	53.40	39.50	68.00	51.38
39	乌鲁木齐市	27.00	66.80	39.00	93.00	51.16
40	太原市	27.00	59.20	48.00	88.00	50.89
41	洛阳市	27.00	59.34	63.20	62.00	49.52
42	吉林市	35.00	40.00	47.00	86.00	49.20
43	唐山市	21.00	70.52	39.50	83.00	47.93
44	包头市	27.60	47.56	35.00	95.00	46.92
45	齐齐哈尔市	31.80	50.88	27.00	93.00	46.66
46	西宁市	42.00	36.20	41.00	72.00	46.59
46	拉萨市	21.00	52.44	39.00	95.00	46.59
48	鞍山市	46.40	34.02	30.50	78.00	46.27
49	大同市	15.00	39.56	42.00	95.00	42.66

表8　中国政府透明度指数评估结果［县（市、区）政府］

单位：分

排名	评估对象	决策公开（30%）	管理服务公开（20%）	执行和结果公开（20%）	政务公开平台建设（20%）	依申请公开（10%）	总分（满分100分）
1	上海市普陀区	72.6	58.6	62.8	86	100	73.26
2	浙江省宁波市江北区	72.6	58.24	64.52	88	86	72.53
3	北京市西城区	63.2	62.08	61.5	90	100	71.68
4	山东省威海市荣成市	73.8	72.3	40	85	96	71.20
5	广东省深圳市罗湖区	68.6	55.96	62	88	90	70.77
6	上海市虹口区	59.2	60.28	69.04	93	80	70.22
7	浙江省温州市瓯海区	54.8	55.84	67.6	95	96	69.73
8	山东省济南市历下区	67.8	58.3	48	88	100	69.20
9	广东省广州市越秀区	65	52.12	58.44	88	95	68.71
10	上海市浦东新区	67.4	48.52	60.24	88	90	68.57
11	安徽省合肥市庐阳区	75.8	51.88	52.44	80	86	68.20
12	山东省烟台市龙口市	59	59.56	58.44	86	96	68.10
13	广东省佛山市禅城区	71.6	62.32	21.94	95	100	67.33
14	上海市黄浦区	57	57.04	57.8	83	100	66.67
15	安徽省宿州市灵璧县	67.4	46.24	56.8	78	96	66.03
16	安徽省六安市裕安区	65	64.6	54.72	95	27.5	65.11
17	上海市徐汇区	43.2	55.96	61.6	93	100	65.07
18	北京市东城区	40.6	64.66	48.16	100	100	64.74

续表

排名	评估对象	决策公开（30%）	管理服务公开（20%）	执行和结果公开（20%）	政务公开平台建设（20%）	依申请公开（10%）	总分（满分100分）
19	北京市海淀区	52.8	64.96	38.48	90	97.5	64.28
20	安徽省合肥市蜀山区	60.8	53.56	54.52	80	83	64.16
21	安徽省六安市金寨县	76.4	55.24	54.8	80	30	63.93
22	广西壮族自治区贵港市桂平市	47	54.52	62.08	93	73	63.32
23	浙江省金华市义乌市	63.8	64.48	38.8	67	90	62.20
24	四川省成都市武侯区	47.6	58.5	27.74	100	100	61.53
25	北京市朝阳区	48.2	66.28	23.4	95	100	61.40
26	湖南省长沙市浏阳市	37.2	61.36	46.2	100	86	61.27
26	宁夏回族自治区银川市贺兰县	37.2	67.56	40	93	100	61.27
28	湖南省长沙市岳麓区	40.4	47.56	53.44	100	86	60.92
29	宁夏回族自治区固原市彭阳县	42.6	54.96	49.44	93	86	60.86
30	贵州省贵阳市观山湖区	42	61.96	41.2	100	76	60.83
30	浙江省杭州市拱墅区	72.8	48.52	13.44	85	96	60.83
32	内蒙古自治区呼和浩特新城区	42.2	50.56	51.5	93	83	59.97
33	广东省惠州市博罗县	38.6	60.16	50	88	86	59.81
34	河北省石家庄市长安区	53	62.58	20.44	93	86	59.70

续表

排名	评估对象	决策公开（30%）	管理服务公开（20%）	执行和结果公开（20%）	政务公开平台建设（20%）	依申请公开（10%）	总分（满分100分）
35	天津市滨海新区	20.4	78.24	51.3	90	90	59.03
36	陕西省西安未央区	37.2	47.56	52.8	93	90	58.83
37	北京市通州区	36.4	67.36	39	83	97.5	58.54
37	广西壮族自治区玉林市博白县	50.6	54.76	32.52	93	73	58.54
39	浙江省杭州市江干区	46.8	49.24	46.6	76	100	58.41
40	贵州省六盘水六枝特区	46	69.56	21.4	86	86	57.79
41	安徽省黄山市徽州区	42.6	39.28	51.6	95	73.5	57.31
42	福建省泉州市石狮市	45.8	53.56	29	88	86	56.45
43	贵州省黔西南州贞丰县	46	51.4	29.92	93	73	55.96
44	江苏省宿迁市沭阳县	48.6	45.16	20.44	93	96	55.90
45	云南省楚雄州楚雄市	46.8	57	36	88	56	55.84
46	云南省昆明市五华区	30	47.16	58.6	88	76	55.35
47	江苏省南京市玄武区	17.8	68.28	50.44	88	82	54.88
48	四川省眉山市仁寿县	61.2	44.2	35.6	54	86	53.72
49	福建省福州市鼓楼区	36	54.76	55.9	58	90	53.53
50	广东省广州市海珠区	31.2	51.4	38	88	86	53.44

续表

排名	评估对象	决策公开（30%）	管理服务公开（20%）	执行和结果公开（20%）	政务公开平台建设（20%）	依申请公开（10%）	总分（满分100分）
51	贵州省遵义市播州区	36.6	41.8	38.92	93	76	53.32
52	江西省南昌市东湖区	26.4	58.3	30.92	93	83	52.66
52	广西壮族自治区百色市平果县	32.6	55.96	32.44	88	76	52.66
54	广西壮族自治区南宁市青秀区	20.4	65.64	62.4	93	20	52.33
55	湖北省宜昌市宜都市	31.8	50.92	35.92	85	83	52.21
56	湖北省武汉市江岸区	37.6	53.5	31.44	73	90	51.87
57	河北省唐山市丰润区	22.2	69.66	24.6	93	76	51.71
58	河北省唐山市迁安市	28.2	67.32	28.6	71	96	51.44
59	四川省成都市龙泉驿区	23.4	57.96	26.4	95	80	50.89
60	贵州省贵阳市南明区	28.2	47.52	45.6	86	66	50.88
61	天津市河西区	21.6	59.92	30	85	90	50.46
62	宁夏回族自治区银川市金凤区	34.2	51.6	39.92	61	90	49.76
63	辽宁省沈阳市铁西区	38.4	50.44	31.6	68	82	49.73
64	黑龙江省哈尔滨市松北区	49.4	43.72	22.44	93	27.5	49.40
65	黑龙江省哈尔滨市道里区	29.8	40.96	35.92	93	63	49.22
66	陕西省延安市安塞区	30.4	40	24	93	85	49.02

续表

排名	评估对象	决策公开（30%）	管理服务公开（20%）	执行和结果公开（20%）	政务公开平台建设（20%）	依申请公开（10%）	总分（满分100分）
67	江苏省南京市建邺区	15	63	34.92	88	72	48.88
68	河南省安阳市汤阴县	31.4	47.56	12.6	93	87.5	48.80
69	海南省乐东县	29	38.56	45	88	56	48.61
70	天津市武清区	22.2	54.16	34.44	76	87.5	48.33
71	黑龙江省齐齐哈尔市龙沙区	49.2	21.6	43	61	83	48.18
72	河南省郑州市中原区	18	49	33.96	93	67.5	47.34
73	云南省昆明市呈贡区	27.6	62.76	34.6	54	83	46.85
74	湖南省衡阳市衡阳县	38.4	50.2	16	68	83	46.66
75	河南省郑州市上街区	31.2	49	33.32	61	86	46.62
76	江苏省徐州市新沂市	20.4	51.4	23	88	80	46.60
77	江西省南昌市南昌县	28.8	58.3	23	93	30	46.50
78	江苏省苏州工业园区	25.6	40	20.92	93	76	46.06
79	宁夏回族自治区吴忠市青铜峡市	34.2	54.48	33.44	76	30	46.04
80	辽宁省沈阳市浑南区	15.6	36.4	32.16	93	86	45.59
81	吉林省长春市农安县	27	29.44	33	86	76	45.39
82	吉林省松原市前郭县	42.8	46	2.96	68	86	44.83

续表

排名	评估对象	决策公开（30%）	管理服务公开（20%）	执行和结果公开（20%）	政务公开平台建设（20%）	依申请公开（10%）	总分（满分 100 分）
83	辽宁省大连市瓦房店市	32.4	63.94	26	40	90	44.71
84	陕西省咸阳市彬州市	8.4	56.56	41.52	75	73	44.44
85	内蒙古自治区鄂尔多斯市准格尔旗	2.4	52.12	25	93	96	44.34
86	山西省吕梁市孝义市	24	47.56	14	83	82	44.31
87	甘肃省酒泉肃州区	24	20.32	32.2	95	76	44.30
88	天津市南开区	17.4	62.32	50.56	66	30	44.00
89	黑龙江省牡丹江市东宁市	39.8	41.14	31.3	68	30	43.03
90	内蒙古自治区包头市稀土高新区	11.4	49.54	20	88	80.5	42.98
91	海南省海口市美兰区	21	47.56	27.44	68	80	42.90
92	福建省泉州市晋江市	17.2	68.12	23.5	53	83	42.38
93	湖北省荆州市监利县	18.8	47.56	16	71	97.5	42.30
94	湖南省株洲市渌口区	18	60.4	21	88	30	42.28
95	新疆维吾尔自治区巴音郭楞州库尔勒市	14.4	65.74	19.44	76	42	40.76
96	重庆市渝中区	12	49.96	19.26	76	80	40.64
97	海南省海口市秀英区	6.6	50.92	46	61	70	40.56
98	青海省西宁市城东区	26.4	41.44	26.8	76	30	39.77

续表

排名	评估对象	决策公开（30%）	管理服务公开（20%）	执行和结果公开（20%）	政务公开平台建设（20%）	依申请公开（10%）	总分（满分100分）
99	云南省保山市腾冲市	27	59.64	14.48	69	30	39.72
100	重庆市奉节县	12	48.52	24.3	88	30	38.76
100	江西省鹰潭市贵溪市	19	49.3	13	88	30	38.76
102	四川省绵阳市涪城区	13.2	51.4	29.6	61	57.5	38.11
103	四川省资阳市安岳县	10.2	52.12	23.6	66	63	37.70
104	新疆维吾尔自治区乌鲁木齐市天山区	8.4	47.56	2	86	79	37.53
105	辽宁省葫芦岛市建昌县	13.2	59.86	28.6	68	16	36.85
106	江西省上饶市鄱阳县	15	47.98	13	86	26	36.50
107	河南省洛阳市洛龙区	6.4	41.8	30	86	30	36.48
108	海南省定安县	6	26.32	36.6	93	30	35.98
109	青海省西宁市城中区	38.6	47.2	44	0	60	35.82
110	吉林省长春市南关区	4.2	46.56	41.96	69	30	35.76
111	山西省吕梁市柳林县	17.4	55.56	22.5	61	26	35.63
112	河南省开封市祥符区	12	55.12	0	86	30	34.82
113	甘肃省天水市甘谷县	23.6	45.12	8	68	30	34.30
114	山西省太原市万柏林区	2.4	62.74	30.96	61	26	34.26

续表

排名	评估对象	决策公开（30%）	管理服务公开（20%）	执行和结果公开（20%）	政务公开平台建设（20%）	依申请公开（10%）	总分（满分 100 分）
115	新疆维吾尔自治区乌鲁木齐市水磨沟区	9	51.6	13	71	30	32.82
116	山西省太原市杏花岭区	2.4	53.2	8	61	76	32.76
117	内蒙古自治区通辽市科尔沁区	4.2	36.4	2.6	95	30	31.06
118	吉林省延边州延吉市	21.4	41.92	19	46	26	30.40
119	青海省海西州德令哈市	2.4	51.64	11	66	30	29.45
120	甘肃省兰州市城关区	0	49.96	18.44	64	26	29.08
121	西藏自治区拉萨市城关区	4.2	50.8	20	56	16	28.22
122	重庆市万州区	0	55	17.08	63	10	28.02
123	甘肃省兰州市永登县	16.2	34.72	21.44	54	10	27.89
124	西藏自治区拉萨市堆龙德庆区	4.2	32.8	20	46	26	23.62
125	西藏自治区日喀则南木林县	0	20.8	1.44	50	6	15.05

三 评估发现的亮点

2019 年，实施十年有余的《政府信息公开条例》修订并实施，政务公开制度继续完善，公开范围继续扩展，公开要求继续细化。

（一）完善政务公开规定，细化政务公开要求

2019年实施的修订后的《政府信息公开条例》从落实“以公开为常态、以不公开为例外”原则入手，扩大了主动公开的范围，取消了关于依申请公开“三需要”的表述，细化和完善了依申请公开流程，同时，加大了条例各项制度的落实保障力度。

国务院主管部门发布文件，细化关于政务公开的有关要求。《国务院办公厅政府信息与政务公开办公室关于政府信息公开工作年度报告有关事项的通知》根据《政府信息公开条例》要求，发布了政府信息公开工作年度报告的统一格式。《国务院办公厅政府信息与政务公开办公室关于规范政府信息公开平台有关事项的通知》对加强政府网站建设提出了明确要求和指引。

（二）以政务公开为手段，助力提升治理水平

政务公开在国家治理中的作用日益凸显，政务公开在政府管理众多领域中受到更多关注。《优化营商环境条例》要求，各级人民政府及其部门打造公开透明的政务环境，提升政府管理规范化程度和企业经营的可预期性。《重大行政决策程序暂行条例》明确将重大行政决策预公开上升为法定要求，以推进公众有序参与重大行政决策。中共中央办公厅、国务院办公厅印发的《法治政府建设与责任落实督察工作规定》将公开本机关法治政府建设年度报告作为督促各级政府及其部门加强法治政府建设的重要方面。《国务院关于加强和规范事中事后监管的指导意见》提出，全面推进政府监管规则、标准、过程、结果等依法公开，给市场主体以稳定预期。《国务院关于在市场监管领域全面推行部门联合“双随机、一公开”监管的意见》强调，要进一步发挥公开在市场监管领域的重要作用。《国务院办公厅关于加快推进社会信用体系建设　构建以信用为基础的新型监管机制的指导意见》明确将政务公开作为完善事中事后监管、支持和保障联合惩戒的重要手段。

（三）稳步推进决策公开，有序参与规范用权

重大行政决策预公开有不少亮点。首先，设置专门栏目集中公开重大行

政决策预公开信息。有 32 家国务院部门、31 家省级政府、38 家较大的市政府以及 60 家县（市、区）政府门户网站设置了意见征集专门栏目，集中发布重大决策预公开草案及征集公众意见的情况。部分评估对象利用网站栏目设置等，集约化公开意见征集的草案、反馈意见等，方便公众参与及查看反馈意见，涉及 6 家国务院部门、10 家省级政府、25 家较大的市政府及 23 家县（市、区）政府。其次，部分评估对象对重大决策草案进行解读，具体有 3 家国务院部门、1 家省级政府、2 家较大的市政府、1 家县（市、区）政府。

注重规范性文件清理信息、备案信息等。首先，不少评估对象发布了规范性文件清理结果。有 31 家国务院部门、26 家省级政府、42 家较大的市政府、68 家县（市、区）政府门户网站或其政府法制部门网站发布了近 3 年本部门规范性文件清理信息。其中，公开了 2019 年规范性文件清理信息的有 16 家国务院部门、21 家省级政府、28 家较大的市政府、38 家县（市、区）政府。其次，不少评估对象对公开的规范性文件标注了有效性，具体有 12 家国务院部门、14 家省级政府、26 家较大的市政府、50 家县（市、区）政府。最后，部分评估对象定期公开规范性文件备案信息，具体有 8 家省级政府、11 家较大的市政府、10 家县（市、区）政府。

政策解读方面，解读内容要素较为完整。有 44 家国务院部门、29 家省级政府、49 家较大的市以及 95 家县（市、区）政府在发布的政策解读内容中列出了解读的背景以及解读的核心内容。解读形式多样化。不少评估对象还使用图解、视频解读以及 H5 解读等多种方式发布解读内容。评估发现，使用除文字解读外的其他方式解读文件的，有 37 家国务院部门、30 家省级政府、41 家较大的市以及 68 家县（市、区）绝大多数部门已经实现了用多种方式对政策进行解读。例如，湖南省人民政府的解读就涵盖了多种方式，还将政策解读的内容放置在专门网页中。

（四）细化政务服务信息，便利信息查询获取

首先，政务服务事项目录的公开情况较好。43 家国务院部门和被评估的所有的省、市、县（市、区）三级政府均公开了政务服务事项目录，国务院

部门的公开率由上一年的84%提高到87.76%，省级、较大的市及县（市、区）三级政府则由上一年的74.19%、51.02%、57%全部提升到100%。

其次，多数评估对象集中展示了“全生命周期”办事服务事项。有26家省级政府、42家较大的市政府、125家县（市、区）政府能够集成展示市场主体（企业）“全生命周期”办事服务事项，占比分别为83.87%、85.71%、100%；有21家省级政府、35家较大的市政府、124家县（市、区）政府能够集成展示个人“全生命周期”办事服务事项，占比分别为67.74%、71.43%、99.20%。部分对象对“全生命周期”办事服务事项的归类科学、清晰，便于快速锁定所办事项，如北京市、宁夏回族自治区等。

再次，部分评估对象办事指南公开要素更细化、更便民。例如，国家林业草原局、国家统计局、国家文物局、国家知识产权局、生态环境部、湖北省、贵州省、吉林省长春市、贵州省贵阳市、河北省唐山市等单位不仅有明确的办事地点，而且有交通指引，提供了乘车路线或地图导航链接；国家粮食和物资储备局、国家能源局、国家外汇管理局、国家药品监督管理局、国家广播电视总局、国家移民管理局、国家发展和改革委员会、人力资源和社会保障部、民政部等单位提供了常见问题解答、常见错误示例等功能，便于群众办事时参考阅读，集中解答群众办事疑惑，减少申请材料错误导致无法办理的情况，提升服务效能。

最后，部分对象梳理并公开了确需保留的证明事项。有7家国务院部门、10家省级政府、19家较大的市政府、21家县（市、区）政府梳理并公开了确需保留的证明事项清单，各级政府已陆续开展了相关清理工作，并公开了确需保留的证明事项清单。

（五）加大执法信息公开，规范行政执法行为

部分评估对象行政执法平台公开情况较好。例如，广东省建设了覆盖省、市、县（区）、镇四级行政执法信息的行政执法信息公示平台，公示信息范围覆盖行政处罚、行政强制、行政检查、行政征收征用、行政许可等各类行政执法行为，平台中分为“行政执法信息事前公开”和“行政执法信息事后公

开”子栏目。

“双随机、一公开”是实践中逐步摸索的行之有效的新型监管模式。评估发现，34家国务院部门、31家省级政府、49家较大的市政府、125家县（市、区）政府中有96家政府门户网站集中设置了“双随机”专栏，集中发布“双随机、一公开”信息。部分省、市、县政府在门户网站发布随机抽查事项清单的部门数量较多，公开情况较好。例如，贵州省39个部门发布了随机抽查事项清单，四川省38个部门发布了随机抽查事项清单，湖北省武汉市41个部门发布了随机抽查事项清单，内蒙古自治区呼和浩特市40个部门发布了随机抽查事项清单，山东省烟台市龙口市27个部门发布了随机抽查事项清单，浙江省金华市义乌市43个部门发布了随机抽查事项清单。

首先，各级政府行政处罚事项清单公开情况较好。31家省级政府、47家较大的市政府、116家县（市、区）政府网站集中公开了各部门的行政处罚事项目录，公开比例分别达到100%、95.92%和92.8%。其中27家省级政府、31家较大的市政府、63家县（市、区）政府单独公开了各部门的行政处罚事项目录，更方便公众浏览和查询。绝大多数评估对象公开的行政处罚事项清单依据明确。在公开行政处罚事项清单的政府中，有29家省级政府、46家较大的市政府、102家县（市、区）政府的行政处罚事项清单依据明确，占比分别达到93.55%、97.88%、81.60%。其次，各级政府市场监督管理部门行政处罚结果公开较好。28家省级政府、43家较大的市政府、105家县（市、区）政府公开了2019年度处罚结果，公开率分别达到90.32%、87.76%和84%。最后，部分评估对象设置专门栏目集中公开行政处罚结果。例如，国家统计局、国家税务总局、生态环境部、交通运输部、民政部、国家知识产权局、国家市场监督管理总局等将处罚结果公开在门户网站相应栏目。其中，国家统计局设置《行政处罚信息公示》栏目集中公开了该部门的行政处罚信息，每条信息以被处罚者名称命名，以表格形式列出处罚的重点内容，公开要素全面、清楚明晰。

（六）盘点年度工作成效，推进法治政府建设

编制和发布法治政府建设年度报告是监督法治政府建设情况的手段。首

先，省级、较大市政府发布法治政府建设年度报告情况较好。分别有 31 家省级政府、43 家较大的市政府发布了 2018 年度法治政府建设年度报告，公开率达到 100.00%、87.76%。其次，部分评估对象设置了法治政府信息公开专栏。为便于集中展示历年年度报告，方便公众查询，有必要在门户网站设置专门栏目。有 3 家国务院部门、3 家省级政府、5 家较大的市政府、5 家县（市、区）政府在本级政府门户网站上设置了专栏，1 家省级政府、4 家较大的市政府在本级政府司法行政部门网站设置专栏，如湖北省政府门户网站在《信息公开目录》栏目下设置了《法治政府建设》专栏，安徽省政府门户网站在《省政府信息公开目录》下设置了《法治政府》专栏。江苏省司法厅网站则在《依法治省》栏目下设置《法治政府》子栏目，集中发布省本级及各地市历年的年度报告。最后，部分评估对象年度报告内容全面、翔实。部分评估对象的年度报告内容紧扣《法治政府建设实施纲要（2015~2020 年）》所列的法治政府建设各项任务，逐一分类描述上一年度的法治政府建设所开展的工作、取得的成效。有 7 家国务院部门、20 家省级政府、31 家较大的市政府、36 家县（市、区）政府发布的年度报告披露了 2018 年法治政府建设存在的问题，19 家国务院部门、23 家省级政府、36 家较大的市政府、36 家县（市、区）政府发布的年度报告披露了 2019 年法治政府建设的重点与方向。例如，司法部公开的 2018 年法治政府建设年度报告中，先用多项数据描述了 2018 年部门的九大工作成效，根据现实基础总结了司法部推进法治政府建设面临的困难和挑战。类似的报告方式内容翔实度、可信度较高，也反映了相关单位的法治政府建设实效。

（七）深化审计结果公开，监督政策落实情况

有 27 家省级政府设置了专门栏目集中发布审计信息。省级政府审计结果报告公开情况较好。30 家省级政府公开了 2018 年度本级预算执行情况和其他财政收支审计结果公告，公开率达到 96.77%；24 家省级政府公开了 2019 年专项审计报告，公开率达到 77.42%。部分单位审计信息公开较为全面。公开 2018 年本级财政审计报告的 30 家省级政府、31 家较大的市政府、21 家县

（市、区）政府中，98.78% 的审计报告包含了基本情况和审计发现的主要问题，92.68% 包含了审计意见建议，62.2% 包含了问题整改情况。公开 2019 年专项审计报告的 24 家省级政府、17 家较大的市政府、22 家县（市、区）政府中，98.41% 的审计报告包含了基本情况，100% 包含了审计发现的主要问题，个别政府发布的 2019 年专项审计报告中还包括了审计的意见建议和问题的整改情况，如四川、北京、湖北等省份。

（八）落实债务信息公开，增强政府债务透明度

评估发现，部分评估对象政府债务集中公开情况良好。除内蒙古自治区等 3 家政府未公开 2018 年本级政府债务信息和山西省太原市万柏林区等 6 家县（市、区）政府 2018 年无政府债务外，剩余 196 家政府中有 97 家的政府债务信息做到了集中发布，占比接近 50%，方便公众查找。同时，债务限额、债务余额、债务结构信息公开率较高。除 2018 年无政府债务发生的 6 家评估对象外，175 家地方政府公开了债务限额，总体占比达 87.94%，其中省级政府、较大的市政府和县（市、区）政府分别为 28 家、47 家和 100 家，占比分别达到 90.32%、95.92% 和 84.03%；公开了债务余额的评估对象共 180 家，总体占比 90.45%，其中省级政府、较大的市政府和县（市、区）政府分别为 30 家、48 家和 103 家，占比分别达到 96.77%、97.96% 和 86.55%；公开了债务种类的评估对象共 179 家，总体占比 89.95%，其中省级政府、较大的市政府和县（市、区）政府分别为 30 家、48 家和 101 家，占比分别达到 96.77%、97.96% 和 84.87%。

（九）开展教育信息公开，保障受教育者权利

125 家评估对象中，有 91 家公开了本地 2019 年义务教育阶段入学工作文件（如招生工作实施方案），占 72.80%；有 73 家公开了本地义务教育阶段入学政策咨询电话，占 58.40%；有 69 家公开了小学招生范围，占 55.20%；65 家公开了初中招生范围，占 52.00%；有 90 家公开了普通学生入学条件，占 72.00%；88 家公开了随迁子女入学条件，占 70.40%。部分县（市、区）

集中展示行政管辖区范围内所有县（市、区）的义务教育信息。例如，广州市教育局义务教育学校招生报名系统《招生政策》栏目公布了广州市各个区的招生政策;《快速通道》栏目提供了公办小学、民办小学、民办初中的报名入口。合肥市教育局提供市区2019年义务教育阶段招生入学报名信息登记系统入口，集中公开合肥市各区义务教育政策、政策解读等信息;《中小学教育》栏目公开了小学、初中、高中学校基本情况一览表；合肥市教育云平台的“市民服务系统”的《小学初中报名》栏目集中公开合肥市各区义务教育政策、政策解读等。

（十）加强政务平台建设，提升政务公开效果

47家国务院部门（占95.92%）、27家省级政府（占87.10%）、47家较大的市政府（占95.92%）和109家县（市、区）政府（占87.2%）网站栏目设置规范，按照《政府网站发展指引》要求设置机构职能、负责人信息、政策文件、解读回应、工作动态、互动交流类栏目，栏目设置全面。

网站配置检索功能可为方便查询信息提供必备要件。评估发现，所有国务院部门、省级政府及较大的市和122家县（市、区）政府网站均设有检索功能。占比分别为100%、100%、100%和97.60%。46家国务院部门、29家省级政府、47家较大的市政府和121家县（市、区）政府网站搜索功能可用，占比分别为93.88%、93.55%、95.92%和97.80%。

政府公报也是重要的公开平台。30家省级政府（占96.77%）、42家较大的市政府（占85.71%）和67家县（市、区）政府（占53.60%）在其门户网站开设了政府公报栏目，省级政府、较大的市政府网站政府公报栏目开通率较高。29家省级政府（占93.55%）、42家较大的市政府（占85.71%）和58家县（市、区）政府（占46.40%）逐年发布电子版政府公报。有的政府网站在新媒体平台关联了专门的政府公报栏目，便于公众获取相关信息，如云南省、贵州省、宁波市。

网站互动平台是了解民意、解决困难、回应关切的重要平台。评估发现，有48家国务院部门（占97.96%）、全部省级政府、全部较大的市政府和124家

被评估的县（市、区）政府门户网站开设了互动平台。实际问询检测发现，234 家评估对象（占 92.13%）网站能够及时答复公众提出的问题，部分评估对象还通过电话、短信等途径，在三个工作日内对公众诉求进行答复反馈。

政务新媒体是移动互联网政务公开的重要平台。评估显示，42 家国务院部门（占 85.71%）、所有省级政府、47 家较大的市政府（占 95.92%）和 106 家县（市、区）政府（占 84.8%）开设了政务新媒体。42 家国务院部门（占 85.71%）、所有省级政府、46 家较大的市政府（占 93.88%）和 97 家县（市、区）政府（占 77.60%）的政务新媒体更新情况不低于一周一次。41 家国务院部门（占 83.67%）、所有省级政府、42 家较大的市政府（占 85.71%）和 82 家县（市、区）政府（占 65.60%）的政务新媒体信息与政府网站同步发布。

（十一）依申请公开渠道普遍畅通、答复较规范

评估发现，县（市、区）政府的依申请公开渠道畅通性较好。93 家可以通过电子方式申请的县（市、区）政府和其余 32 家通过信函申请的县（市、区）政府的申请渠道均畅通。不少评估对象不仅答复内容规范，而且注意提升答复便民性。例如：北京市通州区人民政府不仅出具了完整规范的答复告知书，而且提供了北京市地方标准《公共厕所建设规范》及当地公厕的台账；宁夏回族自治区固原市彭阳县人民政府协调县住建局、文广局，汇总了相关文件和数据，本级政府及相关部门均提供了答复书、公开了有关信息。

四　评估发现的问题

（一）决策与规范性文件公开仍存短板

重大决策预公开总体提升空间仍较大。首先，重大行政决策事项目录主动公开程度有待提高。仅有 1 家省级政府、12 家较大的市政府、12 家县（市、区）政府门户网站公开了 2019 年度重大行政决策事项目录。其中，仅有 3 家较大的市政府和 1 家县（市、区）政府的重大决策事项目录要素完整，列明了决策事项、承办部门、决策时间及是否听证的信息。其次，部分评估对象

未明确意见征集期限或意见征集期限较短。有8家县（市、区）政府未明确征集意见的期限。部分评估对象征集期限较短。例如，公安部、山东省个别决策草案的意见征集期限仅5个自然日，广西壮族自治区南宁市有的决策草案的意见征集期限仅4个自然日。最后，对所征集意见的整体反馈情况公开质量有待提高。有26家国务院部门、7家省级政府、12家较大的市政府和31家县（市、区）政府未公开意见征集的整体情况。

规范性文件公开短板较多。首先，规范性文件清理信息公开不理想。18家国务院部门、5家省级政府、7家较大的市政府、57家县（市、区）政府未发布规范性文件清理结果信息。其次，规范性文件备案审查信息公开不佳。23家省级政府、38家较大的市政府、113家县（市、区）政府未发布2019年规范性文件备案审查信息。最后，基层政府规范性文件公开较为薄弱。数据显示，4级政府机关中，县（市、区）政府规范性文件的公开情况最不理想，值得关注。

政策解读质量有待提升。首先，政策解读与被解读的政策未能同步发布。28家国务院部门、23家省级政府、24家较大的市政府和62家县（市、区）政府存在此类问题。其次，主要负责人解读情况不佳。有11家国务院部门、11家省级政府、28家较大的市政府以及120家县（市、区）政府2019年存在无主要负责人解读相关政策的情况。

（二）政府权力清单调整更新情况不佳

各级政府需及时根据法律法规修订、职能调整等开展权责清单动态调整工作。2019年，项目组根据政府部门新成立或名称变化的情况，重点考察了各级政府的医保局、退役军人事务局、卫生健康委、应急管理局、生态环境局的权力清单事项调整情况。评估发现，有54%的评估对象仅调整了部分部门的权力清单，15%的评估对象相关部门权力清单均未作出调整，另有5家地方政府的相关部门未发布权力清单。

部分地区既在政府门户网站又在政府服务网发布权力清单，存在权力清单调整情况在各平台内容不一致的现象。例如：甘肃省在政府门户网站“政府工作部门权责清单”专栏中仅调整了生态环境局、卫生健康委、应急管理局的权力清单，但在甘肃政务服务网中相关部门权力清单均已调整；河南省洛阳市在门户网站“洛阳市市级行政权责清单”专栏中仅调整了卫生健康委、生态环境局的权力清单，而在河南政务服务网的《行政权力》栏目中则调整了卫生健康委、生态环境局、应急管理局、退役军人事务局权力清单事项。

（三）政务服务事项信息公开仍存死角

本次评估抽查了慈善机构设立登记（不含慈善机构认定）办事指南，以此考察各省、市、县政府政务服务指南公开情况及公开质量。评估发现，仅有 7 家省级政府、10 家较大的市政府、7 家县（市、区）政府公开了慈善机构设立登记事项的办理指南。这说明，目前各地政府梳理发布的政务服务事项目录仍不够精确，在线政务服务不能覆盖全部办事事项。在公开了慈善机构设立登记事项办理指南的 24 家评估对象中，有 1 家未公开办事依据，10 家申报条件不够明确，存在“其他条件”等模糊性兜底条件，1 家存在兜底性材料要求，8 家未提供空白表格或者格式文本，12 家未提供样表或填报说明 / 填写参照文本，2 家未提供办理地点或地点描述不明确，服务指南公开质量有待提升。

此外，确需保留的证明事项清单公开率较低。本次评估发现，各类评估对象确需保留的证明事项公开率均未超过 50%，参与评估的国务院部门、省级政府、较大的市政府、县（市、区）政府公开率仅为 39.13%、32.26%、38.78%、16.80%。部分单位已经公开的确需保留的证明事项清单，还存在清单更新不及时、发布不规范的问题，如国家铁路局、中国人民银行等 11 家国务院部门只发布了 2018 年或 2019 年确需保留的证明事项清单征求意见稿，征求意见后定稿正式确定的清单仍未发布；重庆、广西仅公开了全市（自治区）范围内村（社区）证明事项保留清单；河北省、河北省石家庄市、河南省郑州市、山东省济南市等地仅公开了 2018 年甚至 2017 年的清单，未公开 2019 年度最新的清理结果；山东省淄博市只公开了住房和城乡建设局的保留证明事项目录清单，四川成都市仅公开了 2017 年市卫计委的保留证明事项目录清单，这些单位未能全面梳理并集中公开本地所有部门的证明事项目录清单，不利于集中清理、集中查阅、集中监管。

（四）执法信息公开工作仍待规范加强

大多数政府部门行政执法平台建设情况不佳。评估发现，29 家省级政府、43 家较大的市政府和 117 家县（市、区）政府未按国务院文件要求设置符合规范的行政执法平台统一公示执法信息，占比高达 93.55%、87.76% 和 93.60%。其中部分省份已有全省统一的双随机监管平台或双公示平台，但与《国务院办公厅关于全面推行行政执法公示制度执法全过程记录制度重大执法决定法制审核制度的指导意见》中的最新公示要求还有一定差距。例如，江西省建设运行的江西省行政执法服务网，能够将全省各单位的“双随机、一公开”信息集中在平台展示，但不能覆盖其他的行政执法类信息，仍有改进提升空间。

“双随机、一公开”仍存在不少问题。首先，随机抽查事项清单内容不全。评估发现，部分评估对象公开的随机抽查事项清单未完全覆盖抽查依据、抽查主体、抽查内容、抽查方式等要素。在公开了随机抽查事项清单的 22 家国务院部门中，有 2 家的随机抽查事项清单中未包含抽查依据，6 家未包含抽查主体，1 家未包含抽查内容，7 家未包含抽查方式。在所有已公开环保部门随机抽查事项清单的省、市、县三级评估对象中，有 1 家省级政府、1 家较大的市政府、7 家县（市、区）政府的随机抽查事项清单中未包含抽查依据，有 2 家省级政府、9 家县（市、区）政府未包含抽查主体，有 2 家省级政府、3 家县（市、区）政府的随机抽查事项清单中未包含抽查内容，有 7 家省级政府、9 家较大的市政府、18 家县（市、区）政府的随机抽查事项清单中未包含抽查方式。其次，2019 年随机抽查结果和查处情况公开不佳。25 家国务院部门未在门户网站、信用中国或国家企业信用信息公示系统发布本部门 2019 年随机抽查结果和查处情况，28 家省级政府、29 家较大的市政府、75 家县（市、区）政府未在政府门户网站、生态环境部门网站、信用中国或国家企业信用信息公示系统发布 2019 年生态环境部门作出的抽查结果和查处情况。

行政处罚信息公开仍有欠缺。部分单位行政处罚结果内容要素不完整。评估发现，部分评估对象公开的2019年行政处罚结果中缺少被处罚机构代码、主要违法事实、处罚依据、处罚结果等要素，部分单位处罚结果公开不及时。在公开2019年行政处罚结果的28家省级政府、43家较大的市政府、105家县（市、区）政府中，有6家县（市、区）政府未公开被处罚者信息，11家省级政府、15家较大的市政府、8家县（市、区）政府公开的被处罚者信息未列明其机构代码；有1家县（市、区）政府未公开主要违法事实；有2家较大的市政府、4家县（市、区）政府未公开处罚依据；有1家较大的市政府、8家县（市、区）政府未公开处罚结果；有4家省级政府、15家较大的市政府、54家县（市、区）政府未自作出行政决定之日起7个工作日内上网公开行政处罚信息，另有1家省级政府、2家较大的市政府、9家县（市、区）政府无法判读其行政处罚信息上网日期。

部分单位全年行政处罚结果公开数量较少。例如，甘肃省市场监督管理部门2019年仅发布了4条处罚信息；贵州省2019年仅发布了1条处罚信息；北京市2019年仅发布了2条处罚信息。部分评估对象则未常态化公开行政处罚结果。例如，四川省市场监督管理局处罚信息长期不更新，网站相关栏目最新公布的行政处罚信息都是2019年2月的信息，信息滞后半年以上；河北省市场监督管理部门2019年仅在10月份发布了处罚信息；重庆奉节县2019年2月份之后也未再公开行政处罚信息。

（五）法治政府建设年度报告仍需加强

首先，国务院部门、县（市、区）政府发布法治政府建设年度报告情况不理想。有26家国务院部门、77家县（市、区）政府未在其门户网站或其政府法制部门网站公开2018年度法治政府建设年度报告，其中个别评估对象发布了年度报告，但报告网页打不开，无法考察内容。其次，部分评估对象报告发布不及时。按照《法治政府建设实施纲要（2015~2020年）》要求，各级政府及其部门应在每年4月1日前发布报告，但仅有5家国务院部门、4家省级政府、28家较大的市政府、34家县（市、区）政府在2019年4月1日前对外发布了本地方的法治政府建设情况报告。最后，部分评估对象报告内容不够全面。在发布了 2018 年度法治政府建设情况报告的评估对象中，有 19 家国务院部门、11 家省级政府、12 家较大的市政府、12 家县（市、区）政府未披露 2018 年法治政府建设存在的问题。个别评估对象虽披露了 2018 年法治政府建设存在的问题，但不够细致。有 7 家国务院部门、8 家省级政府、7 家较大的市政府、12 家县（市、区）政府未公开披露 2019 年法治政府建设的重点与方向，个别评估对象虽披露工作计划，但不够细致。

（六）地方审计信息公开不全面不及时

首先，审计计划信息公开率较低。有 23 家省级政府、35 家较大的市政府、92 家县（市、区）政府均未公开 2019 年度财政审计计划和专项审计计划，占比分别达到 74.19%、71.43% 和 73.60%。其次，部分地方政府审计信息公开程度有待提升。1 家省级政府、18 家较大的市政府、104 家县（市、区）政府的审计机关未公开 2018 年本级预算执行情况和其他财政收支审计结果公告，占比分别为 3.23%、36.73% 和 83.20%，比较而言，县（市、区）政府审计结果公开情况最差。再次，部分评估对象未公开单独的专项审计报告。7 家省级政府、32 家较大的市政府、103 家县（市、区）政府的审计机关未单独公开 2019 年专项审计结果报告。省级政府、较大的市政府、县（市、区）政府的审计机关公开 2019 年专项审计报告的比例分别为 77.42%、34.69% 和 17.6%，公开率随着政府层级的降低而相应降低。最后，重大政策措施落实情况跟踪审计报告公开情况不佳。有 26 家省级政府、47 家较大的市政府和 118 家县（市、区）政府未公开重大政策措施落实情况跟踪审计结果，占比分别达到 83.87%、95.92% 和 94.40%。

（七）建议提案办理结果公开仍不理想

首先，部分国务院部门建议提案办理信息公开不全面。例如：6 家国务院部门未发布 2019 年人大代表建议和政协委员提案办理的总体情况、办理复文全文等信息；5 家国务院部门只公开了 2019 年人大代表建议办理复文全文，未公开2019年政协委员提案办理复文全文，也未公开本单位2019年度人大代表建议和政协委员提案办理的总体情况。其次，县（市、区）政府建议提案办理复文信息公开比例不高。有71家县（市、区）政府未公开2019年人大代表建议办理复文全文或摘要信息，占56.80%。有67家县（市、区）政府未公开2019年政协委员提案办理复文全文或摘要信息，占53.60%。最后，建议提案办理总体情况公开不佳。有46家国务院部门、22家省级政府、41家较大的市政府和111家县（市、区）政府，未公开本单位2019年度人大代表建议和政协委员提案办理总体情况信息，占比分别高达93.88%、70.97%、83.67%和88.80%。

（八）地方政府债务信息公开仍需加强

政府债务的债务率、偿债率和债务期限结构信息公开率较低。除2018年无政府债务发生的6家评估对象外，共有175家评估对象未公开2018年度的债务率，总体占比高达87.94%，其中省级政府、较大的市政府和县（市、区）政府分别为21家、42家和112家，占比67.75%、85.71%和94.12%；有196家评估对象未公开2018度政府债务的偿债率，总体占比98.49%，其中省级政府、较大的市政府和县（市、区）政府分别为30家、49家和117家，占比96.77%、100%和98.32%；有153家评估对象未公开债务期限机构，总体占比76.88%，其中省级政府、较大的市政府和县（市、区）政府分别为21家、33家和99家，占67.74%、67.35%和83.19%。

政府债务资金使用情况公开有待加强。除6家没有发生政府债务的评估对象外，共有84家单位未公开2018年本级政府债务具体使用情况信息，总体占比42.21%，其中有13家省级政府、10家较大的市政府和61家县（市、区）政府，分别占比41.94%、20.41%和51.26%。

（九）基层义务教育信息公开仍存不足

部分政府部门义务教育信息公开程度较低。例如，河南省汤阴县、河南省开封市祥符区、黑龙江省东宁市、辽宁省沈阳市浑南区、山西省孝义市和四川省仁寿县等县（市、区）门户网站未公开本地2019年义务教育阶段入学工作文件（年度招生工作方案），未公开本县（市、区）义务教育阶段入学政策咨询电话、2019 年每所小学的招生范围（学区划分情况）、2019 年每所小学的计划招生人数、2019 年每所初中的招生范围（学区划分情况）、2019 年每所初中的计划招生人数、2019 年随迁子女入学条件、2019 年小学招生结果和区域内学校情况等信息。而且，普遍未通过网站公开 2019 年义务教育招生结果。有 117 家县（市、区）政府及其教育部门未公开 2019 年小学招生结果，有 118 家未公开 2019 年初中招生结果。学校自身公开方面，学校基本情况和学校招生简章信息公开比例较低。项目组分别从每个被评估的县（市、区）随机抽查 1 所公办小学，考察是否公开了学校基本情况和学校招生简章公开信息。结果显示，通过网站公开了学校简介，并能够完整覆盖办学性质、办学地点、办学规模、办学基本条件、联系方式等要素信息的评估对象仅有 10 家；仅有 4 家学校公开了学校招生简章。

（十）政务公开平台建设水平仍待提升

在所有评估对象中，有 23 家网站存在栏目设置重叠的情况，占 9.06%，主要集中在通知公告、政策法规等。

精准（高级）检索可用性不强。有 18.37%（9 家）的国务院部门、16.13%（5 家）的省级政府、22.45%（11 家）的较大的市政府、36.00%（45 家）的县（市、区）政府网站无精准（高级）检索功能，且在线搜索可用性较差。有 71.43%（35 家）的国务院部门、48.39%（15 家）的省级政府、57.14%（28 家）的较大的市政府以及 76.00%（95 家）的县（市、区）政府都无法搜索在线服务入口。

县（市、区）政府网站政府公报栏目开通率低。评估发现，57 家未在其门户网站开设政府公报栏目，占比 45.6%。过半县（市、区）政府未逐年发布电子版政府公报，涉及 66 家县（市、区），占比 52.8%。

部分评估对象网站互动平台不可用。16.33%（8 家）的国务院部门、9.68%（3 家）的省级政府、4.08%（2 家）的较大的市政府和 5.60%（7 家）的县（市、区）政府网站互动平台不可用，表现为未及时回应公众诉求，公众留言回复时间超出5个工作日。

新媒体方面仍然存在未开设新媒体、信息发布不规范的问题。评估发现，有14.29%（7家）的国务院部门、4.08%（2家）的较大的市政府和14.40%（18家）的县（市、区）政府未开设政务新媒体。有18.37%（9家）的国务院部门、3.23%（1家）的省级政府、10.20%（5家）的较大的市政府和23.2%（29家）的县（市、区）政府网站未提供本级政府的新媒体二维码入口或链接入口；有40.82%（20家）的国务院部门、29.03%（9家）的省级政府、36.73%（18家）的较大的市政府和59.2%（74家）的县（市、区）政府新媒体未提供本级政府网站二维码入口或链接入口。仅有65.6%（82家）的县（市、区）政府政务新媒体发布信息在对应的政府网站上发布，县（市、区）政府信息发布不同步情况较为普遍。

（十一）部分地方依申请公开仍存在短板

首先，部分评估对象在线申请不顺畅。一是系统无法提交。例如：南京市玄武区政府在线申请平台在不同时间段多次显示提交失败；葫芦岛市建昌县的在线申请平台要求填写的校验码始终无法显示；广西壮族自治区百色市平果县政府网站无法上传身份证照片，申请人手机无法收到验证码。二是存在非必需的强制填写事项。例如，广西壮族自治区玉林市博白县政府、贵州省贵阳市南明区政府等要求必须填写固定电话号码、传真号码或工作单位等信息。三是申请平台注册程序复杂，如辽宁省大连市瓦房店市。

其次，部分评估对象未答复、超期答复、答复内容不规范。部分评估对象未答复或超期答复。截至评估结束，项目组未收到答复的涉及32家县（市、区）政府，占25.6%，有13家县（市、区）政府未在法定期限内答复申请，占10.4%。部分评估对象没有出具正式的答复告知书，涉及9家评估对象。部分评估对象未在答复中告知救济渠道。在已回复的93家县（市、区）政府中，仅有22家评估对象完全列明了所有的复议机关和诉讼法院的具体名称，占23.66%。同时，在作出不利于当事人的回复中，有5家评估对象完全未告知救济渠道；有3家县（市、区）政府在作出不利于当事人的回复中虽然告知了向法院诉讼或者有复议的权利，但没有说明具体向哪个评估对象寻求救济。

五　展望

《中共中央关于坚持和完善中国特色社会主义制度　推进国家治理体系和治理能力现代化若干重大问题的决定》提出，坚持权责透明，推动用权公开，完善党务、政务、司法和各领域办事公开制度，建立权力运行可查询、可追溯的反馈机制。公开透明作为国家治理体系和治理能力现代化的重要路径之一，作为实现共建共治共享目标的重要手段之一，必将日益发挥不可替代的作用。2020 年上半年举国抗击新型冠状病毒疫情的经验也充分表明，更快、更全、更准、更有效地公开信息、回应关切，是提升执行力、稳定民心、掌握话语权的关键所在。回顾2019年，中国政务公开既有亮点，也有不足之处，表明政务公开工作与切实满足群众需求、全面落实党中央和国务院部署要求，仍有一定差距。究其原因，既有公开制度尚有规定不完善、不细致、操作性不足等问题，也有各级政府领导干部、工作人员公开意识仍待提升的问题，还有公开方式方法不准确、信息化保障水平存在差距等的问题。2020 年，全面深入推进政务公开工作，还需要从如下方面入手。

首先，准确全面地把握新时期政务公开的地位与作用。应将政务公开作为实现国家治理体系和治理能力现代化的重要路径，将其定位为实现共建共治共享治理格局的重要方式，借助公开实现公众有序参与，实现政民良性互动；应将政务公开作为优化营商环境，打造法治政府、服务型政府、廉洁政府的重要保障；应将政务公开作为简政放权，创新监管手段的重要方面。各级政府应当在充分认识上述定位与作用的基础上，提升对政务公开的认识，谋划政务公开工作。

其次，紧紧抓住公众知悉了解政务信息的关切点。2019 年 12 月 18 日召开的国务院常务会议对全面推进基层政务公开标准化规范化工作作出部署，其出发点和落脚点都是基层政务与群众利益息息相关。做好政务公开工作的关键点恰恰是要紧紧抓住基层群众知悉政务活动的关切点，以需求为导向，不断扩展公开范围、优化公开方式形式，提高政务公开的实际效果。

再次，将公开工作紧密融入政府权力运行的各个环节。《中共中央关于坚持和完善中国特色社会主义制度　推进国家治理体系和治理能力现代化若干重大问题的决定》提出建立权力运行可查询、可追溯的反馈机制，其核心就是要将公开紧密融入政府权力运行的各个环节，避免就公开说公开，将公开作为政务活动的有机组成部分和必备环节，政务活动开展之前、开展过程中、完结的同时实时产生政务信息、实时展示给公众，防止公开与政务活动脱节。

复次，运用新科技，提升政务公开的信息化、智能化水平。新时代的政务公开必须依托互联网和移动互联网，因此，在用好传统的线下公开方式、满足群众信息需求的同时，还需要用好新科技，提升政务公开信息化与智能化水平，实现政务信息同步生成、自动归集、定向智能推送，提高政务公开的针对性和信息到达率。

最后，总结推广各地方各部门政务公开的先进经验。各地各级政府机关在日常工作中结合本地方本单位实际摸索出不少政务公开的有益经验，应加大总结分析力度，优化提升现有工作成效，总结推广先进经验，实现政务公开创新探索由点到面的发展。

B.13
中国司法透明度指数报告（2019）

——以法院网站信息公开为视角

中国社会科学院法学研究所法治指数创新工程项目组*

摘　要：2019年，中国社会科学院法学研究所法治指数创新工程项目组围绕审务信息公开、审判信息公开、执行信息公开、司法数据公开和司法改革信息公开5项内容，对全国94家法院开展了司法透明度指数评估。评估显示，司法公开规定不断细化，司法公开内容不断扩展，司法公开平台建设日益受到重视。但司法公开常态化机制不健全、部分领域公开不理想、信息发布不规范、公开平台建设参差不齐的问题仍然很突出，须进一步提升公开意识、细化公开标准、严格公开责任。

关键词：司法公开　司法透明度　司法改革　法治指数

十九届四中全会提出，要健全保证宪法全面实施的体制机制，加强对法律实施的监督，坚持和完善共建共治共享的社会治理制度。实现“共建共治共享”目标，必然要充分保障人民群众的知情权参与权。深化法院司法公开，有助于人民群众最大限度地了解司法权力运行情况，有效消除猜疑，切实提升司法公信力。

---

* 项目组负责人：田禾，中国社会科学院国家法治指数研究中心主任、研究员；吕艳滨，中国社会科学院法学研究所法治国情调研室主任、研究员。课题组成员：王小梅、王祎茗、王雅凤、车文博、田纯才、冯迎迎、刘雁鹏、齐仪、米晓敏、陆麒元、胡昌明、洪梅、栗燕杰、顾晨瀚、候素枝、郭楚滢（按姓氏笔画排序）。执笔人：王祎茗，中国社会科学院法学研究所助理研究员；吕艳滨；田禾。

为推进法院司法公开工作，中国社会科学院国家法治指数研究中心及法学研究所法治指数创新工程项目组（以下简称“项目组”）2019 年继续开展司法透明度指数评估，本报告对评估结果作简要分析。

一 评估背景

2018 年末以来，最高人民法院陆续发布了多个文件，对司法公开提出进一步的要求和安排。2018 年 11 月发布的《最高人民法院关于进一步深化司法公开的意见》从多个方面较为系统地对深化司法公开提出了要求。《最高人民法院关于深化人民法院司法体制综合配套改革的意见——人民法院第五个五年改革纲要（2019~2023）》提出，不断完善审判流程公开、庭审活动公开、裁判文书公开、执行信息公开四大平台，全面拓展司法公开的广度和深度，健全司法公开形式，畅通当事人和律师获取司法信息渠道，构建更加开放、动态、透明、便民的阳光司法制度体系。《最高人民法院关于深化执行改革 健全解决执行难长效机制的意见——人民法院执行工作纲要（2019~2023）》提出，健全开放、动态、透明、便民的阳光执行制度体系。《最高人民法院关于建设一站式多元解纷机制一站式诉讼服务中心的意见》提出，加强诉讼服务规范化、标准化建设，全面梳理服务项目清单，逐项制定标准化工作规程和一次性办理服务指南，并向社会公开。《最高人民法院关于进一步全面落实司法责任制的实施意见》规定，除法律规定不应当公开的情形外，审判委员会讨论案件的决定及其理由应当在裁判文书中公开。上述文件的出台细化了公开要求，为全面深化司法公开提供了制度支撑。

二 评估概况

（一）评估对象

2019 年共抽取了全国 94 家法院作为评估对象，具体包括：①最高人民法院；②各省、自治区、直辖市高级人民法院以及新疆维吾尔自治区高级人民法院生产建设兵团分院（共32家法院）；③较大的市[①]的中级人民法院（共49家法院）；④北京、上海、广州3家知识产权法院；⑤北京、杭州、广州3家互联网法院；⑥广东自由贸易区南沙片区人民法院、深圳前海合作区人民法院、珠海横琴新区人民法院、四川天府新区成都片区人民法院、重庆自由贸易试验区人民法院（共5家法院）；⑦上海金融法院。2019年评估首次加入了新疆维吾尔自治区高级人民法院生产建设兵团分院以及12家专门性法院。

（二）评估指标

按照评估所遵循的依法设定评估指标、客观评价、用户导向、反映现状与引领发展的原则，项目组在往年评估指标基础上，依据《刑事诉讼法》《民事诉讼法》《行政诉讼法》和最高人民法院有关司法解释，结合司法体制改革推进进程，设定了2019年度评估指标。

评估涉及审务信息公开、审判信息公开、执行信息公开、司法数据公开和司法改革信息公开5项一级指标，涵盖32项二级指标。审务信息公开评估了人员信息、名册信息、任职回避、法院文件公开、代表建议/委员提案办理结果的公开情况以及公开平台建设情况，审判信息公开涉及诉讼指南、审判流程信息公开、庭审公开、裁判文书公开、重大案件信息公开、减刑假释案件信息公开、破产案件信息公开与司法建议公开，执行信息公开包括案件查询、执行惩戒信息公开、执行曝光、终本案件、司法拍卖、执行举报信息公开，司法数据公开涉及财务数据、工作报告、司法业务数据和司法实证分析报告公开，司法改革信息公开涉及专门栏目、司法改革方案、重大改革任务进展、员额制改革、立案登记、新型审判监督机制改革、律师权益保障、案外人干预记录的公开（见表1）。其中，诉讼指南、旁听、减刑假释案件信息公开、破产案件信息公开、执行惩戒信息公开等不适用于最高人民法院，因此，后文统计各类信息的公开程度时，以不含最高人民法院的93家法院为基

① 此处沿用《立法法》2015年修订前所规定的49家较大的市的范围与概念。

准进行分析。此外，表 1 中部分指标权重为 0，本次评估仅作考察，今后将逐步加大评估力度，计入指数得分。

表 1　2019 年司法透明度指数评估指标体系

一级指标	二级指标	三级指标
审务信息公开（20%）	人员信息（40%）	领导信息（40%）
		审判人员信息（35%）
		执行人员信息（15%）
		司法辅助人员信息（10%）
	名册信息（20%）	调解名册（50%）
		机构名册（50%）
	任职回避（10%）	任职回避名册（100%）
	法院文件公开（10%）	
	代表建议、委员提案办理结果（0）	专门栏目设置
		代表建议、委员提案办理结果（简版、全文）
	公开平台建设（20%）	门户网站（70%）
		微平台（30%）
审判信息公开（30%）	诉讼指南（20%）	便利度（10%）
		完整性（70%）
		通俗性（20%）
	审判流程信息公开（15%）	中国审判流程信息公开网链接配置（50%）
		本地法院流程查询平台入口（50%）
	庭审公开（20%）	旁听（60%）
		庭审公开（40%）
	裁判文书公开（20%）	中国裁判文书网链接（40%）
		本院裁判文书上网公开信息（0）
		不上网裁判文书信息项（60%）

续表

一级指标	二级指标	三级指标
审判信息公开（30%）	重大案件信息公开（10%）	本院审理的重大案件信息（100%）
	减刑假释案件信息公开（15%）	立案公示（25%）
		开庭公告（25%）
		文书公开（25%）
		结果公开（25%）
	破产案件信息公开（0）	破产公告
		破产案件统计
	司法建议公开（0）	专门栏目设置
		司法建议信息
		司法建议内容
执行信息公开（20%）	案件查询（10%）	执行案件查询平台链接（100%）
	执行惩戒信息公开（25%）	罚款（35%）
		拘留（35%）
		限制出境（30%）
		打击拒执罪（0）
	执行曝光（25%）	失信被执行人（100%）
		特殊主体失信信息（0）
	终本案件（25%）	终本案件清单（40%）
		终本裁定书（60%）
	司法拍卖（0）	拍卖公告
		拍卖网站链接
	执行举报（15%）	举报渠道（40%）
		悬赏公告（60%）
司法数据公开（15%）	财务数据（30%）	本院预决算（60%）
		“三公”经费（40%）
		涉案款物数据（0）
		诉讼费收退费（0）

续表

一级指标	二级指标	三级指标
司法数据公开（15%）	工作报告（30%）	工作报告（35%）
		年度报告（35%）
		司法白皮书（30%）
	司法业务数据（20%）	司法统计数据（60%）
		收结案动态数据（40%）
	司法实证分析报告（20%）	司法大数据分析报告（50%）
		司法调研分析报告（50%）
司法改革信息公开（15%）	专门栏目（10%）	
	司法改革方案（30%）	司法改革总体方案（100%）
		入额遴选方案（0%）
		员额退出方案（0%）
		职业保障方案（0%）
	重大改革任务进展（30%）	改革任务进展动态（100%）
	员额制改革（0）	员额法官办理数量
		院庭长办案数据
	立案登记（30%）	立案登记配套制度（50%）
		立案登记动态数据（50%）
	新型审判监督机制改革（0）	权责清单
		审判管理监督权力配套规定
	律师权益保障（0）	实施机制
		反馈渠道
	案外人干预记录（0）	

（三）评估方法

项目组通过各评估对象司法公开平台采集司法公开信息。数据采集的平台涉及各评估对象门户网站、司法公开网站、诉讼服务网、中国审判流程信息公开网以及各评估对象的微博微信等微平台。数据采集时间为 2019 年 10 月 8 日至 2019 年 12 月 31 日。即便在移动互联时代，门户网站仍然是司法公开的第一平台，因此，评估涉及的各类信息优先通过各评估对象门户网站、司法公开平台、诉讼服务网等查询，并首次比对了上述平台与中国审判流程信息公开网公开信息的一致性。考虑到微博微信等微平台作用日显重要，首次对其设置情况进行了评估。

二　评估的总体结果

2019 年评估中，排名居前的法院有：广州中院、南京中院、吉林中院、吉林高院、长春中院、海口中院、宁波中院、成都中院、山东高院、浙江高院。在高级法院中排名居前的有：吉林高院、山东高院、浙江高院、北京高院、广东高院、广西高院、江苏高院、四川高院、上海高院、海南高院。中级法院中排名靠前的有：广州中院、南京中院、吉林中院、长春中院、海口中院、宁波中院、成都中院、徐州中院、深圳中院、珠海中院（见表 2）。

2019 年司法透明度指数评估结果呈现如下特点。

表 2　2019 年司法透明度指数评估结果

排名	法院	审务信息公开（20%）	审判信息公开（30%）	执行信息公开（20%）	司法数据公开（15%）	司法改革信息公开（15%）	总分（满分 100 分）
1	广州中院	100.00	94.60	80.50	100.00	85.00	92.23
2	南京中院	86.50	79.60	85.00	79.50	100.00	85.11
3	吉林中院	86.04	77.15	75.50	89.50	85.00	81.63
4	吉林高院	73.24	82.00	77.00	90.00	85.00	80.90
5	长春中院	83.50	64.45	73.00	84.25	85.00	76.02
6	海口中院	59.70	79.40	63.50	81.00	100.00	75.61

续表

排名	法院	审务信息公开（20%）	审判信息公开（30%）	执行信息公开（20%）	数据公开（15%）	司法改革信息公开（15%）	总分（满分100分）
7	宁波中院	87.60	77.15	85.00	60.50	55.00	74.99
8	成都中院	82.40	69.60	64.00	66.25	85.00	72.85
9	山东高院	88.40	70.00	36.50	89.50	85.00	72.16
10	浙江高院	70.94	71.50	63.50	84.25	65.00	70.73
11	徐州中院	75.40	72.35	64.00	69.25	65.00	69.72
12	广东自由贸易区南沙片区法院	83.40	70.00	68.00	86.25	35.00	69.47
13	深圳中院	76.84	72.55	26.00	79.50	95.00	68.51
14	北京高院	68.92	63.50	69.50	74.50	65.00	67.66
15	最高法院	75.00（30%）	60.00（30%）	—	65.00（20%）	70.00（20%）	67.50
15	广州互联网法院	87.60	40.80	74.50	67.25	85.00	67.50
17	广东高院	79.94	65.75	68.50	81.50	35.00	66.89
18	广西高院	66.66	73.10	55.50	80.50	35.00	63.69
19	珠海中院	57.96	59.70	68.50	62.50	65.00	62.33
20	江苏高院	54.80	62.60	65.00	72.50	45.00	60.37
21	四川高院	73.60	52.10	35.50	57.25	95.00	60.29
22	上海高院	75.24	54.70	52.50	69.50	50.00	59.88
23	海南高院	47.52	49.70	45.50	79.50	95.00	59.69
24	河北高院	62.34	72.40	65.00	50.50	25.00	58.51
25	淄博中院	80.60	56.60	20.00	70.50	65.00	57.43
26	汕头中院	83.06	61.00	45.00	50.50	35.00	56.74
27	太原中院	60.16	61.80	55.50	40.00	55.00	55.92
28	杭州中院	78.36	41.90	58.00	82.50	20.00	55.22

续表

排名	法院	审务信息公开（20%）	审判信息公开（30%）	执行信息公开（20%）	数据公开（15%）	司法改革信息公开（15%）	总分（满分100分）
29	辽宁高院	55.94	56.50	77.00	50.00	25.00	54.79
30	深圳前海合作区法院	43.26	58.10	51.00	71.00	50.00	54.43
31	厦门中院	70.36	74.50	32.50	50.50	25.00	54.25
32	贵阳中院	64.70	48.90	60.00	67.25	20.00	52.70
33	济南中院	69.40	67.40	34.50	50.50	25.00	52.33
34	新疆高院	43.40	47.80	47.50	53.25	65.00	50.26
35	天津高院	57.80	61.80	44.50	40.00	35.00	50.25
36	江西高院	66.46	63.30	26.00	59.00	25.00	50.08
37	沈阳中院	57.04	52.25	45.00	60.50	25.00	48.91
38	福建高院	52.04	51.90	16.00	76.25	55.00	48.87
39	唐山中院	62.30	49.90	57.50	40.00	25.00	48.68
40	淮南中院	60.70	55.50	49.50	40.00	25.00	48.44
41	乌鲁木齐中院	57.70	45.50	22.50	58.25	65.00	48.18
42	珠海横琴新区法院	62.00	51.90	35.00	59.00	25.00	47.57
43	兰州中院	66.76	51.60	55.50	40.00	10.00	47.43
44	黑龙江高院	50.96	38.40	77.00	40.00	25.00	46.86
45	安徽高院	71.66	48.20	52.50	40.00	10.00	46.79
46	齐齐哈尔中院	51.20	53.90	45.00	40.00	35.00	46.66
47	云南高院	56.44	64.75	24.50	38.50	35.00	46.64
48	内蒙古高院	53.46	46.60	58.00	40.00	25.00	46.02
48	河南高院	45.40	54.80	24.50	69.00	35.00	46.02
50	湖北高院	49.74	53.65	54.50	34.00	25.00	45.79
51	湖南高院	69.96	49.70	20.00	55.25	25.00	44.94
52	西宁中院	46.40	42.90	58.50	46.25	25.00	44.54

续表

排名	法院	审务信息公开（20%）	审判信息公开（30%）	执行信息公开（20%）	数据公开（15%）	司法改革信息公开（15%）	总分（满分 100 分）
53	青岛中院	37.70	37.20	61.00	54.25	35.00	44.29
54	重庆高院	69.16	54.30	37.00	20.00	25.00	44.27
55	邯郸中院	39.14	61.40	35.00	46.25	25.00	43.94
56	石家庄中院	44.26	45.30	57.00	40.00	25.00	43.59
57	贵州高院	45.44	53.80	57.00	20.50	25.00	43.45
58	合肥中院	64.00	51.75	24.50	55.25	10.00	43.01
59	大同中院	62.40	33.80	30.50	40.00	55.00	42.97
60	大连中院	28.76	34.30	63.00	40.00	55.00	42.89
61	包头中院	55.26	43.05	41.00	40.00	25.00	41.92
62	苏州中院	40.20	50.00	45.00	40.00	25.00	41.79
63	上海金融法院	59.20	56.80	41.00	20.00	10.00	41.58
64	南昌中院	37.00	58.10	10.00	55.25	40.00	41.12
65	青海高院	37.40	42.10	49.50	53.25	20.00	41.00
66	宁夏高院	36.40	63.60	20.00	40.00	25.00	40.11
67	西藏高院	54.90	49.00	57.00	10.00	10.00	40.08
68	陕西高院	38.40	49.65	26.00	60.50	20.00	39.85
69	呼和浩特中院	40.00	63.10	20.00	49.00	10.00	39.78
70	北京互联网法院	33.00	55.30	10.00	49.00	35.00	37.79
71	鞍山中院	48.54	53.40	14.50	45.25	10.00	36.92
72	福州中院	25.10	54.70	28.50	40.00	25.00	36.88
73	广州知识产权法院	50.02	38.70	10.00	52.00	35.00	36.66
74	长沙中院	43.00	48.80	51.00	10.00	10.00	36.44
75	上海知识产权法院	45.66	41.90	20.00	59.00	10.00	36.05
75	本溪中院	51.80	34.30	39.50	40.00	10.00	36.05

续表

排名	法院	审务信息公开（20%）	审判信息公开（30%）	执行信息公开（20%）	数据公开（15%）	司法改革信息公开（15%）	总分（满分 100 分）
77	洛阳中院	41.84	41.40	10.00	77.25	10.00	35.88
78	南宁中院	34.20	39.00	35.00	58.00	10.00	35.74
79	郑州中院	44.60	41.55	10.00	40.00	40.00	35.39
80	抚顺中院	38.20	25.50	58.50	40.00	10.00	34.49
81	重庆两江新区（自贸区）法院	38.50	40.40	45.00	10.00	25.00	34.07
82	银川中院	15.80	53.70	22.50	40.00	25.00	33.52
83	拉萨中院	45.24	32.90	14.50	50.00	25.00	33.07
84	甘肃高院	56.00	27.20	10.00	40.00	35.00	32.61
85	无锡中院	41.20	22.00	35.00	40.00	25.00	31.59
86	西安中院	28.80	36.80	20.00	45.25	25.00	31.34
87	武汉中院	50.00	24.75	42.50	10.00	25.00	31.18
88	杭州互联网法院	50.44	38.00	16.00	20.00	20.00	30.69
89	昆明中院	54.26	32.30	35.00	10.00	10.00	30.54
90	山西高院	28.20	37.30	16.00	40.00	25.00	29.78
91	成都天府新区（自贸区）法院	58.40	34.90	10.00	10.00	10.00	27.15
92	北京知识产权法院	53.56	20.00	10.00	41.00	10.00	26.36
93	哈尔滨中院	20.90	33.90	14.50	40.00	20.00	26.25
94	新疆生产建设兵团法院	21.20	34.30	24.50	10.00	10.00	22.43

（一）评估对象司法公开差距仍较大

2019 年司法透明度指数评估结果显示，各被评估法院无论是总体情况还是各板块情况，相互间差距仍然较大。本次评估最高分 92.23 分，最低分 22.43 分，平均分 49.10 分，60 分以上的法院仅 21 家，有 58 家法院得分在平均线以下。评估涉及的五大板块中，各法院的公开得分差距也较大。审务信息公开方面，最高分为满分，最低分为 15.8 分；审判信息公开板块最高分为 94.6 分，最低分为 20 分；执行信息公开板块最高分 85 分，最低分仅 10 分；司法数据公开最高分 100 分，最低分仅 10 分；司法改革信息公开板块最高分 100 分，最低分仅 10 分。这表明，不少法院司法公开工作仍较为滞后。

（二）不同领域司法公开差距较大

就评估的五大领域横向比较看，审务信息公开总体较好，司法改革信息公开总体较差，执行信息公开短板仍然突出。审务信息公开方面，平均分 56.37 分，60 分以上的法院有 37 家；审判信息公开板块平均分为 52.51 分，60 分以上的法院有 29 家；执行信息公开平均分 42.85 分，60 分以上的法院有 23 家；司法数据公开平均分 51.95 分，60 分以上的法院有 31 家；司法改革信息公开平均分 37.66 分，60 分以上的法院有 20 家。虽然经历了两到三年基本解决执行难，但执行信息公开情况总体仍不理想，表明构建解决执行难长效机制仍有巨大的空间。而司法改革信息公开方面，即便剔除高级、中级及其他专门性法院在司法改革方面的地位作用差异，公开情况仍然不尽理想。

（三）部分法院评估结果与当地经济发展情况不符

以高级法院和中级法院的司法公开情况看，部分法院的评估结果与其所在地的经济发展水平存在一定甚至较明显的脱节现象。福建高院、河南高院、湖北高院、湖南高院、陕西高院、山西高院在高级法院中排名依次为第 16、21、22、23、29、31 位，而其所在省份 2018 年国内生产总值（GDP）排名则依次为第 10、5、7、8、15、22 位（见表 3）。中级法院中此现象更加突出，如青岛中院、合肥中院、大连中院、苏州中院、福州中院、长沙中院、洛阳中院、郑州中院、无锡中院、西安中院、武汉中院、昆明中院、哈尔滨中院本次在中级法院中的排名依次为第 25、28、30、32、36、37、39、41、45、

46、47、48、49位，而其所在城市2018年国内生产总值（GDP）在49家较大的市中排名依次为第8、16、17、3、14、10、28、12、9、13、5、25、21位（见表4）。这一现象在一定程度上表明，个别法院的司法公开工作远远没有跟上当地经济社会发展的步伐，其在参与当地社会治理、提升优化营商环境中发挥的作用更值得进一步关注。

表3　高级法院司法透明度评估结果与所在省份2018年国内生产总值排名对比

法院	司法透明度排名（高级法院）	所在省份2018年国内生产总值排名
福建高院	16	10
河南高院	21	5
湖北高院	22	7
湖南高院	23	8
陕西高院	29	15
山西高院	31	22

表4　中级法院司法透明度评估结果与所在城市2018年国内生产总值排名对比

法院	司法透明度排名（较大的市）	所在城市2018年国内生产总值排名
青岛中院	25	8
合肥中院	28	16
大连中院	30	17
苏州中院	32	3
福州中院	36	14
长沙中院	37	10
洛阳中院	39	28
郑州中院	41	12
无锡中院	45	9
西安中院	46	13
武汉中院	47	5
昆明中院	48	25
哈尔滨中院	49	21

（四）个别法院司法公开工作起伏较大

相比 2018 年度，个别法院的本次评估结果进步显著。比如，山东高院由 2018 年的第 61 名跃居第 9 名，广东高院从第 37 名跃居第 17 名，珠海中院由第 41 名跃居第 19 名，淄博中院由第 63 名跃居第 25 名。但也有不少法院下滑明显，如甘肃高院、陕西高院、昆明中院、西安中院、无锡中院、银川中院、郑州中院、本溪中院、长沙中院、哈尔滨中院等。个别法院则长期在最后方阵原地踏步，如山西高院、武汉中院等。这表明，2019 年，虽然部分法院迎难赶上且成效明显，但司法公开仍然存在动力压力不足的问题，以至于部分法院工作松懈，部分法院则对司法公开无动于衷、进步迟缓。

（五）专门性法院司法公开工作有待加强

本次评估的专门性法院涉及自贸区、知识产权、互联网、金融领域，其司法水平本应更高，司法公开本应更规范，但实际情况并不理想。首先，自贸区法院司法公开与预期差距较大。5 家自贸区法院最高排名为第 12 名，仅一家得分超过 60 分，最低仅 27.15 分。这显然难与自贸区以公开透明提升服务水平、优化营商环境的要求相匹配。其次，互联网法院司法公开不够理想。互联网法院强调依托互联网技术，实现司法案件全流程在线办理，其同样应在依托互联网开展司法公开方面引领时代新潮，但评估结果显示，三家互联网法院总体情况一般。尤其是在审务信息公开、审判信息公开等司法核心业务公开方面并没有显露应有的优势，且个别法院的执行信息公开、司法数据公开较差。最后，知识产权法院总体排名不理想。3 家知识产权法院均在 70 名以外，得分均低于 40 分，审判执行信息的公开不太理想。这说明，专门性法院不仅要强调某些方面不同于传统法院的特长、优势，更应在规范司法公开、落实司法为民方面做好表率。

（六）司法公开涉及的信息范围不断扩展

随着司法公开的深入推进，在最高人民法院各项文件要求下，各级法院司法公开范围有了明显扩展。这主要表现为，相对于法院日常工作涉及的审务信息、审判执行信息，很多以前法院较少关注的信息逐步被纳入司法公开范围。评估显示，共有40家法院设置了司法改革的专门栏目，其中有38家法院是原有评估对象，18家法院在网站提供了司法改革总体方案，均为原有评估对象，明显好于2018年评估结果。有7家法院已经开始公开2019年发出的司法建议。有9家法院公开了代表建议、委员提案办理结果的全文，4家法院公开了代表建议、委员提案办理结果的摘要。这表明，在《最高人民法院关于进一步深化司法公开的意见》等文件推动下，公开范围涉及的信息有所扩展，这正是深化司法改革的需要，也是回应社会关切的必然。

三　各板块评估结果

（一）审务信息公开

审务信息涉及法院基本情况，公开这类信息有助于一般公众和诉讼当事人了解法院概况，方便其参与诉讼活动。但总体来看，审务信息公开情况并不理想，信息公开不全面、信息更新不及时、网站建设水平不高等现象普遍存在。

1. 人员信息公开不全面、公开标准不一

公开人员信息是对法院进行监督的前提。但评估显示，多数法院公开人员信息不全面、标准不统一。仅有9家法院公开了院领导的全部信息，包括院领导姓名、职务、法官等级、学习工作简历、分管事项，占9.6%；有16家法院公开了业务部门领导信息，包括姓名、职务、法官等级、学习工作简历，占17.0%；有15家法院公开了行政部门领导信息，包括姓名、职务、学习工作简历，占16.0%；有18家法院公开了员额法官信息，包括姓名、学习工作简历、法官等级，占19.1%；有11家法院公开了执行法官信息，包括姓名、学习工作简历、法官等级，占11.7%；有16家法院公开了法官助理、书记员名册，占17.0%；有10家法院公开了司法警察名册，占10.6%。其中，仅广州中院、长春中院、南京中院3家法院公开了指标内全部的人员信息，仅占

3.2%。有17家法院网站上未公开任何人员信息，占18.1%。除最高人民法院外，没有一家法院能够做到本院开通的法院门户网站、司法公开网、诉讼服务网上公开的人员信息与中国审判流程信息网内容一致。

尤为关键的是，法院人员信息公开标准差异较大。有些法院公开的人员信息十分详尽，如成都中院公开了领导人员的姓名、性别、民族、出生日期、籍贯、学习工作经历、职务、分管事项；但部分法院公开得则过于简单，如浙江高院、鞍山中院、大连中院等18家法院仅公布了领导人员的姓名和职务。人员分类不统一，如吉林中院公开的人员信息分类较细，包括院领导、审判委员会组成人员、法官、法官助理、书记员、人民陪审员、行政部门负责人、司法辅助人员、文员、法院人员等十大类，对法院人员还依据不同岗位进行了二次分类。而更多的法院对人员分类较为粗略，如太原中院和杭州中院只公开了“法官目录”文件，其中包含院领导、审判委员会委员、员额法官、执行局等不同职位的人员。

人员信息普遍更新不及时。不少法院门户网站公开人员信息的时间为2018年、2017年甚至更早，如云南高院诉讼服务网上法官名录的公开日期为2014年6月26日。有些法院在人员信息更新方面做出了良好示范，如宁波市中级人民法院，将人员信息按照时间顺序在同一栏目下更新，便于公众对比了解人员变化情况。

2. 各类名册信息公开仍不到位

公开名册信息有助于公众了解调解、鉴定、评估等机构和人员的可靠性。但仅有6家法院在网站公开了特邀调解组织名册、特邀调解员名册和鉴定机构名册、评估机构名册、破产管理人名册，占6.4%，且这6家法院公开在门户网站的名册信息与中国审判流程信息网公开的信息并不完全一致；有28家网站完全未公开任何名册信息，占29.8%。

3. 法官任职回避信息公开仍未推开

为避免法官与直系亲属进行法律“勾兑”，损害司法公信力，建立完善的任职回避制度势在必行，《法官法》亦有明确规定。但评估发现，仅有7家法院公开了此信息，占7.4%，而且公开位置不一、查询不便。

4. 建议提案办理结果公开仍处于起步阶段

公开人大代表建议和政协委员提案的办理结果，是回应代表委员及公众关切、提升司法公信力的重要方面。此做法早已成为各级政府政务公开的标准动作，但在司法公开领域还处于起步阶段。仅有11家法院设置了专门栏目，占11.7%，其中有7家法院公开了2019年度的办理回复全文，另外4家法院虽设专栏却无相关内容。有2家法院虽未设专栏，但公开了2019年度的办理回复全文；有4家法院虽未设专栏，但公开了2019年度办理结果摘要，只是公布位置较为随意。有77家法院既未设置专门栏目也未公开2019年度办理回复全文或办理结果摘要，占81.9%。

5. 司法公开平台建设水平亟待提升

互联网是当前司法公开的重要渠道，法院门户网站是司法信息公开的第一平台，新媒体也随着移动互联时代的到来显得日益重要。评估显示，有83家法院网站配有检索功能，另有11家法院网站的检索功能无效，占88.3%；有12家法院网站显示有多语言功能，占12.8%；其中有3家法院网站设置了无障碍功能，占3.2%。同时在整个网站平台中，有45家法院网站设置了浮动窗口，其中36家法院网站的浮动窗口不妨碍浏览，有9家法院网站的浮动窗口明显影响信息浏览，占38.3%。有73家法院网站提供了微平台入口，占77.7%；有78家法院能够及时进行信息更新，占83.0%。有相当一部分法院网站打开网页的缓冲时间很长、相对不稳定，如西宁中院、武汉中院等。

（二）审判信息公开

审判是法院的主要职责之一，公开法院审判信息有助于保障当事人诉讼权利，方便一般公众了解和监督法院权力运行。但评估显示，各级法院仍然存在诉讼指南公开质量不高、案件信息公开不全面的问题。

1. 诉讼指南公开质量不高

诉讼指南是诉讼参与人能否顺利参加诉讼的指引。虽然本次评估中有90家法院公开了诉讼指南，占95.7%，但公开质量仍待提升。只有64家法院在诉讼指南下划分了子栏目，占68.1%。而诉讼指南中案件类型、级别管辖、风险提示和文书样式信息公开全部正确的只有 4 家法院，仅占 4.3%。有 20 家法院公布了所有案件类型的流程图且不存在照搬法条情况，占比仅为 21.3%。

虽然很多法院公开了诉讼指南，但绝大多数仍给人敷衍了事之感。有的法院网站栏目设置不合理，诉讼指南栏目位置隐蔽，难以查找。绝大多数法院网站只公布部分案件类型（如仅有民事案件）或者是部分级别管辖案件（如仅有一审案件）的指南。部分法院公开的是 5 年之前的诉讼指南，部分内容早已与现行法律法规、司法解释不符，如包头中院的诉讼指南均为 2014 年发布的，无锡中院的是 2010 年的。

2. 旁听信息公开仍不到位

仅有 19 家法院提供了旁听规则，而支持旁听预约的法院只有 12 家，占比分别为 20.2% 与 12.8%。

3. 文书公开远未达到要求

在裁判文书公开方面，有 85 家法院提供了裁判文书网的链接，占比 90.4%。既未公开上网文书统计数据，又未公开文书、公开分析报告的有 64 家法院，占比 68.1%，仅有 1 家法院（吉林高院）两项均按月发布，占比低至 1.1%。有 74 家法院完全未公开不上网裁判文书信息项，公开率为 21.3%，仅吉林高院、广东高院、广州中院、大连中院、南京中院、海口中院与汕头中院 7 家法院公开较为全面规范。

4. 重大案件信息公开仍不理想

重大案件信息公开方面，有 59 家法院以各种形式公开了重大案件信息，只有 5 家法院公布了重大案件的裁判文书。很多法院以新闻报道的形式公开了一些常见案件，而公众关注并需要主动回应社会关切的一些案件却公开不理想。

5. 减刑假释信息公开不细致

在减刑假释信息公开方面，虽然最高人民法院开设了减刑假释信息公开平台，但各法院在自己网站同步公开也有助于方便公众查询。评估显示，仅有 22 家法院在本院网站公开了减刑假释案件信息，占比 23.4%。但大多公布的是立案信息与结果信息，而公布了减刑假释案件的立案、开庭、文书与结果信息的仅有宁夏高院和广州中院。

6. 普遍未公开破产案件信息

破产案件信息公开还极不理想。仅广州中院、深圳中院与南京中院公开了有关破产案件的所有信息（破产案件受理公告、宣告公告、终结公告以及破产案件统计），占 3.2%。

7. 司法建议普遍未能公开

有 9 家法院公开了司法建议相关信息，占比 9.6%。其中有 7 家法院公开了 2019 年司法建议信息，7 家法院公开了司法建议对象，5 家法院公开了司法建议内容。

（三）执行信息公开

执行是兑现司法裁判的关键环节，公开执行信息，既是满足执行案件当事人知悉案件进展的需要，也是社会监督执行工作的需要，更是凝聚社会共识、实现全社会综合治理执行难的需要。但评估显示，执行信息公开仍有不少短板。

1. 个别法院未通过本院网站公开执行信息

大部分法院将执行信息公开纳入门户网站，将其作为司法公开的重要内容，但是仍有个别网站未公开执行信息。例如，石家庄中院、抚顺中院网站以新闻动态发布为主，绝大部分与司法透明度相关的信息均未公开，包括执行信息。部分法院执行信息公开不全面。汕头中院的“执行信息”“裁判文书”仅能查询且需要输入案号或当事人，并未直接公开。

2. 执行惩戒信息公开仍不理想

仅有 8 家法院公开了执行罚款案件信息，占 8.5%；仅 9 家法院公开了执行拘留案件信息，占 9.6%; 仅 21 家法院公开了执行限制出境案件信息，占 22.3%；仅 5 家法院公开了执行打击拒执罪案件信息，占 5.3%。执行曝光指标方面，53 家法院公开了失信被执行人信息，占 56.4%；仅有 6 家法院公开了特殊主体失信信息，占 6.4%。

3. 终本案件信息公开仍不到位

公开终本案件信息有助于倒逼执行案件规范管理。但总共仅有 30 家法院公开了终本案件清单，占比 31.9%。其中有 11 家法院持续更新公开终本案件清单，19 家法院发布了终本案件清单但发布不规律；20 家法院公开了终本裁定书，占比 21.3%，但是只有 7 家法院公布了近三个月的终本裁定书。

（四）司法数据公开

司法数据是丰富的宝藏。随着大数据技术的进步，数据公开与使用的重要性愈加凸显。人民法院第四个五年改革纲要即强调“深化司法统计改革”，第五个五年改革纲要则进一步强调，完善司法大数据管理和应用机制。向社会公开司法数据，不仅使公众了解法院、监督法院，更能增强公众的信任感；不仅是法院对自己成果的展示，更对其他各级法院有重要的参考价值。2018 年 11 月印发的《最高人民法院关于进一步深化司法公开的意见》明确提出，要加大司法数据公开力度。评估显示，部分司法数据公开相对较好，但总体上公开仍不理想，尤其是司法统计数据的公开较为薄弱。

1. 财务信息公开尚不全面

预决算数据与“三公”经费数据公开情况良好。78 家法院同时公开了预决算数据和“三公”经费数据，占 83%，其余法院公开不全面。涉案款物数据和诉讼费收退费财务数据的公开则较差，仅有 4 家法院公开 2019 年本院涉案款物信息，占 4.3%；6 家法院公布了 2019 年诉讼费收退费信息，占 6.4%。

2. 年度报告公开仍不理想

公开工作报告等法院年度报告，有助于全面展示法院工作。但大多数法院仍不够重视工作报告、司法业务数据、司法实证分析报告的公开工作，大量数据没有公布。仅有 31 家法院公开了 2019 年工作报告，占 33%；42 家法院公开了 2019 年之前的历年报告，占 44.7%；4 家法院公开了 2018 年年度报告，占 4.3%；24 家法院公开了 2019 年司法白皮书，占 25.5%。

3. 司法统计数据公开仍是短板

有 30 家法院公开了本院司法统计数据，占 31.9%；18 家法院公开了本院实时收结案数据，占 19.1%。有 12 家法院公开了本院司法大数据报告，占 12.8%；38 家法院公开了司法调研分析报告，占 40.4%。司法大数据研究报告、审判执行理论研究、司法案例研究成果的数据信息均为《最高人民法院关于进一步深化司法公开的意见》要求法院应当公布的内容，各级法院对以上信息的公布率均没有超过 50%。

4. 司法数据更新不及时

部分法院还存在信息更新不及时的情况，如南宁中院的实时收结案数据和上海高院的司法大数据报告在 2017 年后即未作更新。此外，西安中院与哈尔滨中院的司法调研报告、福建高院的司法统计数据和江苏高院的司法统计数据也都存在信息发布不及时的问题。既然过去相关司法数据能够公开，说明法院有能力开展此方面的公开工作，近年的更新不及时，则只能说明有关法院对此不重视、公开机制不健全。

（五）司法改革信息公开

将司法改革方案和改革任务进展动态展现在社会公众面前，让公众感受到司法改革的步伐，增强社会公众的参与感，从而共同推动司法改革实践，进一步推动司法公正，提高国家司法文明水平。评估显示，有 40 家法院设置了司法改革的专门栏目。一些法院在改单的专门栏目下设置了其他子栏目，如山东高院还设置了改革动态、政策文件等子栏目，进一步扩大了司法改革的公开范围，同时也进一步加强了对司法改革这一任务的宣传推广。公开方案的内容较为详细。法院对具体方案的描述介绍较为详细，山东高院公开员额制改革相关情况的同时还公开了具体的面试工作流程、备案公告、遴选名单等，将司法改革透明化，让公众也能了解到人员遴选全过程，也能够参与其中。

但对于司法改革信息公开，法院总体的重视程度还不够。有 40 家法院设有司法改革的专门栏目，占 42.6%；有 18 家法院公布了司法改革总体方案，占 19.1%；有 7 家法院公布了入额遴选方案、员额退出方案，占 7.4%；有 6 家法院公布了职业保障方案，占 6.4%；同时有 24 家法院公布了改革任务进展动态，占 25.5%。有 5 家法院公布了个人办案数量，占 5.3%；有 6 家法院公布了法官办案汇总数据，占 6.4%；有 10 家法院公布了院庭长办案数据，占 10.6%。立案登记方面，有 66 家法院公布了相应的配套制度，占 70.2%；有 2 家法院公布了立案登记动态数据，仅占总数的 2.1%。在新型审判监督机制改革中，有 4 家法院公布了权责清单，有 7 家法院公布了审判管理监督权力配套规定，分别占 4.3%、7.4%。律师权益保障指标方面，有 10 家法院公布了实施机制，有 5 家法院公布了反馈渠道，分别占 10.6% 和 5.3%。有 8 家法院公布了案外人干预记录，占 8.5%。

此外，还有部分法院的司法改革栏目功能定位不准确。有一些法院将司法改革栏目放在其他相关业务的栏目下，给查询带来不便。例如，齐齐哈尔中院将司法改革信息发布在《审判业务》栏目中，这说明网站设计者对司法改革的定位和内容不够清晰。

公开的相关方案文件不正式。有的法院公布的司法改革相关文件不是正式版本。例如，成都中院公开的员额退出方案是非正式文件，仅仅是研究方案，并没有将施行方案加以公布。

四 存在问题及原因分析

从评估结果看，当前司法公开存在的问题大体归因于如下几个方面。

（一）司法公开仍缺乏常态化机制

迟到的正义不是正义，迟到的信息公开也将使效果大打折扣。信息公开最大的价值在于其时效性，及时公开全面准确的司法信息，是阳光司法的必然要求。但目前有不少法院司法公开效果不佳，主要是尚未形成常态化机制，应公开的未公开、该公开的公开不及时，并没有做到伴随信息产生同步公开，甚至出现了不少突击公开的现象。

（二）对司法公开仍然重视不够

部分法院司法公开水平与当地经济发展程度不匹配的现象恰恰说明，有关法院对司法公开工作重视不够。认识到司法公开的重要性，重视司法公开工作的，哪怕是经济不够发达的地区，也可以把公开工作做得十分规范，相反地，即便是处于经济发达地区，也可能在司法公开方面无所作为。因此，在全面深化司法体制改革、提升司法公信力的背景下，不断提升各级法院对司法公开的重视程度仍然十分必要。

（三）司法公开的理念认识不科学

个别法院用户导向出现偏差，仍然存在以领导关注点为导向的错误认识，公开什么、在哪里公开都以能否满足领导需求为准，而不是以满足公众和当事人需求为出发点和落脚点。个别法院对于自身的公开责任理解有误，认为信息发在上级法院或者其他机关平台上就算完成了公开任务，但忽视了本单位网站平台才是司法公开的第一平台，给公众查询信息带来了诸多不便。

（四）司法公开的信息化保障不到位

现代的司法公开必须依托不断发展的法院信息化。但实践证明，很多法院不但存在网站平台建设水平滞后、网站栏目设置不合理、网站不好用等问题，更严重的是，大量信息仍然依靠人工上传，既增加了工作量、增加了信息数据出错的概率，也导致不同平台的相同信息来源不一、内容不同，公开效果大打折扣。

五　展望

《中共中央关于坚持和完善中国特色社会主义制度　推进国家治理体系和治理能力现代化若干重大问题的决定》提出，坚持权责透明，推动用权公开，完善党务、政务、司法和各领域办事公开制度，建立权力运行可查询、可追溯的反馈机制。完善司法公开是落实司法为民要求、规范司法权力运行、提升司法公信力的必然要求，也是实现国家治理体系和治理能力现代化的重要路径。未来，深化司法公开工作还需要着力从如下方面推进。

第一，细化公开标准。2018 年 11 月发布的《最高人民法院关于进一步深化司法公开的意见》在原有司法公开有关文件基础上，系统规定了应当公开的事项，在此基础上，还需要进一步明确和细化各类信息的公开标准。例如，需要明确法院领导、审判人员、行政人员等司法审判相关人员的信息应公开到何种程度。建议参考政务公开清单管理模式，编制司法公开清单，明确公开要素、公开方式、公开主体、公开时限等。对于诉讼指南等信息，建议由上级法院编制统一的模板，避免各级法院各自编写导致内容样式不一。

第二，重视司法公开的供给侧改革。司法公开应当充分体现用户导向，公开什么、如何公开必须站在广大社会公众和案件当事人角度，充分满足其获取司法信息的需求。因此，各级法院既要做好司法公开的“规定动作”，把法律及司法解释、司法文件要求公开的信息公开出来、公开到位，更要加大对用户需求的调研，及时根据需求扩展公开内容、优化公开方式。

第三，强化司法公开的常态化机制。应探索建立健全司法公开常态化机制。通过司法公开向社会展示最新、最准、最权威的信息，因此，司法公开不是突击完成任务，也不是为了应付检查与评估。随着智慧法院建设的快速推进，可公开的信息应当实时推送至互联网向社会公众和案件当事人展示。唯有建立常态化机制，才能切实满足公众和当事人的信息需求，也才能及时回应社会对人民法院工作的关切。

第四，加强司法平台建设。信息化时代的司法公开必须依托互联网，建好网站平台和新媒体平台。为此，一方面，要确保法院网站的整合，确保一个网站统一对外承担公开和办事功能；另一方面，要加强和规范网站栏目设置和各项功能配置。建议参照国务院出台的《政府网站发展指引》，由最高人民法院出台全国法院网站建设规范或者指引，明确基本栏目的名称及配置要求、加强网站智能检索功能配置，配置多语言、无障碍功能。例如，执行信息公开方面，所有法院网站均应设置执行信息专栏，栏目中应当包含案件查询、执行惩戒、执行曝光、终本案件、司法拍卖、执行举报，且子栏目也应细化到公开终本裁定书、公开举报渠道这样的程度。法院微平台建设方面，应参考政务新媒体管理规范，强化内容管理和功能配置，加强内容更新及与门户网站信息发布的实时联动。

第五，加强司法公开各项要求落实情况的评估督查。如若只发布文件、提出要求，不跟踪落实情况，无问责追责，则文件迟早会被束之高阁。因此，上级法院应当加大对司法公开各项要求落实情况的评估、督查，以正向激励和追责问责相结合的方式，加大各项要求的落实力度，确保司法公开工作稳步推进，不因法院领导注意力的变化而受影响。

B.14
中国检务透明度指数报告（2019）

——以检察院网站信息公开为视角

中国社会科学院法学研究所法治指数创新工程项目组*

摘　要：2019 年，司法体制改革不断深入，司法公开已成为全国各级法院、检察院的共识。在此背景下，检务公开取得显著成效。机构人员等基本信息公开不断普及，检察法律文书公开的广度、深度再上层楼，各类报告公开日渐多见。总体上，检察活动走向公开透明，在便民性、友好性方面均有新进展。为适应新时代要求，检务公开需要在更高起点上谋划和推进，围绕中心工作不断提升检务公开的质量和实效，并注重发掘检务公开的新功能，以公开促进公众知情参与，加强解读回应，迈向便民、智能、高效，进而提升新时代的检察公信力。

关键词：检务公开　门户网站　法治指数　检务服务

2019 年，中国社会科学院法学研究所法治指数创新工程项目组（以下简称“项目组”）连续第 8 年对检务透明度情况进行测评。本报告系对测评情况的总结分析。

---

* 项目组负责人：田禾，中国社会科学院国家法治指数研究中心主任、法学研究所研究员；吕艳滨，中国社会科学院法学研究所法治国情调研室主任、研究员。项目组成员：王小梅、王祎茗、田纯才、冯迎迎、刘雁鹏、米晓敏、李士局、来雅娜、宋君杰、胡昌明、洪梅、栗燕杰、彭镜聿（按姓氏笔画排序）。执笔人：栗燕杰，中国社会科学院法学研究所副研究员；田禾。

本次测评自2019年11月1日开始，到2019年11月30日结束；复查日期截至2019年12月26日。为确保评估的可靠性，凡是项目组工作人员无法打开网站、链接的，均由其他测评人员通过变换电脑、浏览器、查询时间等方式再次查询。同时需说明的是，复查结束后，新上线的内容和新发现的做法，在报告中会有提及，但并不计算在测评结果分值之内。

一　评估对象、评估指标及评估方法

在评估对象和评估方法上，2019年检务透明度评估与上一年度保持基本一致，并首次将新疆生产建设兵团人民检察院纳入评估范围。评估对象为最高人民检察院、31家省（自治区、直辖市）人民检察院及新疆生产建设兵团人民检察院（以下统称为32家省级人民检察院）、49家较大的市人民检察院。在评估渠道上，项目组坚持以观测检察院门户网站为主要方式，并对检务新媒体进行测评验证；对于涉检微博、微信内容，则观测其功能，并通过抽查特定事项，考察更新的及时性，以及微信是否具备咨询、业务办理等功能。

检务公开指标体系每年会根据改革形势和年度特点进行调整优化。基于以往检务透明度评估实践，2019年度评估指标与上一年度基本保持一致，对个别三级、四级指标进行增删（见表1）。

从营商环境提升角度考虑，网站除中文简体版外，倡导提供繁体中文、英文或其他语言版本，设置相应指标加以考察。在权重配置上，对于起诉书等法律文书、工作报告、预决算信息等已成为检务公开常态的，其权重有所下调，更加注重考察因法律修改带来的权利义务须知变动、文书公开统计与反向公开[①]等新的发展趋势。

① 关于反向公开，系吸收了法院文书公开的探索经验。在中国司法透明度指数评估的推动下，早在2015年，广州市中级人民法院、吉林省高级人民法院和海口市中级人民法院等探索公开不上网文书的数量、案号、案由、不公开理由等信息。2016年，最高人民法院修订《最高人民法院关于人民法院在互联网公布裁判文书的规定》，采纳中国司法透明度指数报告的建议，规定了裁判文书的反向公开，即不在互联网公布的裁判文书，应当公布案号、审理法院、裁判日期及不公开理由，但公布上述信息可能泄露国家秘密的除外。其做法对检务公开具有借鉴意义。2019年度的检务透明度评估，将文书公开统计、反向公开纳入。

表1 中国检务透明度指标体系（2019）

1. 基本信息（20%）	1.1 网站设置（20%）
	1.2 微平台客户端（30%）
	1.3 机构设置（20%）
	1.4 人员信息（30%）
2. 检务指南（30%）	2.1 工作流程（8%）
	2.2 权利义务须知（60%）
	2.3 网上咨询平台（8%）
	2.4 公益诉讼（16%）
	2.5 新闻发布会（8%）
3. 检察活动（30%）	3.1 法律文书（70%）
	3.2 申诉审查（20%）
	3.3 重要案件信息（10%）
4. 统计总结（20%）	4.1 检察报告（40%）
	4.2 财政信息（40%）
	4.3 文书统计（20%）

二 总体情况

2019年，国家对检务公开的重视程度空前，检务公开已成为检察工作、检察改革乃至国家治理体系的重要组成部分，并取得显著成效。

《中共中央关于坚持和完善中国特色社会主义制度 推进国家治理体系和治理能力现代化若干重大问题的决定》提出，要“坚持权责透明，推动用权公开，完善党务、政务、司法和各领域办事公开制度，建立权力运行可查询、可追溯的反馈机制”。2019年修改后的《人民检察院组织法》在多处对检察院的司法公开提出要求，第7条明确，“人民检察院实行司法公开，法律另有规定的除外”。第52条提出，“人民检察院应当加强信息化建设，运用现代信息技术，促进司法公开，提高工作效率”。最高人民检察院《2018~2022年检察改革工作规划》较为系统地谋划检务公开工作，专门要求“深化检务公开，接受社会监督”，包括“完善法律文书和案件信息公开范围，发布典型案例，公开检察建议”等。由此，检务公开有了更高站位，更明确的法律依据，理应为国家的司法治理、司法公信力提升和满足人民群众知情权作出更大贡献。

最高人民检察院《2018~2022年检察改革工作规划》提出，要整合检察互联网平台，构建融检察服务、检务公开、检察宣传、监督评议于一体的12309检察服务公共平台，为人民群众提供更加便捷的“一站式”服务。2019年9月17日，12309中国检察网（www.12309.gov.cn/）正式上线，在功能上更全面。12309中国检察网集案件信息公开、办事服务、监督意见、互动交流于一体，将之前的12309检察服务中心、人民检察院网上信访大厅、最高人民检察院举报网站、人民检察院案件信息公开网[①]等予以整合统一；并集成门户网站、手机App、微信公众号、热线电话四种方式，适应不同群体获取信息和沟通联络的需求。12309中国检察网提供办事指南，随着内容日渐完善，今后各地检察院的办事指南可进行合理分工，仅放置其地方专门性、特色性内容即可。

《2018~2022年检察改革工作规划》提出，“推动检察机关内设机构改革，健全和规范检察机关组织机构”。最高人民检察院和地方各级检察机关推动内设机构整合和扁平化管理。一些检察机关在机构改革完成后同步更新了其内设机构、检察指南方面的信息，人民群众可以及时了解改革进程和效果。吉林省人民检察院从改革后的机构设置出发，区分不同部门公开业务流程。

2019年度评估中，最高人民检察院、32家省级人民检察院和49家较大的市人民检察院均开通了门户网站，且均能打开，与2018年测评时的情形一

① 2019年9月，人民检察院案件信息公开网发布“更新提示”：“因业务升级需要，本网站将于9月11日22点关闭，所涉及的业务将迁移到‘12309中国检察网’，域名统一变更为https://www.12309.gov.cn，用户名等信息保持不变，欢迎大家浏览访问。”至此，自2014年10月1日上线运行的“人民检察院案件信息公开网”关闭，检察公开平台深度融合迈上新台阶。

致。但也应注意，徐州市人民检察院仍有两个网站，网站外观、内容均大相径庭，且未见改版说明；兰州市人民检察院门户网站首页无法打开，通过搜索引擎检索可显示，但仅部分页面可打开。在测评过程中，淄博市人民检察院门户网站一度无法打开；洛阳市人民检察院门户网站点击后出现多个新网页，不仅导致严重卡顿，且打开页面也并非链接所指向内容。这表明，检务公开的信息化支撑虽然取得一定成效，但仍存在诸多问题需要给予关注。评估结果见表2。

表2　2019年度中国检务透明度指数评估结果

单位：分

排名	检察院	基本信息（20%）	检务指南（30%）	检察活动（30%）	统计总结（20%）	总分（满分100分）
1	江苏省	82	88	67	100	82.90
2	无锡市	70	73	58	90	71.30
3	南京市	67	64	49	100	67.30
4	最高人民检察院	80	42	64	90	65.80
5	广州市	74	67	42	90	65.50
6	安徽省	69	50	60	90	64.80
7	江西省	70	67	39	90	63.80
8	陕西省	84	67	31	80	62.20
9	石家庄市	64	55	49	90	62.00
10	厦门市	71	73	27	85	61.20
11	淮南市	73	59	37	85	60.40
11	包头市	65	60	38	90	60.40
13	苏州市	55	45	54	97	60.10
14	吉林市	55	59	43	90	59.60
15	哈尔滨市	68	67	30	80	58.70
16	汕头市	53	56	49	80	58.10

续表

排名	检察院	基本信息（20%）	检务指南（30%）	检察活动（30%）	统计总结（20%）	总分（满分100分）
17	内蒙古自治区	49	61	39	90	57.80
18	徐州市	52	55	39	95	57.60
19	南昌市	63	51	45	80	57.40
20	四川省	70	63	22	85	56.50
21	山东省	45	53	47	85	56.00
22	湖南省	41	58	37	90	54.70
23	重庆市	45	63	32	85	54.50
24	福建省	54	53	37	80	53.80
25	唐山市	65	54	26	82	53.40
26	吉林省	50	77	27	60	53.20
27	海南省	74	43	27	85	52.80
28	大连市	64	39	36	85	52.30
29	贵州省	59	52	25	85	51.90
30	河北省	75	55	14	80	51.70
31	新疆维吾尔自治区	60	53	25	80	51.40
32	成都市	77	49	27	63	50.80
33	深圳市	64	43	30	80	50.70
34	浙江省	66	42	25	85	50.30
34	贵阳市	65	47	34	65	50.30
36	西安市	60	49	24	80	49.90
37	广西壮族自治区	59	33	46	70	49.50
38	合肥市	58	52	27	70	49.30
38	河南省	60	49	22	80	49.30
40	珠海市	44	47	31	85	49.20
41	宁波市	55	47	26	80	48.90
42	南宁市	64	24	42	80	48.60

续表

排名	检察院	基本信息（20%）	检务指南（30%）	检察活动（30%）	统计总结（20%）	总分（满分100分）
43	广东省	54	39	29	85	48.20
43	辽宁省	56	41	29	80	48.20
45	福州市	34	50	34	80	48.00
45	长春市	48	51	27	75	48.00
47	长沙市	51	55	51	28	47.60
47	北京市	65	51	21	65	47.60
49	郑州市	72	43	16	75	47.10
50	湖北省	63	39	25	75	46.80
50	杭州市	54	37	23	90	46.80
52	洛阳市	65	49	14	72	46.30
53	天津市	49	43	17	85	44.80
53	宁夏回族自治区	54	23	37	80	44.80
55	鞍山市	39	38	40	65	44.20
56	抚顺市	50	29	31	80	44.00
56	青岛市	44	43	33	62	44.00
56	乌鲁木齐市	35	54	26	65	44.00
59	上海市	65	39	17	70	43.80
60	云南省	43	33	37	70	43.60
61	甘肃省	74	21	26	70	42.90
62	黑龙江省	46	42	25	65	42.30
63	太原市	29	33	26	90	41.50
64	大同市	39	47	11	80	41.20
65	呼和浩特市	56	29	24	70	41.10
66	齐齐哈尔市	49	39	11	80	40.80
67	海口市	59	22	21	80	40.70
68	淄博市	49	61	27	20	40.20

续表

排名	检察院	基本信息（20%）	检务指南（30%）	检察活动（30%）	统计总结（20%）	总分（满分100分）
69	山西省	34	25	34	77	39.90
70	银川市	55	35	27	50	39.60
71	武汉市	58	36	30	40	39.40
72	青海省	58	17	34	62	39.30
72	济南市	60	47	14	45	39.30
74	沈阳市	41	26	18	80	37.40
75	本溪市	55	34	10	55	35.20
76	昆明市	59	39	23	10	32.40
77	兰州市	45	42	22	10	30.20
78	邯郸市	70	17	18	25	29.50
79	西藏自治区	30	35	22	30	29.10
80	新疆生产建设兵团	24	46	6	0	20.40
81	拉萨市	34	22	5	0	14.90
82	西宁市	18	7	4	0	6.90

三　进展与成效

评估结果显示，2019年度中国检务公开全面推进，检务开放水平继续提升，重要案件信息公开、法律文书公开已逐步成为各级检察机关的常规公开动作。

（一）人员机构信息公开有显著进展

有29家省级人民检察院和47家较大的市人民检察院提供了全部或部分院领导的姓名、职务、管理范围、教育背景、工作经历信息；完整提供的，也有7家省级人民检察院和16家较大的市人民检察院。提供内设机构负责人信息的，则有16家省级人民检察院和29家较大的市人民检察院。提供检察官姓名、身份的，则有 14 家省级人民检察院和 23 家较大的市人民检察院。与往年相比，人员信息公开水平略有提升。

评估发现，一些检察机关的表现可圈可点。比如，贵州省人民检察院的院领导信息公开，完整提供了姓名、出生年月、职务、教育背景、工作经历等方面信息。无锡市人民检察院公开的人员信息专栏，包括了人事任免情况、入额检察官的身份、级别和联系电话，以及各部门负责人及在编检察人员的姓名、各部门对外联系电话等。

（二）法律文书公开有所提升

各类检察法律文书的公开，已成为最高人民检察院及各级检察机关的普遍共识和着力点。就全国层面而言，12309 中国检察网的法律文书公开分类已包括起诉书、抗诉书、不起诉决定书、刑事申诉复查决定书和其他法律文书。

法律文书公开日渐成为常态。在被测评的 49 家较大的市人民检察院中，已有 48 家公开了起诉书[①]，33 家公开了刑事申诉复查决定书，7 家公开了抗诉书。起诉书、抗诉书、不起诉决定书、刑事申诉复查决定书等类型检察法律文书的公开，已从往年个别检察机关的创新探索走向了常态化。这与最高人民检察院的大力推动密切关联。但也应看到，虽然 12309 中国检察网设置了“其他法律文书”的兜底类型，有利于法律文书类型的多样化，但项目组也发现，多数评估对象在“其他法律文书”栏目并未公开多少内容，栏目空白反倒是常态。这也从一个侧面表明，上级推动构成检务公开的重要动力来源，推动缺失或方向要求不明确则往往公开成效不佳。

江苏省人民检察院公开了下级检察机关的不支持监督申请决定书、量刑建议书、检察建议书、出庭意见书、不批准逮捕理由说明书、不起诉理由说明书等类型的法律文书[②]。广州市人民检察院通过门户网站向社会公开不起诉

① 在此需指出的是，2018 年度评估显示，河北省邯郸市人民检察院仅有 1 例起诉书公开；但 2019 年度评估显示，不仅该院无新的起诉书公开上网，且之前公开的也已不见踪影。

② 网址为：http://www.jsjc.gov.cn/shzs/wssl/，最后访问日期：2020 年 1 月 13 日。被置于江苏检察网《“守护者说”文书说理》栏目。

决定公告、民事公益诉讼公告[①]，既起到了普法宣传效果，也有利于当事人信服、化解相关争议，对于检察相关法律文书的公开，更是宝贵的探索。有理由相信，今后各地检察机关法律文书公开的类型必将更加丰富、全面。

（三）新闻发布会日渐常态化

新闻发布会的网上图文直播，完整、全面展现新闻发布会内容，全文公开典型案例、白皮书、报告等也日渐常见。2019 年度的评估发现，新闻发布会内容全文上网的，分别有 5 家省级人民检察院和 3 家较大的市人民检察院，另有 26 家省级人民检察院和 34 家较大的市人民检察院有新闻发布会的新闻报道或内容摘要。2019 年 12 月，最高人民检察院举行以“从严惩处涉未成年人犯罪，加强未成年人司法保护”为主题的新闻发布会，通报依法严惩涉未成年人犯罪工作情况及下一步工作打算，发布未成年人检察公益宣传片和典型案例。江苏省开通“江苏检察新闻发布平台”（www.jsjc.gov.cn/jsjcxwfbpt/），除发布省检察院自身的新闻发布会预报、图文直播、典型案例之外，还将江苏各级检察机关的新闻发布会予以集约公开。贵州省人民检察院召开扫黑除恶专项斗争新闻发布会，公开黑恶势力犯罪打击的各项数据[②]。相比有的政府机关面对依申请公开将扫黑除恶相关数据遮遮掩掩，甚至作为保密事项不予公开，检务公开走在了前列。总体上，各级检察机关对新闻发布会的重要性认识有所提升，应用越来越娴熟，已成为检务公开的重要机制。

（四）典型案例事例鲜活公开

典型案例的发布，既直观展现了检察工作取得的成效，也起到示范效果，便于推广普及。最高人民检察院设置“指导性案例”专栏，分批次公开指导

① 网址为：https://www.jcy.gz.gov.cn/jwgk/index.jhtml，最后访问日期：2020 年 1 月 13 日。需要指出的是，其民事公益诉讼公告被置于《通知公告》栏目，其标题仅显示“×× 人民检察院公告”，仅看标题完全不知所云。建议在经验推广时，可在公益诉讼相关栏目中摆放，标题中尽可能展示当事人、案由等基本要素。

② 《贵州省检察院召开扫黑除恶专项斗争新闻发布会》，网址为：https://mp.weixin.qq.com/s/Nsn_GZFdMvY0A76LJtvjzA，最后访问日期：2020 年 1 月 13 日。

性案例。2019 年 1 月 17 日，最高人民检察院发布首批涉民营企业司法保护典型案例，为各级检察机关保护民营企业合法权益、服务和保障非公有制经济健康发展提供了参考指引。

江苏检察网设置了“守护者说”频道，以“做人民美好生活的法律守护者”为己任，设置了典型案例、以案释法、文书说理、检察官说、视听之窗、法治资讯等栏目。无锡市人民检察院设置的《检务须知》专栏，采取漫画、流程图、指南、标准等多种形式。苏州市人民检察院的新闻发布会除公开相关工作情况通报之外，还将发布会上的典型案例向社会公开，其要素包括基本案情、检察履职情况、发布意义等[①]。海南省人民检察院的以案释法栏目还配有插画。上海市浦东新区检察院与上海金融法制研究会合作发布《金融检察典型案例集》。这些做法，架起检察工作与群众日常需要之间的桥梁，以较为生动、鲜活的案例、视频进行解读，使检务公开更加通俗易懂，这是检务公开发展的重要方向。

（五）各类统计数据公开进展迅猛

财政预决算公开继续保持良好态势。在 2019 年度评估结束前，公开本院 2019 年度预算的，有 30 家省级人民检察院和 40 家较大的市人民检察院；公开本院 2018 年度决算的，有 28 家省级人民检察院和 39 家较大的市人民检察院。公开本院 2019 年度“三公”经费的，有 30 家省级人民检察院和 40 家较大的市人民检察院。海南等省市人民检察院设置《财政公开》栏目，将历年预算、决算信息予以集中、及时公开。杭州市人民检察院更进一步将绩效目标、社会评价意见整改目标完成情况、创新创优纳入公开范畴[②]。在绩效目标方面，公开了年度性的检察院职能目标公示、职能部门的季度性进度公示和年度完成情况公示；社会评价意见整改方面，公开了社会评价意见整改目

① 网址为：http://sz.jsjc.gov.cn/tslm/xwfb/，被置于苏州市检察院网站特色栏目《新闻发布》，最后访问日期：2020 年 1 月 13 日。

② 网址为：http://www.hzjcy.gov.cn/website/directorypage.aspx？ sel=2623，最后访问日期：2020 年 1 月 14 日。

标、重点整改中期自查、重点整改目标完成情况和整改目标完成情况；创新创优方面，则公开了历年创新创优的立项申报、完成情况、预申报表和申请验收表。

2019年10月，《最高人民检察院关于开展公益诉讼检察工作情况的报告》在最高人民检察院门户网站和全国人民代表大会门户网站全文公开。一些地方检察机关也进行类似探索。比如，广州市人民检察院将《关于公益诉讼工作情况的报告》公开上网。

广州市人民检察院将《广州未成年人检察工作白皮书（2015~2017）》公开上网①。2020年1月14日，最高人民检察院将《绿色发展·协作保障服务保障长江经济带发展检察白皮书（2019）》同时在门户网站和官方微信公开。在检察相关白皮书多有新闻鲜有全文公开的背景下，已迈出宝贵一步，必将发挥强烈的示范带动效应。有理由相信，今后各类检察白皮书的全文公开，必将越来越常态化。

（六）更加便民突出服务导向

栏目设置更加合理。2019年，不少检察院门户网站进行了改版，栏目设置方面进步明显。最高人民检察院和江苏、上海、北京、重庆等地检察院门户网站页面简洁、内容摆放一目了然。

网站检索功能有所加强。在32家省级人民检察院中，29家有经验证有效的检索功能；在49家较大的市人民检察院中，44家有经验证有效的检索功能。

集约公开较为多见。北京市人民检察院建有网上检察服务中心（www.bjjc.gov.cn:8070/wsjcfwzx/），集成了12309检察服务热线，在线视频接访，提供控告、申诉、国家赔偿申请、司法救助申请、公益诉讼举报、咨询建议、约见检察官、律师服务等多项服务，以及《检察地图》栏目，群众可实现实时导航和查看联系电话；在页面底端还提供了个案公告、法律文书

---

① 《广州未成年人检察工作白皮书（2015~2017）》，网址为：https://www.jcy.gz.gov.cn/jwgkgzbg/1390.jhtml，最后访问日期：2019年12月18日。

公开、重要案件信息公开的链接，文书格式、参阅案例、司法解释、重要文件等内容，以及北京市各个检察机关的职能介绍、内设机构、院领导和检察官信息，起到集约整合公开的效果。吉林省人民检察院首页提供“全省检察室索引”和“信访接待索引”，点击进入后展现各个检察室的地址、联系人，以及检察机关接待室的地址、邮编、联系方式等信息。福建省人民检察院在《检务公开》栏目下设“全省检察机关地址邮编联系电话”①，不仅公开了省内各个检察机关的地址、邮编，提供值班室电话，还提供了控告申诉电话或服务大厅电话。这些做法均为人民群众联系检察机关提供了便利。

悬浮窗起到提醒效果，但如果无法关闭会影响浏览体验。有28家省级人民检察院和43家较大的市人民检察院网站无悬浮窗或悬浮窗可关闭。其中，湖北省人民检察院门户网站的悬浮窗不仅可以关闭，且悬浮窗提供了湖北省各级检察院的网站群、微博群、微信群、头条群，起到集约公开、便于查询使用的效果。

在融媒体发展趋势下，海南省人民检察院门户网站支持跨终端访问和页面自适应匹配，网页或特定选中内容可一键分享到微信、微博、QQ空间或其他媒体平台，重庆市人民检察院门户网站也提供了类似的分享功能。

文字放大、语音播报等无障碍辅助功能在检察院门户网站上越来越普遍。湖北省人民检察院门户网站提供了无障碍阅读模式，还提供平板阅读、手机阅读等模式；安徽省人民检察院同时提供了网站无障碍和无障碍客户端两种模式，后者可在用户移动端安装后提供更好的用户体验；河北省人民检察院提供无障碍阅读、放大、读屏等功能。

（七）互动公开探索较为丰富

宁波市人民检察院首页设有《一站式检务大厅》栏目②，内容为检察服务

① 网址为：http://www.fj.jcy.gov.cn/jwgk/qsjcjglxfs/201806/t20180620_2238714.shtml，最后访问日期：2020年1月12日。

② 网址为 http://www.ningbo.jcy.gov.cn/jcfwdt_335/，最后访问日期：2020年1月14日。

大厅的服务指南，各类查询、审查事项的办理。河北省人民检察院设置《检务公开网络服务大厅》专栏，将要展示的检务公开各个板块集约展示，便于公众获得正式、权威的检务信息。安徽省检察网的《在线法律咨询》栏目不仅可以提出意见建议、进行咨询，还集中公开了较为典型的问答，便于群众快速解惑，避免了不必要的重复咨询和重复回答。济南市人民检察院的网上咨询平台，可以选择特定检察官进行咨询，直接对接到相关工作人员。海南省人民检察院提供“检察长信箱”“建言通道”“投诉建议”和“网上调查”等多个联络渠道。

安徽省人民检察院开通了名为“公益诉讼随手拍”的公益诉讼举报平台，通过“随手拍”的形式，受理生态环境和资源保护、食品药品安全、国有土地使用权出让、国有财产保护等领域国家利益或者社会公众利益受侵害以及侵害英雄烈士的姓名、肖像、名誉、荣誉权，损害社会公共利益等方面违法行为的线索。贵州省人民检察院的“检察网答疑平台”（https://wbjcy.jcy.org.cn/tyConsulationqs/user/index1.jsp?pid=3），其问题和答复均公开上网，除法律咨询功能外，还起到个案的分流导引功能；贵州省人民检察院还设置“基层民意网络直通车”频道（https://wbjcy.jcy.org.cn/tyGZOpinion/user/index.jsp），接受办理人民意见建议，并在一定期限内网上反馈处理结果。在这些努力下，检察机关逐步摆脱以往的神秘形象，在走向透明开放的道路上迈出一大步。

（八）数据公开有所推进

2019 年，最高人民检察院在数据公开方面进行了有益探索。2019 年 10 月底，最高人民检察院第一次向社会公开了 2019 年前三季度全国检察机关主要办案数据。这是检察机关正式确立按季度向社会公开检察业务统计数据常态化机制形成的标志。

江苏检察网设置《数据公开》专栏，各地市也相应设有办案数据公开类栏目内容。江苏检察网向社会公开 2019 年前 11 个月公益诉讼方面的数据，包括立案、向行政机关发出的诉前检察建议、民事公益诉讼公告、提起诉讼数量等[①]。南京市人民检察院的办案数据公开[②]，既有按照季度、半年发布的综合性主要办案数据，还有办理毒品犯罪、公益诉讼案件、知识产权犯罪、制售假冒伪劣商品犯罪等的专项数据和类案分析。

四 存在的问题

检务公开虽然取得很大成效，但检务公开面临的形势不容过于乐观，新时代背景下的中央要求不比以往，群众期待水涨船高。必须清醒地认识到检务公开仍存在的问题、短板，进而针对性地提升。

（一）更新不及时问题凸显

更新不及时，可谓中国检务公开的老问题。2019 年度评估发现，该问题依然相当严重，主要表现如下。

第一，检务指南更新不及时。以刑事不起诉须知为例，2018 年 10 月 26 日《全国人民代表大会常务委员会关于修改〈中华人民共和国刑事诉讼法〉的决定》提出的要求有诸多变化。但截至评估结束，在省级层面，广东、广西、海南 3 家检察院未及时更新；在较大的市层面，则有海口、乌鲁木齐 2 家检察院未及时更新。事实上，在犯罪嫌疑人诉讼权利义务告知等方面，此类未及时更新的现象也同样存在。

第二，部分信息公开较晚。预算本应在年初公开，在预决算公开日渐普及的背景下，一些地方直到 2019 年 9 月甚至更晚才将 2019 年度预算公开上网，公开效果大打折扣。

第三，法律法规并非最新版本且无标注。在《人民检察院组织法》《检察官法》已经修订的背景下，福建省、贵州省、上海市等地均存在公开的法律不是最新版本的现象。

---

① 参见《江苏前 11 个月发出公益诉讼诉前检察建议 2186 件》，网址为：http://www.jsjc.gov.cn/yaowen/201912/t20191216_941773.shtml，最后访问日期：2019 年 12 月 16 日。

② 网址为：http://nj.jsjc.gov.cn/jianwu/baxiang/，最后访问日期：2019 年 12 月 18 日。

第四，栏目内容缺乏必要更新。河南省人民检察院的《以案释法》栏目，不仅未按照时间排序，且最近更新日期为 2017 年 5 月 6 日，之后未有任何更新；其《意见建议箱》栏目，内容完全空白①。

第五，机构改革后机构信息公开如故。在机构改革背景下，项目组发现一些检察机关的内设机构公开未同步更新内容。比如，贵州省人民检察院在《检察新闻》栏目提及其机构改革情况，但在“首页机构设置省院机构”（http://www.gz.jcy.gov.cn/jgsz1/syjg/201807/t20180719_2299957.shtml）中公示的“贵州省人民检察院内设机构及职责”仍为机构改革之前的信息。有的机构设置公开，虽然有更新但旧版本并未标注失效，导致出现表述不一致的情形。

第六，应当标注无效或下线的功能未及时处置。比如，按照最高人民检察院统一部署，自 2018 年 8 月 1 日起，全国检察机关停止行贿犯罪档案查询工作。2019 年的测评显示，仍有多家检察机关在网站首页醒目位置摆放了《行贿犯罪档案查询》栏目、指南须知或平台，也未标注无效，或者该查询已下线。

（二）发展依然相对不均衡

2019 年，评估的 82 家检察机关均开通了门户网站，但各地、各板块表现出严重的不均衡。一些检察机关还有很大提升空间。一些省市在多年评估中处于下游乃至垫底位置。比如，未提供基本检务指南须知的，没有咨询平台的，仍较多见；无 12309 链接，无重大案件信息的也尚未根绝。即便在省级检察院层面，网站若干栏目内容空白也屡见不鲜。

（三）友好性有待提升

标题缺乏基本要素或显示不完整。测评显示，有 6 家省级人民检察院和 13 家较大的市人民检察院的网页标题存在缺乏基本要素、显示不完整或

---

① 项目组于 2019 年 12 月 26 日复查，仍显示如此。

其他问题。有的工作报告在标题上并未显示年份，有的法律文书公开仅显示“起诉书自然人版”“刑事申诉复查决定书（公开版）”，除非点击进入，否则无法知晓其内容。有的新闻发布会仅以“2019 年第 × 次新闻发布会”的形式展现。

提供繁体字版本网站的，仅有 1 家省级人民检察院和 2 家较大的市人民检察院；而提供英文或其他语言版本的，仅有 2 家较大的市人民检察院。显然，繁体字版本、英文版本内容的缺失，不利于检察机关保障“一带一路”建设，也难以适应营商环境国际化要求。

一些检察机关公开内容的查询获取需要注册，项目组验证显示，多家检察机关的注册程序繁杂，且总显示验证码错误。为点对点公开计，可保留必要注册手续，但应尽可能以便民为宜。有的网站的搜索栏虽然处于首页醒目位置，但必须在检索框中输入内容才能打开页面，但检索页面并不直接显示检索结果，而是需要在检索页面再次输入检索关键词，才能出现检索结果。这些做法给群众查询检务信息带来了诸多不便。

（四）平台维护不够到位

评估显示，检察院门户网站不稳定的情况依然存在。死链情况远未根绝。各级、各地检察机关网站大量存在链接无法打开的现象，有些检察机关提供的微信、微博、公众号、头条号链接无法打开；有的检察机关门户网站首页提供微博、微信二维码，但扫描后存在无法访问或指向错误。虽然微博、微信早已实现了全覆盖，但有些地方的检务新媒体只有空壳，“僵尸账号”现象仍不同程度存在。一些地方依然不够重视，原地踏步乃至倒退情况值得关注。

五　展望

今后，随着中国特色社会主义进入新时代，人民检察事业进入新的历史时期，检务公开理应不懈怠、不松劲，争取有大的进步跃升。对此，建议从以下方面改进加强。

（一）开展基层试点，推进检务公开标准化

检务公开标准化可分三步实施。一是探索检务公开清单化。以已有文件和地方探索为基础，建立检务公开事项清单。清单中的活动、文书、案件均在公开之列。二是在清单基础上编制标准。清单编制完成后，还应借鉴政务公开清单及标准化的经验，围绕公开什么、由谁公开、在哪儿公开、如何公开、何时公开等要素，编制要素完整、操作性强的检务公开标准。三是先试点再推广。在实施中，可先选取若干公开基础较好、积极性较高的检察机关，分别试点，上级检察机关应加强督促指导，时机成熟时进行验收总结，进而编制全国统一的检务公开清单。

（二）需求本位导向，检务公开与检察服务有机统一

检务公开既要满足群众、企业的知情需求，还应满足办理检察相关事务的服务需求。在线下，实现“一站式”办理；在线上，走向“一键式”办理。为此，在门户网站和新媒体栏目设置上，应考虑将“检察服务”作为必备栏目并提供相应功能。在形式上，除针对国内民众、企业进行调整优化之外，还应适度考虑国际化需求。形式上应考虑以多种语言进行检察公开，至少其关键、核心内容应配置外文版本。

（三）提升信息共享对接层次，增强可利用度

虽然“12309 中国检察网”集约公开了重要案件信息，在法律文书公开栏目中公开了起诉书、抗诉书、不起诉决定书、刑事申诉复查决定书等类型法律文书，各级人民检察院的办事指南或类似栏目提供了检察相关的办事指南、权利义务须知。中国裁判文书网公开了法院裁判文书。但相互之间依然各自为政，未能形成公开合力，互通水平有待提升。其突出表现如下：首先，检察机关的重要案件信息与法律文书公开缺乏必要关联，加之重要案件信息表述往往失之简略，导致重要案件信息公开效果大打折扣，关联的缺失导致人民群众无法持续性关注，也使得重要案件信息公开未发挥更大作用；其次，

各类检察法律文书缺乏对接、关联；再次，检察法律文书与法院的裁判文书，在公益诉讼、检察建议等领域与政府行政决定、企业整改等缺乏必要关联。其结果是，虽然检察机关主动向社会公开大量文书、信息，但被采纳情况如何则不得而知，文书所反映的法律适用规则是否经得起检验、文书指向最终落地情况也无从知晓。

不可否认，检察案件信息、文书公开有大量保密、隐名等要求，但这并不意味着绝对不能建立信息关联。本着党的十九届四中全会关于“加强数据有序共享”的要求，基于《2018~2022 年检察改革工作规划》“推动建立与人民法院财产刑执行案件信息、执行信息共享机制”的指引，检察机关应当继续加强与政府、法院等机关的信息共享，在向社会公开公示检务信息、文书时加强关联对接，进而提升其传播力与可利用度，增强服务能力和保障水平。

（四）畅通表达监督渠道，突出互动解读回应

人民的满意度是评判检察改革成效的关键。检务公开的推进，要为人民群众知情、参与、表达、监督、救济提供平台渠道和制度机制。应当说，各级检察机关在热线电话、检察长信箱、检察开放日等互动交流方面已有探索，检察形象大为改观。也应看到，人民群众与检察机关沟通联络的实质畅通性仍有很大提升空间；一些地方检察机关的检察开放日，不过是“走马观花一日游”，其效果形式大于实质，一些地方检察机关的网上互动和检察长信箱、检察新媒体，其回复往往是“官样文章”，不能解决问题甚至问题发出后石沉大海。在新时代，应当把互动交流、服务公开作为检务公开的关键发力点，畅通表达渠道，增强回应的及时性和有效性。在检察开放日的实施上，在已有的“网络报名、随机抽选”探索基础上，适用主体应适度下沉，增强广泛性、代表性；在内容上，本着分众化思路，从简单浏览走向深度开放。

加强检察政策文件解读的制度化。应当说，检察系统在此方面已有一些努力并取得成效。比如，2018 年 11 月，最高人民检察院在已有服务和保障民营企业发展的司法文件通知基础上，作出《充分发挥检察职能　为民营企业发展提供司法保障——检察机关办理涉民营企业案件有关法律政策问题解

答》，既起到统一执法司法标准的作用，也有利于社会各界理解应用。今后，检察机关可借鉴行政机关政策解读的经验[①]，加强司法文件、典型案例的权威解读，并逐步走向常态化、制度化，做到同步组织、同步审签、同步部署和同步发布；在解读形式上，既要发挥检察长等主要负责人的带头解读作用，又要注重传播力和易懂性，更多采取群众喜闻乐见的图片、视频音频、卡通动漫等形式，图文并茂，多用数据、事例，增强检务公开的传播力和影响力，使得相对专业、生涩的司法信息更易理解，避免误解误读，大幅提升针对性、科学性、权威性，真正让群众看得到、能理解。

完善检察回应关切制度机制。近年来，各级检察机关对涉检舆情的关注和处置可谓有目共睹，在响应速度、回应水平方面均可圈可点。在此基础上，应建立起常态化、制度化的回应关切制度机制，从主要依靠领导重视、主要针对舆情问题的偶发性回应关切，走向制度化、常态化，关注涉检舆情、媒体关切、突发事件的回应关切制度。更进一步，还应建立起回应关切与常态检察工作的反馈、闭环机制。其关键在于，将回应关切发现的法律适用、规则本身、司法惯例等方面问题予以化解，避免类似舆情反复发生。在此基础上，应将门户网站、集约公开平台和检务新媒体建成检民互动平台，问政于民、问需于民、问计于民，增进人民群众对检察工作的认同。

（五）全面推进检察数据公开，逐步走向数据开放

在数据开放的大背景下，检察数据开放乃大势所趋。在已有大量公开活动、文书的基础上，检察机关可逐步探索检察信息资源的开放。实施检察机关数据资源清单管理，制定数据开放目录和数据采集标准，依托“12309 中国检察网”稳步推进检察数据开放，鼓励社会力量开发利用检察数据资源。

① 参见中共中央办公厅 国务院办公厅印发的《关于全面推进政务公开工作的意见》。

B.15
中国警务透明度指数报告（2019）

——以公安机关网站信息公开为视角

中国社会科学院法学研究所法治指数创新工程项目组*

摘　要：2019年，中国社会科学院法学研究所法治指数创新工程项目组以公安机关网站公开为视角，对4个直辖市、27个省会城市、5个计划单列市的公安机关的警务透明度进行了年度评估。评估显示，公安机关职能架构公开到位，人事财务信息公开均有突破，法治政府建设报告公开良好，警民互动渠道畅通、反馈及时，部分公安“微服务”功能强大。2019年，各地警务公开仍不同程度存在宣传色彩浓厚、栏目设置不合理、过度采集个人信息、平台分散、警察权利义务公开不足、信息公开界定过于狭隘以及信息处理、公开范围不一致等方面的问题。未来，应从需求导向、智慧警务、文书公开、确立并公开保密标准等几个方面提升中国警务透明度。

关键词：警务透明度　执法公开　大数据　法治指数

《中共中央关于坚持和完善中国特色社会主义制度　推进国家治理体系和治理能力现代化若干重大问题的决定》将“国家治理体系和治理能力现代化”

---

* 项目组负责人：田禾，中国社会科学院法学研究所研究员、国家法治指数研究中心主任；吕艳滨，中国社会科学院法学研究所研究员、法治国情调研室主任。项目组成员：王小梅、王祎茗、王颖、田纯才、刘雁鹏、刘智群、闫涵承、陈文、胡昌明、栗燕杰（按姓氏笔画排序）。执笔人：王小梅，中国社会科学院法学研究所副研究员，柴金鸽、刘智群参与部分内容的写作。

提到前所未有的高度，是继农业、工业、科技和国防现代化之后的第五个现代化。迈向现代化的国家治理，不再是政府管理人民的二元线性管理模式，而是政府与多方主体对政治、经济和社会事务的协同治理。多元主体的协同参与将有助于在最大范围内凝聚共识与智慧，从而提升国家治理能力与治理水平。公开是参与的前提，没有实质性公开，就不会有高质量的参与。2019年，中国警务公开不仅是对2.0版《政府信息公开条例》的具体落实，更是优化营商环境、提升国家治理能力和水平的重要方面。

为梳理和总结中国警务公开工作成效，聚焦警务公开的瓶颈问题，促进信息公开和国家治理制度完善，中国社会科学院国家法治指数研究中心、法学研究所法治指数创新工程项目组（以下简称“项目组”）继续以网站信息公开为视角，对中国的警务透明度进行评估，这也是2017年以来开展的第三个年度评估。

一　指标体系、评估对象与方法

（一）指标体系的优化

中国警务透明度指标体系以公众为本位、以需求为导向，凝聚法律共同体的共识，既反映法官、律师、警察的务实意见，又有学者的理性思考。2019年，中国警务透明度指标体系有所优化和调整，以更好地反映和服务于全方位优化营商环境、落实新的政府信息公开制度、适应执法公开新形势以及移动互联网技术应用等。

1. 全方位优化营商环境

2019年是优化营商环境法治元年。习近平总书记指出，“法治是最好的营商环境”，强调了营商环境与法治的紧密关系。为优化营商环境，国家注重全面提升政务服务规范化、便利化水平，2019年4月，国务院出台《国务院关于在线政务服务的若干规定》，提出推进各地区、各部门政务服务平台规范化、标准化、集约化建设和互联互通，推动实现政务服务事项全国标准统一、全流程网上办理，促进政务服务跨地区、跨部门、跨层级数据共享和业务协同，并依托一体化在线平台推进政务服务线上线下深度融合。2019 年 9 月，全国一体化在线政务服务平台上线运行。2019 年 10 月，《优化营商环境条例》公布，对包括公安领域在内的各部门各行业的放管服改革以及公共服务与公开提出新的要求。为深入贯彻落实党中央和国务院关于进一步深化“放管服”改革的部署要求，有效提升公安管理服务质量和水平，优化营商环境，公安部分别于 2018 年 11 月和 2019 年 4 月出台《深化治安管理“放管服”改革便民利民 6 项措施》和《深化公安交管“放管服”改革 10 项便民利民服务措施》。为此，2019 年中国警务透明度指标体系考察了“互联网 + 户政服务”的办理情况，包括在线咨询、预约、查询业务办理进度等。

2. 适应信息公开新制度

2019 年，随着《政府信息公开条例》的修订和全国一体化在线政务服务平台的开通，中国政府信息公开进入新的历史阶段。新版《政府信息公开条例》明确规定了“以公开为常态，以不公开为例外”的原则，规定了信息管理动态调整机制，对主动公开的信息在列举之前进行了概括性规定，增加了机关基本信息（机关职能、机构设置、办公地址、办公时间、联系方式、负责人姓名）公开、公务员招考信息（公务员招考的职位、名额、报考条件等事项以及录用结果）公开、行政许可及其他对外管理服务事项的结果公开，并提出要“不断增加主动公开的内容”。新版《政府信息公开条例》明确了政府门户网站作为政府信息公开主渠道的地位，删除了依申请公开的“三需要”（根据自身生产、生活、科研等特殊需要）门槛规定，减少不必要的审查。《政府信息公开条例》的修订必然会对 2019 年警务公开工作产生深刻影响，为此，2019 年中国警务透明度指标体系强化了对结果公开和平台集约化的考察。

3. 适应执法公开新形势

为适应深化依法治国实践和“放管服”改革新要求，2018 年 12 月实施的公安部《公安机关执法公开规定》进一步规范了公安机关执法公开工作，促进严格规范公正文明执法，保障公民、法人和其他组织依法获取执法信息和方便办事。2019 年是该规定全面落实的第一年。此外，2019 年公安部提出了法治建设重点，即深化受案立案制度改革，健全案管机构，强化对受案立案环节的监督管理；推动执法办案管理中心建设，规范执法管理，提升办案效能；畅通公开渠道，深入推进执法公开。2019 年中国警务透明度指标体系优化的重点在于考察新版《公安机关执法公开规定》的落实情况。

4. 移动互联网技术应用

随着移动互联网技术应用的普及，越来越多政务事项的公开和办理不仅从线下移到线上，并且从 PC 端移到手机终端，“掌上政务”“指尖政务”增强了公众办事的便捷度，公众随时随地即可获取政府信息和完成事项办理。为适应移动互联网技术带来的工作模式改变，2019 年中国警务透明度指标体系对户政办理的考察平台由网站改为移动终端应用。

（二）指标体系的架构与解读

2019 年中国警务透明度指标体系基本架构未发生变化，保持了基本的稳定性，仍由“基本信息公开”“便民服务”“执法公开”“警务大数据”4 个一级指标组成（见表 1）。

1. 基本信息公开

基本信息是指公安机关的职能、机构设置以及人财物等信息。“基本信息公开”由“平台建设”“职能架构”“人员信息”“财务信息”等 4 个二级指标构成，将 2018 年的“网站建设”更名为“平台建设”，是基于移动终端应用带来的极大便利性，警务信息公开的平台不仅要考察网站建设的友好性，还增加了对移动终端平台的考察。

网站作为信息公开的第一平台，应该贯彻“不得强迫受众阅读原则”，首页应该简单、整洁，网页内容不得有遮挡；目录设置应该科学，指示性强，不得有交叉。目前“平台建设”主要从两个方面考察：一是“网站友好性”，考察首页有无浮动窗口，即便设置了关闭按钮的浮动窗口也会造成阅读干扰；二是“提供移动终端平台链接”的情况，为方便公众办事或获取信息，公安机关顺应移动技术的发展开通了 App、微博、微信公众号、微信服务号、微信小程序等，然而，如果网站首页未提供链接，公众仅靠名称搜索很难找到和确认官方平台，因此评估指标要求网站首页提供移动终端平台链接。

“职能架构”指标旨在让公众了解公安机关的职能和组织架构，具体包括“公安机关的职责”“人民警察权利义务”“内部架构及职能”“派出所”等三级指标。“职能架构”具有普法和便民两方面的功能，让公众了解公安机关是干什么的，由哪些机构组成，还通过向社会公开地址和联系方式，方便公众找到或联系公安机关，增强公众对警务信息和警务服务的可及性。

“人员信息”由“领导信息”“警务数量”“警员结构”3个三级指标组成。公安机关作为政府的职能部门，其领导信息和公务人员数量及构成应该向社会公开。“领导信息”要求公开领导的姓名、职位、主要学习工作经历、分工；“警察数量”和“警察结构”分别是指公安机关警务人员的数量和内部构成，方便公众了解警力配备情况，因为警察数量和人员素质在一定程度上决定了服务水平和执法质量。

“财务信息”公开包括“预决算”公开、“薪金及津贴”公开和“罚款及其他收费”公开。“预决算”公开主要考察公安机关是否及时公开本年度预算和上一年度决算；“薪金及津贴”公开主要考察公安机关是否公开警务人员的薪金标准和总额情况，公职人员尤其是执法人员的收入应该公开透明；“罚款及其他收费”公开要求公安机关公开其本年度的罚款金额和行政收费金额，接受社会监督。

2. 便民服务

公安机关提供的公共管理和服务事项涵盖户政、出入境、治安、交通安全、网络安全、经济文化、保安等，根据评估的重点突出原则，“便民服务”仅选择“户政服务”“出入境服务”“交管服务”三类与公众生活联系最紧密的事项，考察其办理的便民程度。“户政服务”包括“户政类（主要指户口、身份证）办理”“居住证办理”“网上查询办理进度”3个三级指标，主要考察公安机关是否按区提供户籍办理的地址和联系电话、是否提供居住证办理的指南信息和在线申报服务、公众能否网上查询办理进度。“出入境服务”主要考察公安机关是否提供出入境接待大厅的地址和联系电话以及公众能否网上查询办理进度。“交管服务”涵盖“交通违法处理”“机动车证件”“驾驶证”“网上查询办理进度”4个三级指标，分别考察公安机关是否提供交通违法处理、机动车证件办理、驾驶证办理的地址和联系电话以及当事人是否能够网上查询办理进度。根据网络平台的发展情况，2019 年“便民服务”的考察平台作了调整，“户政服务”主要考察新媒体平台，“出入境服务”“交管服务”主要考察出入境专网和交通管理专网。

3. 执法公开

2019 年，执法公开仍是中国警务透明度评估的重点。“执法公开”下设“执法流程及时限”“过程公开（对特定对象公开）”“结果公开”“文书公开”“监督投诉”“舆情回应”等 6 个二级指标，与 2018 年相比，删除了“执法依据”“当事人的权利义务”2 个指标，增加了“舆情回应”指标。“执法流程及时限”主要考察公安机关是否公开了接处警工作指南以及办理行政案件、刑事案件、行政复议案件、国家赔偿案件的指南和时限。这里所谓的指南信息以明确易懂为原则，不能只是粘贴法条。“过程公开”是指是否向特定对象公开案件办理进度。“结果公开”考察公安机关是否主动向社会公开行政处罚、行政许可的结果。“文书公开”是指公安机关是否在网上公开行政处罚决定书、行政复议决定书，以及是否提供文书检索。“监督投诉”包括“监督投诉渠道公开”“监督投诉内容公开”“监督投诉结果公开”3 个三级指标，其考虑是方便公众了解监督投诉途径，也方便公众对投诉内容和投诉结果进行监督，一方面防止公安机关不予处理而导致监督投诉制度空转，另一方面也促使公众尽可能提出合理诉求而非“无理取闹”。“舆情回应”是指政府及其部门及时回应舆论关切，公安机关往往处于社会舆情的中心，更应该及时澄清、回应相关舆情。

4. 警务大数据

2019 年“警务大数据”指标有所整合，下设“年报”“年度工作总结”“法治政府建设年度报告”“交通统计数据”“犯罪案件统计”“投诉警务人员统计”“重大案情发布”“警情通报”等 8 个二级指标，其中“法治政府建设年度报告”为新设指标。

“警务大数据”主要由工作报告和统计数据两类数据组成。2019 年主要考察公安机关政府信息公开工作年度报告、年度工作总结和法治政府建设年度报告三类报告的公开情况。对于公共机构而言，年报全面详细总结其本年度的职责履行情况、开展的活动、取得的业绩、存在的问题以及未来的打算。与工作总结相比，年报的内容更丰富，数据更翔实，形式也更活泼。法治政府建设年度报告是行政机关对本年度法治建设情况或依法行政情况的总结，包括成绩、问题和来年的计划。根据《法治政府建设实施纲要（2015~2020 年）》的要求，“政府部门每年第一季度要向本级政府和上一级政府有关部门报告上一年度法治政府建设情况，报告要通过报刊、政府网站等向社会公开”。公安机关作为政府部门，应该在每年第一季度向社会公开法治政府建设年度报告，虽然本级政府的司法行政部门也会在其网站上集中公开各部门的法治政府建设年度报告，但公安机关对于本部门的报告还是应该每年 4 月 1 日之前在平台上公开，方便公众全面了解公安机关的法治工作。

公安机关的业务统计数据属于公共数据，除了保密事项之外，均应该向社会公开，满足公众的知情权和公共数据的获取使用权。2019 年主要考察公安机关公开交通统计数据、犯罪案件统计数据、投诉警务人员的统计数据情况以及进行重大案情发布和警情通报的情况。对于公共机构而言，统计数据并非私产，更不能用来谋利，而应该在保密审查的前提下及时向社会公开，在大数据成为国家战略的时代背景下，公开公共数据，对于大数据挖掘和作出科学决策具有重要意义，也是实现国家治理能力现代化的重要环节。

表 1　2019 年中国警务透明度指标体系

一级指标及权重	二级指标及权重
基本信息公开（20%）	平台建设（10%）
	职能架构（30%）
	人员信息（30%）
	财务信息（30%）
便民服务（20%）	户政服务（40%）
	交管服务（30%）
	出入境服务（30%）

续表

一级指标及权重	二级指标及权重
执法公开（40%）	执法流程及时限（10%）
	过程公开（10%）
	结果公开（20%）
	文书公开（30%）
	监督投诉（20%）
	舆情回应（10%）
警务大数据（20%）	年报（10%）
	年度工作总结（20%）
	法治政府建设年度报告（20%）
	交通统计数据（10%）
	犯罪案件统计（10%）
	投诉警务人员统计（10%）
	重大案情发布（10%）
	警情通报（10%）

（三）评估对象与方法

2019 年中国警务透明度指数评估对象与 2018 年保持一致，即 27 个省及自治区人民政府所在地的市级公安机关、4 个直辖市的公安机关以及大连、青岛、宁波、厦门、深圳等 5 个计划单列市的公安机关，共计 36 个评估对象。就层级而言，市级公安机关承上启下，既能将上一级公安机关的工作部署落实到基层，又可以根据本地实际情况因地制宜地作出决策安排。就地域而言，省、自治区人民政府所在地的市公安机关和计划单列市的公安机关具有代表性，以评估促工作，也能够示范和引领本省、自治区其他地方的警务公开工作。

与设置公示栏、牌匾、发放手册等传统公开渠道和方式相比，线上公开具有方便、快捷、更新及时、成本低廉等优势。2018 年《公安机关执法公开规定》

也明确将互联网政府网站作为警务公开的第一平台，将移动客户端、自助终端以及传统媒介作为辅助平台。2019 年，中国警务透明度指数评估秉持以官方网站为评估视角，同时辅助以移动终端评估。需要明确的是，这里的官方网站包括评估对象的官方网站、上级公安机关的官方网站、地方统一专项警务公开或办事平台、同级政府信息公开平台、统一办事平台和征信平台。复核人员对评估结果进行复查，重点核查扣分的指标项。无论是评估人员还是复核人员，均进行截屏留证。评估数据采集时间为 2019 年 9 月 1 日至 2019 年 12 月 31 日。

二　评估结果

2019 年，36 家公安机关的警务透明度指数平均得分为 64.34 分，略低于 2018 年的 66.53 分；其中 26 家公安机关得分在 60 分以上，及格率为 72.22%，与2018 年持平。排名前十位的公安机关分别为深圳市公安局、厦门市公安局、宁波市公安局、北京市公安局、南京市公安局、杭州市公安局、沈阳市公安局、西安市公安局、上海市公安局和合肥市公安局，排名前三位的均为计划单列市公安机关（见表 2）。

表 2　2019 年中国警务透明度指数评估结果

单位：分

排名	评估对象	基本信息	便民服务	执法公开	警务大数据	总分（满分：100 分）
1	深圳市公安局	91.00	100.00	94.00	70.00	89.80
2	厦门市公安局	73.00	100.00	100.00	25.00	79.60
3	宁波市公安局	70.00	100.00	90.00	40.00	78.00
4	北京市公安局	73.00	100.00	85.00	45.00	77.60
5	南京市公安局	65.50	100.00	85.00	50.00	77.10
6	杭州市公安局	68.50	100.00	70.00	70.00	75.70

续表

排名	评估对象	基本信息	便民服务	执法公开	警务大数据	总分（满分：100分）
7	沈阳市公安局	91.00	100.00	76.00	35.00	75.60
8	西安市公安局	80.50	100.00	64.00	60.00	73.70
9	上海市公安局	73.00	100.00	84.00	20.00	72.20
10	合肥市公安局	56.50	100.00	86.00	30.00	71.70
11	长沙市公安局	82.00	92.00	68.00	45.00	71.00
12	大连市公安局	70.00	100.00	73.00	30.00	69.20
13	福州市公安局	73.00	100.00	69.00	30.00	68.20
14	成都市公安局	70.00	100.00	66.00	35.00	67.40
15	南宁市公安局	73.00	92.00	68.00	35.00	67.20
16	济南市公安局	53.50	100.00	80.00	20.00	66.70
17	郑州市公安局	71.50	100.00	56.00	40.00	64.70
18	广州市公安局	61.00	100.00	76.00	10.00	64.60
19	南昌市公安局	67.00	100.00	65.00	25.00	64.40
20	银川市公安局	79.00	100.00	66.00	10.00	64.20
21	天津市公安局	50.50	92.00	73.00	30.00	63.70
22	青岛市公安局	53.50	100.00	58.00	45.00	62.90
23	重庆市公安局	62.50	80.00	61.00	45.00	61.90
24	贵阳市公安局	73.00	84.00	70.00	10.00	61.40
25	武汉市公安局	71.50	100.00	57.00	20.00	61.10
26	石家庄市公安局	62.50	66.00	81.00	10.00	60.10
27	长春市公安局	74.50	100.00	43.00	30.00	58.10
28	西宁市公安局	62.50	68.00	70.00	10.00	56.10
29	太原市公安局	65.50	100.00	42.00	25.00	54.90

续表

排名	评估对象	基本信息	便民服务	执法公开	警务大数据	总分（满分：100分）
30	海口市公安局	73.00	92.00	44.00	15.00	53.60
31	哈尔滨市公安局	76.00	100.00	28.00	30.00	52.40
32	昆明市公安局	53.50	100.00	44.00	15.00	51.30
33	拉萨市公安局	58.00	74.00	45.00	30.00	50.40
34	呼和浩特市公安局	71.50	60.00	45.00	25.00	49.30
35	兰州市公安局	68.50	100.00	30.00	15.00	48.70
36	乌鲁木齐市公安局	28.00	100.00	0.00	30.00	31.60

三　中国警务透明度取得的成效

评估显示，公安机关职能架构公开到位，人事、财务信息公开均有突破，法治政府建设报告公开良好，部分公安机关重视数据公开，警民互动渠道畅通、反馈及时，部分公安“微服务”功能强大。

（一）公安机关职能架构公开到位

公安机关应向公众公开其基本职能、机构设置和派出机构的地址、电话等信息。评估结果显示，2019年，36个评估对象均公开了基本职能，占100%；34家公安机关公开内设机构，占94.44%；25家公安机关公开了所有派出机构的电话，占69.44%。例如，郑州市公安局公开了市公安局机构组成、市内派出所（分局）办公地点及市内派出所（分局）管辖简明边界、市公安局户籍窗口单位一览表、市公安局各服务窗口地址及联系方式、市公安局所属市内分局联系一览表、市消防受理窗口基本信息、市公安局行政审批办公室受理窗口基本信息、市公安局警务督察支队受理窗口基本信息、市公安局信访接待窗口信息、市公安局交警支队窗口单位一览表等，其中市公安局户籍窗口单位一览表包括办公地址、工作时间、联系方式、户籍民警姓名/警号、监督举报电话等详细信息。贵阳市公安局不仅公开了派出所的地址和联系电话，还公布了派出所民警和辅警的姓名、职务、职责、警号、照片、联系方式，以及派出所服务窗口和警务室的信息。哈尔滨市公安局除了公开机构职能之外，还公开了各部门的工作规则。

（二）人事财务信息公开均有突破

2019 年，在人员信息公开方面，公安局领导信息透明度高，人员结构信息公开有所突破，部分公安机关公开了执法人员名录。评估结果显示，2019 年，36 个评估对象中，有 34 家公安机关公开了局领导信息，占 94.44%，其中有 18 家公安机关公开了所有局领导的姓名、出生年月、学习工作经历、分工等详细信息，占 50%。哈尔滨市公安局在 2019 年预算中对人员信息和结构进行了详细公开，包括在职总人数和各个行政级别的人数以及事业编制人数等信息。上海市公安局、沈阳市公安局、深圳市公安局、贵阳市公安局等还公开了行政执法人员名录库，河北省公安厅在网站《行政执法公示》栏目中公开了河北省公安厅高速公路交通警察总队执法人员清单和河北省公安厅行政执法人员清单。

2019 年，在预决算公开成为常态的基础上，有 2 家公安机关主动公开了行政收费金额及明细。杭州市公安局在《财政预决算》栏目中设置了《行政事业性收费》专栏，除了公开收费标准之外，还公开了 2018 年、2017 年的行政事业性收费收入及明细，包括外国人签证费、外国人证件费、公民出入境证件费、中国国籍申请手续费、居民身份证工本费、机动车号牌工本费、机动车行驶证工本费、机动车登记证书工本费、驾驶证工本费、驾驶许可考试费等金额。杭州市公安局还设置了《专项基金》栏目，公开近几年的专项基金情况。长沙市公安局在《财政信息》栏目按月公开了行政性事业收费以及政府采购金额报表。

（三）法治政府建设年度报告公开良好

《法治政府建设实施纲要（2015~2020 年）》要求，“政府部门每年第一季度要向本级政府和上一级政府有关部门报告上一年度法治政府建设情况，报告要通过报刊、政府网站等向社会公开”。评估结果显示，有 18 家公安机关公开了其法治政府建设年度报告，其中有 15 家做到了按时公开，即在 4 月 1 日之前进行了公开。南宁市公安局在《政务公开》栏目还专门设置了《法治政府建设》栏目，除了公开 2019 年度法治政府建设工作报告之外，还公开了“2019 年南宁市公安局重大行政决策事项范围的规定”“南宁市公安局一事通办 2019 年更新”以及市、县、乡三级“广西壮族自治区取消的证明材料清单”“南宁市公安局行政执法公示工作报告”等内容。

（四）部分公安机关重视数据公开

警务公开作为专项的政务公开，按照政务公开标准化目录的设计，通常会在警务公开栏目中设置统计数据子栏目，评估发现，部分公安机关的数据公开意识较强，统计数据栏目主动公开了相关业务数据和报告，如南京市公安局、南宁市公安局、深圳市公安局、上海市公安局、长沙市公安局。

（五）警民互动渠道畅通、反馈及时

政务公开已经从单向信息发布走向了双向交流互动模式。评估显示，2019 年，有 31 家公安机关公开了监督投诉渠道，占 86.11%；有 30 家公安机关对公众反映的问题或意见进行了公开，并对公安机关的反馈处理意见进行了公开，占 83.33%。例如，郑州市公安局详细公开了监督投诉事项及处理结果，内容真实，而非像有些机关仅公开群众的表扬信。合肥市公安局在作重大决策前重视向公众征求意见，并对意见建议进行整理、汇总、分析，形成报告在网站上予以反馈，还以 Excel 表格形式公开了征集到的建议，并公开承诺根据公布的相关征求意见，会同相关部门及时评估调整相关管理措施。

（六）部分公安“微服务”功能强大

部分公安机关的移动终端应用功能强大，实现了信息发布、政务办事、执法公示三位一体。南京市公安局的微信号“南京公安”迭代至微警务 3.0 版，提供机构导航，公众可以根据办理业务快速导航附近的车驾管理服务网点、出入境受理点、社区警务室，并提供联系电话。海口市公安局的“椰城警民通”微信号设置《民生》栏目，提供不见面审批和预约服务。哈尔滨市公安局、福州市公安局、南昌市公安局等也注重通过微平台加强公开、办事与互动功能。

四　中国警务公开存在的问题

（一）公安网站过于强调宣传功能

虽然 2018 年《公安机关执法公开》将网站作为警务公开的第一平台，但评估发现，部分公安机关的网站宣传色彩浓厚，削弱了网站的公开功能。例如，沈阳市公安局官方网站首页设置了《公安新闻》《特别关注》《警营文化》《警察故事》等强调宣传的栏目；合肥市公安局官方网站首页有六个栏目，除了《机构概况》之外，其他全是宣传类栏目，如《公安要闻》《新闻发布》《警务动态》《警界博览》《防范常识》等。天津市公安局的网站，无论是栏目设置还是首页内容，基本上都是新闻宣传。

（二）网站友好性建设未引起重视

评估显示，2019 年，有 11 家公安机关的网站首页有浮动窗口，其中杭州市公安局、天津市公安局的网站首页有无法关闭的浮动窗口，影响阅读和观感。打开杭州市公安局网站首页，全屏有 9 个浮动窗口，将首页信息全部遮挡，其中有 1 个浮动窗口无关闭按钮。浮动窗口是考察平台友好性的一个侧面，浮动窗口成为普遍现象，说明网站主管部门在设计网页或上传信息时未从公众角度出发，而是基于自身工作方便需要。

（三）公开平台栏目设置不甚合理

栏目设置不合理，一方面表现在内容与栏目不匹配，导致信息难以查找。例如，宁波市公安局和重庆市公安局均将其法治工作报告作为法规文件予以公开，大连市公安局的法治政府建设报告在行政执法监督平台上发布，哈尔滨市公安局在《信息公开》栏目下设置《其他》子栏目，公开的信息包括行政复议决定书、法治政府建设报告、主动公开事项清单、政府信息申请表等。上述报告如果不是经过检索，仅根据栏目索引很难找到。一方面则是表现在栏目交叉重合，导致信息凌乱。例如，北京市公安局设置《信息发布》《警务公开》《网上办事》《警民互动》四个栏目，其中《警务公开》分设《政府信息公开》和《网上公示》两个子栏目，《网上公示》子栏目有权力清单，《网上办事》栏目中也有权力清单，内容完全一样。另外，双公示栏目也设置在不同级别的栏目中，内容完全一样。再如，重庆市公安局在其《政务公开》栏目的《规划计划》子栏目中公开了预决算的图片，与《财务信息》栏目中的预决算信息重复;《政务公开》栏目下设的《统计信息》子栏目，与网站首页的《数据发布》栏目重复。

（四）办案平台过度采集个人信息

不少评估对象的政务服务都集中在省级公安办事平台上，但是平台存在过度采集个人信息的倾向。例如，“山西公安”微信号所有的查询、办事都需要实名登录，除了输入姓名和身份证号码之外，还要进行人脸识别，基本上排除了游客浏览模式。河北省公安厅的“阳光警务执法办案查询系统”提供“行政处罚决定书查询”“行政复议决定书查询”“国家赔偿决定书、刑事复核复议决定书查询”“接处警查询”“案件信息查询”，除了处罚决定书之外，都需要注册登录。南京市公安局的微信号“南京公安”，在咨询、建议、投诉之前要求实名制注册，需填写手机号、身份证号、工作单位等信息，过度采集当事人信息。

（五）平台分散导致警务信息割裂

警务公开既属于政务公开又属于司法公开的范畴，因此通常情况下一个地级市的公安局，其政务信息被整合在同级政府的政务公开平台上，执法信息会统一公开在省级公安阳光执法平台上，行政许可和行政处罚信息又会被整合在信用信息平台上，政务服务事项被整合在互联网办事平台上，平台分散造成警务信息支离破碎，难以查找。例如，广州市公安局的公安业务，有些在“广州公安”微信平台，有些在“广东政务服务”微信平台，需要进一步整合。

（六）人民警察权利义务公开不足

2018年《公安机关执法公开规定》明确规定，公安机关应该向公众公开人民警察的权利义务，但是评估发现，人民警察的权利义务公开不佳。评估结果显示，2019年，未公开人民警察权利义务的公安机关有31家，占86.11%，只有太原市公安局、沈阳市公安局、长春市公安局、哈尔滨市公安局和深圳市公安局等5家公安机关公开了人民警察的权利义务。公开人民警察的权利义务，方便公众了解人民警察作为执法人员既履行义务又享有权利，在警察执法过程中，公众在监督警察的同时也有配合的义务，应尊重警察的权利。

（七）对信息公开的理解过于狭隘

根据政务公开的发展，公安机关网站首页的警务公开或信息公开栏目，通常会链接至本级政府平台，并且公开目录标准化，通常会设置规划计划、统计信息等栏目。然而，由于对政务公开或信息公开理解过于狭隘，规划计划、统计信息等栏目公开的信息通常是政务公开报告和政务公开统计数据。例如，哈尔滨市公安局《规划计划》栏目只有年度政务公开工作要点;《统计信息》栏目只有信息公开统计表。再如，南宁市公安局《政务公开》栏目下设《年度计划报告》子栏目，里面公开的要么是信息公开年度报告，要么是网站监测或建设报告。银川市公安局、哈尔滨市公安局等都存在类似的情况。

由此看来，对警务公开或政务公开的理解过于狭隘，统计信息和规划计划应该公开本部门的工作总结、规划计划、业务统计数据，而不仅仅是信息公开指南、信息公开年报、网站监测等内容。

（八）文书公开的信息处理不一致

公安机关在公开执法文书时，要对其中的个人信息进行适当处理，2018年《公安机关执法公开规定》要求隐去作为被处罚人的自然人的名字。公安部基于个人信息保护原则规定了行政处罚决定书要隐名公开，然而从监督的角度出发，行政处罚决定书还是应该实名公开，这方面可以借鉴法院的裁判文书公开规定。在法治社会，公民的个人隐私固然应该受到尊重和保护，然而在接受社会监督、推动社会信用体系建设面前，个人信息保护要受到适度克减。评估发现，各地公安机关在公开执法文书时对信息处理的标准不一致。在36家评估对象中，有24家公安机关对行政处罚决定书进行了公开，其中7家公安机关进行了实名公开，17家公安机关进行了匿名公开。合肥市公安局在合肥市政务公开网上公开的行政处罚信息，隐去了当事人的姓名，而在信用合肥平台上公开的行政处罚文书，则未隐去当事人姓名。西宁市公安局公开的行政复议决定书对申请人进行了隐名处理，而各分局公开的行政处罚决定书则未进行匿名处理。同样是行政复议决定书，武汉市公安局在公开行政复议决定书时对申请人的姓名进行了匿名处理，而湖北省公安厅在公开行政复议决定书时并未进行匿名处理。评估还发现，个别公安机关在公开行政处罚结果时，对违法事实进行了过度删节处理，如广州市公安局公开的行政处罚结果，违法事实栏中的文字是“20××年×月×日××时，该员在龙岗区××（详细地址）××××（违法行为），非法获利××元”，对时间、地点、违法所得等关键信息进行了隐匿处理。

（九）在公开与保密之间摇摆徘徊

各地公安机关在进行警务公开时，对保密标准把握不一致，主要表现在警察数量和工作总结等方面。评估结果显示，有15家公安机关公开了干警人员数量，其中有 7 家是在介绍机构概况时公开的，有 8 家是在预决算中公开的。以哈尔滨市公安局为例，其预算中不仅公开了人员数量，还详细公开了人员结构。与之相反，有 21 家公安机关未能在网站或预决算中公开干警编制或数量情况，其中南宁市公安局在 2019 年预算中声明："我局人员编制情况和实有人员构成为涉密内容，依法不予公开。"福州市公安局在预算中有类似声明。

关于工作总结和公安工作要点是否应该公开，各地公安机关把握标准也不一致。深圳市公安局除了在每年的 3 月份公开本年度的公安工作要点之外，2019 年还公开了 2018 年公安工作总结及 2019 年公安工作计划。大连市公安局在其公开的《公安机关工作总结、要点等内容不予公开的情况说明》中明确，"根据《中华人民共和国保密法》和公安部《公安机关保密工作规定》，经大连市公安局保密委员会审定，公安机关工作总结、要点等内容涉及警务秘密，属于依法不予公开范畴，不予公开"。

五　完善中国警务透明度之路径

（一）公开应以需求为导向

无论是公安网站的宣传色彩浓厚，还是栏目设置不合理，还是过度采集个人信息，均说明信息公开工作未以公众需求为出发点。要完善政务公开制度，提升信息公开水平，必须从理念上扭转定位，信息公开工作应以公众需求为导向。

（二）信息化助力便民服务

全心全意为人民服务是中国共产党的根本宗旨，也是公安机关的宗旨，多年来公安机关一直以实际行动践行该宗旨，为人民群众的安居乐业作出了巨大贡献。作为一直与群众关系最为密切的政府部门，公安机关应该不断提高工作要求。现今是网络时代，许多公安工作已经在网络平台上进行，近年来越来越多的公安机关建设了具有自身特色的新媒体便民服务平台，常见的有微信公众号、微信小程序和手机 App，这些平台为人民群众提供了方便快捷的服务。虽然各地新媒体平台提供的业务服务稍有不同，但是总体来说都会包含户政、交管、治安、出入境等公安业务。评估发现，有的公安机关的新媒体平台建设相对薄弱，仅仅提供了部分业务的指南信息，不能在线办理和进行进度查询。未来，建议各地公安要多重视和支持这种方便快捷的服务方式，建设新媒体平台提供便民服务不仅方便群众办事，还在一定程度上提高公安工作效率，节省警力资源。

（三）推动文书立体式公开

与法院的裁判文书公开和检察院的检察文书公开相比，行政执法文书公开从制度到实践都相对落后。《行政处罚法》仅规定了行政处罚的公开原则，并未直接规定行政处罚决定书必须公开。行政处罚和行政许可“双公示”制度起源于 2015 年《国务院办公厅关于运用大数据加强对市场主体服务和监管的若干意见》和国家发展改革委《关于认真做好行政许可和行政处罚等信用信息公示工作的通知》、《关于深入推进行政许可和行政处罚等信用信息公示工作的通知》。2018 年《公安部执法公开规定》完整地规定了行政处罚决定书和行政复议决定书上网公开制度，包括例外制度、自然人隐名处理制度等。就实践而言，行政执法文书公开相对保守，只有少数公安机关（如北京市公安局）设置了《文书公开》栏目，不少公安机关对公开的行政文书进行技术处理，如加水印，禁止复制下载等。这些做法与法院早期裁判文书上网的做法类似，目前已被法院普遍放弃。文书公开的目的是多重的，除了监督之外，还可以作为大数据方便分析挖掘。对于司法文书上网公开，最高人民法院和最高人民检察院有相对成熟的制度和实践。未来，公安机关行政执法文书上网应借鉴司法文书上网规定，实行实名公开，并设置文书公开单独栏目，逐步扩大行政执法文书的公开范围，建立行政处理决定书与行政复议决定书、行政诉讼裁判文书的链接，推动文书立体式公开。

（四）明确并公开保密标准

提到公安机关信息公开，不少干警会担心泄密，公众也会有同样的疑虑。不可否认，公安机关有不少业务涉密，对于哪些事项属于保密范畴，应由《保密法》及相关文件明确规定，并且相关的规定和标准应该向社会公开，否则不仅公众无法对应该公开而未公开的事项进行监督，公安机关相关工作人员也无法把握是否应该公开，造成实践中各地掌握的标准和尺度不统一。2019 年《政府信息公开条例》和 2018 年《公安部执法公开规定》均对公开与保密的关系进行了规定,《政府信息公开条例》还规定了信息区分处理公开机制和信息管理动态调整机制，以落实“以公开为常态、不公开为例外”原则。未来，公安机关信息公开范围应进一步明确，并随着经济社会发展，建立动态调整机制，不断提升警务透明度。

B.16

中国海事司法透明度指数报告（2019）

——以海事法院网站信息公开为视角

中国社会科学院法学研究所法治指数创新工程项目组*

摘　要： 2019年，中国社会科学院法学研究所法治指数创新工程项目组对全国10家海事法院的司法公开情况进行了第7次评估。结果显示，2019年，中国海事司法透明度情况继续提升，具体表现为多家海事法院开通了英文网站（页）；最高人民法院和10家海事法院发布了海事审判白皮书，创历史新高；典型案例的发布情况大幅改善。但是，一些以往评估中发现的问题仍然存在，常态化更新机制尚未建立，两极分化格局继续存在。随着对外开放力度的不断加大，海事司法的重要性日益凸显。司法公开是促进裁判尺度统一、提升司法公信力和扩大国际影响力的有效途径。中国应加大司法公开力度，提升海事司法透明度，发布海事审判白皮书，探索海事案例指导制度。

关键词： 海事法院　司法透明度　司法公开　法治指数

---

* 项目组负责人：田禾，中国社会科学院国家法治指数研究中心主任、法学研究所研究员；吕艳滨，中国社会科学院法学研究所研究员、法治国情调查研究室主任。项目组成员：王小梅、王祎茗、刘雁鹏、何欧阳、张文广、胡昌明、栗燕杰、梁琪（按姓氏笔画排序）。执笔人：张文广，中国社会科学院海洋法治研究中心主任、国际法研究所副研究员，最高人民法院“一带一路”司法研究基地副主任兼秘书长。本报告在指标设计、调研和报告写作中得到了许多专家、学者、法官、律师的支持和帮助，在此一并致谢。

为全程跟踪、如实记录、客观评价中国海事司法公开的基本情况，2019年度，中国社会科学院法学研究所法治指数创新工程项目组（以下简称“项目组”）继续以中国海事法院网站的信息公开为视角，对中国海事司法透明度进行了第7次调研和评估，评估时段为2018年11月1日至2019年10月31日。

一　指标体系和评估方法

（一）评估对象

与前6次评估相同，2019年中国海事司法透明度指数的评估对象为：上海海事法院、天津海事法院、青岛海事法院、大连海事法院、广州海事法院、武汉海事法院、海口海事法院、厦门海事法院、宁波海事法院和北海海事法院。

2019年12月3日，江苏省高级人民法院发布公告，南京海事法院自2019年12月4日起履行法定职责。至此，全国共有11家海事法院。但因其履职时间在评估结束之后，2019年中国海事司法透明度评估未涉及南京海事法院。项目组发现，南京海事法院网站已经上线，并处于完善过程中。与此同时，南京海事法院公众号也已对外推送信息。自2020年起，项目组将对全国11家海事法院进行评估。

（二）指标体系

2019年度，项目组进一步对中国海事司法透明度指标体系进行了优化完善。具体表现为：一是在遵循海事法院工作特点的前提下，尽量与中国司法透明度指标体系保持一致；二是考虑到海事法院是中国司法对外的窗口，增加了外文网站和白皮书的权重；三是采用了第三方平台的数据，反映了海事法院公众号的关注程度。调整后的板块设置及其权重如下：审务公开占20%、审判公开占30%、执行公开占30%、数据公开占20%，每一板块满分100分。

经优化和调整，中国海事司法透明度指数测评指标体系（2019）共计有4个一级指标，17个二级指标（见表1）。

表1　中国海事司法透明度指数测评指标体系（2019）

一级指标及权重	二级指标及权重
1. 审务公开（20%）	1.1　平台建设（40%）
	1.2　人员信息（30%）
	1.3　规范性文件（20%）
	1.4　任职回避信息（10%）
2. 审判公开（30%）	2.1　诉讼指南（20%）
	2.2　审判流程（30%）
	2.3　庭审公开（30%）
	2.4　司法文书（20%）
3. 执行公开（30%）	3.1　执行指南（15%）
	3.2　执行查询（15%）
	3.3　执行曝光（30%）
	3.4　执行惩戒（15%）
	3.5　终本案件（10%）
	3.6　执行举报（15%）
4. 数据公开（20%）	4.1　财务数据（30%）
	4.2　工作报告和白皮书（40%）
	4.3　司法业务数据（30%）

（三）评估方法

评估主要采取观察和验证的方法。2019 年度，项目组对 10 家海事法院网站更新情况进行了全程跟踪，通过与公众号“海商法研究中心”和“海事界”合作，对外推送评估中发现的重要信息。

在对海事法院门户网站进行评估时，凡站内搜索无法找到的内容、无法打开的网页，评估人员会利用互联网上的多个主要搜索引擎进行查找，采取更换计算机及上网方式、变更上网时间等方式进行多次验证。

为评估海事法院公众号的影响，继 2018 年后，项目组再次调取了清博大数据平台上 10 家海事法院公众号 2019 年年度报告。一些海事法院在 2019 年度变更了公众号形式，却没有及时在平台上更新，导致数据空白，影响了此项指标的得分。

二　评估结果

2019 年度，全国 10 家海事法院中，6 家海事法院的排名发生了变化。4 家海事法院的得分超过 90 分，2 家海事法院得分在 80~90 分，1 家海事法院得分在 70~80 分，1 家海事法院得分在 60~70 分，2 家海事法院得分在 40~50 分（见表 2）。

表 2　中国海事司法透明度指数测评结果

单位：分

排名	海事法院	审务公开（20%）	审判公开（30%）	执行公开（30%）	数据公开（20%）	总分（100 分）
1	上海	82.0	95.0	98.0	95.0	93.3
2	宁波	95.0	95.0	85.0	95.0	92.0
3	广州	81.0	95.0	90.0	95.0	90.7
4	厦门	78.0	95.0	90.0	95.0	90.1
5	大连	75.0	90.0	85.0	90.0	85.5
6	北海	73.0	90.0	80.0	75.0	80.6
7	天津	62.0	90.0	80.0	60.0	75.4
8	青岛	70.0	74.0	45.0	55.0	60.7
9	武汉	56.0	50.0	45.0	40.0	47.7
10	海口	65.0	45.0	10.0	70.0	43.5

需要指出的是，第一，中国海事司法透明度指数报告和中国司法透明度指数报告属于姊妹篇。一些内容，因中国司法透明度报告已有详细论述，本报告不再赘述。第二，门户网站是司法公开的第一平台，是历次评估工作的重中之重。一些海事法院重视在传统媒体和自媒体上公开，但在网站上没有同步，影响了最终的得分。第三，司法公开与法院宣传，既有联系，但也不等同。评估

是一项系统工程。一些法院重视宣传工作，但其公开的内容集中于某一类，与评估指标体系的要求存在一定差距，最终得分并不理想。第四，评估反映的是海事法院司法公开工作情况，其他工作情况不属于评估的范围。

本次评估是项目组对中国10家海事法院进行的第7次评估。历次评估的结果见表3。

表3 中国海事司法透明度指数评估排名（2013~2019）

排名	2013	2014	2015	2016	2017	2018	2019
1	宁波	宁波	宁波	上海	上海	上海	上海
2	广州	北海	北海	北海	宁波	宁波	宁波
3	北海	广州	广州	厦门	厦门	广州	广州
4	上海	上海	海口	宁波	北海	厦门	厦门
5	海口	天津	青岛	广州	广州	北海	大连
6	厦门	厦门	上海	青岛	海口	天津	北海
7	武汉	青岛	天津	海口	天津	武汉	天津
8	大连	大连	厦门	天津	武汉	海口	青岛
9	青岛	海口	大连	大连	青岛	青岛	武汉
10	天津	武汉	武汉	武汉	大连	大连	海口

2019年，中国海事司法透明度稳步提升，国际化趋势更加明显。

第一，白皮书发布数量创历史新高。海事审判白皮书一直是社会各界关注的焦点。2019年4月，《中国海事审判（2015~2017）》白皮书全文公布，这是最高人民法院继2014年9月发布《中国海事审判白皮书（1984~2014）》后发布的第二本海事审判白皮书，受到了海事界、司法界和理论界的广泛关注。尤为重要的是，白皮书从过去三年最高人民法院发布的典型案例中，挑选出16个典型案例，提炼了裁判规则，明确了法律和国际条约的适用。这种做法将有力推动裁判尺度统一，引导行业良性发展。

除最高人民法院外，评估期间，宁波海事法院发布了《宁波海事法院海商保险纠纷审判情况（2014年1月~2018年10月）》《2018年浙江海事审判情况报告》《2016~2018 船员权益司法保护情况通报》《航运企业法律风险提示手册》《宁波海事法院船舶执行情况通报》《港口企业法律风险提示手册》，上海海事法院发布了《上海海事法院船舶碰撞案件审判与航行安全情况通报》《上海海事法院服务保障长江三角洲区域一体化发展审判情况通报》，天津海事法院发布了《2018 年天津海事审判工作白皮书》《天津海事法院"基本解决执行难"工作白皮书》，大连海事法院发布了《大连海事法院 2018 年海事审判白皮书》，青岛海事法院发布了《青岛海事法院 2018 年度海事审判白皮书》，武汉海事法院发布了《2018 年长江海事审判白皮书》，厦门海事法院发布了《2018 年厦门海事法院审判工作白皮书》，广州海事法院发布了《广州海事法院 2018 年度海事审判情况通报》，海口海事法院发布了《海口海事法院 2016~2018 年度海事审判白皮书》，北海海事法院发布了《北海海事法院审判白皮书（2018）》。自 2013 年开展海事司法透明度评估以来，全国 10 家海事法院均在评估期间发布审判白皮书，这在历史上还是首次。白皮书是对过去工作的回顾、总结和提炼，时效性较强，希望包括新成立的南京海事法院在内，全国 11 家海事法院均能在 2020 年 6 月 30 日前发布海事审判白皮书。未来，希望能借鉴政府部门的做法，在每年的 3 月 31 日前发布年度白皮书。

第二，典型案例的发布情况不断改善。中国不是判例法国家，但典型案例尤其是上一级人民法院发布的典型案例无疑具有重要的示范意义。从公众号点击情况看，典型案例的点击率名列前茅。在此前的评估中，项目组多次建议，为统一裁判尺度，提升司法公信力，中国应发挥典型案例的示范作用，在法律、司法解释等没有修改的前提下，各级法院应尽可能遵循以往判决，力争做到类案同判。

2019 年 10 月 28 日，最高人民法院《关于建立法律适用分歧解决机制的实施办法》正式施行。此前发布的《最高人民法院关于进一步落实司法责任制的实施意见》要求，"建立类案及关联案件强制检索机制，确保类案裁判标准统一、法律适用统一"。上述文件的出台，进一步凸显了典型案例的重要性。

2019年9月，最高人民法院连续第三年发布年度全国海事审判十大典型案例。除此以外，2019年2月，最高人民法院发布了关于涉“一带一路”建设专题指导性案例。全国11家海事法院中，除了2019年12月成立的南京海事法院外，多数海事法院在网站上设置了典型案例或类似栏目，发布本院或上一级法院的典型案例。一些海事法院在发布审判白皮书时，集中发布典型案例，还有一些海事法院通过公众号推送典型案例。

第三，国际化趋势更加明显。海事法院工作处于对外开放最前沿，事关高水平对外开放。门户网站是国外当事人了解中国海事司法状况的重要窗口。2019年度，多家海事法院开通了英文网页，发布了中英文海事审判白皮书。一些海事法院重视在海外平台或门户网站外文网页上发布本院的典型案例，积极扩大中国海事司法的国际影响。

但是，在取得进步的同时，2019年度，海事法院司法公开工作仍存在以下不足。

第一，栏目设置有待完善。一些海事法院尽管对网页进行了改版，门类设置细致、齐全，但一些栏目，在评估期间没有发布或只发布过少量信息。有些栏目只是一个链接，查找该院的信息还需要到其他平台上重新检索。这种做法影响了用户体验，效果也比较有限。

第二，同步性、及时性有待加强。近几年，海事法院对司法公开工作的重视程度不断提高。不少海事法院都采取召开新闻发布会、自媒体推送等多种手段对外发布信息，但是，一些重要信息新闻报道很多，却在其门户网站上没有反映。公众在事后查找相关信息时，门户网站上找不到，往往需要借助搜索引擎、数据库检索等。项目组多次建议，门户网站是司法公开的第一平台，海事法院应加强“一个窗口”建设，完善网站检索功能，所有重要信息应当在门户网站上有所反映。

第三，两极分化格局日益明显。从7次评估的结果看，两极分化的格局更加明显。在近两年评估中，上海、宁波、广州、厦门海事法院稳居第一梯队，领先优势更加明显。同时，一些海事法院的司法公开意识仍然不强，主动性不够，在多次评估中得分都不理想。

三　完善建议

针对评估中发现的问题，项目组提出以下建议。

第一，全面落实司法公开工作责任制。从历年评估结果看，“一把手”的重视程度是影响司法公开工作的关键因素之一。在本年度的评估期间，多家海事法院的“一把手”均指派专人负责司法公开工作，并多次听取相关部门的工作汇报。在评估结束后，五家海事法院主动给项目组提供了书面材料，介绍了其过去一年司法公开工作中的亮点。这种做法值得肯定和推广。项目组认为，司法公开工作不是几个人或几个部门的事情，需要领导重视，更需要全体人员不断提升司法公开意识，由部分公开、被动公开、迎合指标变为全面公开、主动公开、实质公开。

第二，完善海事审判白皮书、典型案例发布制度。中国是世界海事司法大国，司法案例众多、审判经验丰富是中国海事司法的优势，也是中国参与全球海事规则讨论的底气。外文门户网站、白皮书和典型案例，是国际社会了解中国的重要窗口。2015 年 12 月，最高人民法院提出了努力建设具有影响力的国际海事司法中心的宏伟目标。建设国际海事司法中心是一项系统工程，需要共同努力，不断加大公开力度。

法治是最好的营商环境。当前，中国海事司法处于历史上最好的发展时期。智慧法院建设将拓展司法公开的深度和广度。司法公开只有进行时，没有完成时。2020 年，项目组将根据《最高人民法院关于进一步深化司法公开的意见》等文件的要求，调整、完善中国海事司法透明度指标体系，强调用户体验，增加与其他法院的比较。项目组愿与各界一起努力，共同提升中国海事司法的透明度，努力扩大中国海事司法的国际影响，助力中国海事司法“走出去”。

法治国情调研

Survey of National Situation of the Rule of Law

B.17

新时代司法治理的珠海实践与思考

——基于对“大司法”概念下司法主体及其社会功能的认识

广东省珠海市委政法委课题组*

摘　要：社会治理是一项系统性、长期性和社会性的庞大工程。在国家治理体系和治理能力现代化的大背景下，珠海牢牢把握党的十九届四中全会的总要求，充分发挥司法在社会治理中的独特作用，逐步探索形成了具有时代特征、区位特点、珠海特色的司法治理模

* 课题组组长：张强，广东省珠海市委常委、政法委书记、市委全面依法治市委员会办公室主任。课题组成员：李玉东、李红平、叶振平、陈军生、陈占炜、范登殿、李元、任天华。执笔人：陈军生，珠海市委政法委研究室主任；李元，珠海市公安局法制支队四级警长。

式。本文以珠海为样板，深化“大司法”概念下司法主体及其社会功能的认识，提出新时代司法治理的过程是法治社会建设的重要过程，体现了司法治理和社会治理的深度融合，以及司法社会功能的有效拓展和司法资源的有效配置，以建设与国家治理体系和治理能力现代化相适应的更具获得感、幸福感、安全感的法治社会。

关键词：司法治理　司法主体　司法社会功能　法治社会

党的十九届四中全会提出，要坚持和完善中国特色社会主义法治体系，必须坚定不移走中国特色社会主义法治道路，坚持依法治国、依法执政、依法行政共同推进，坚持法治国家、法治政府、法治社会一体建设。这其中，法治社会建设无疑是重要环节，涵盖了基层社会治理的方方面面。司法治理是国家治理体系的重要组成部分。司法治理的过程，同时也是法治社会建设的重要过程。在国家治理体系和治理能力现代化的大背景下，需要牢牢把握党的十九届四中全会的总要求，深化对“大司法”概念下司法主体及其社会功能的认识，把司法治理贯穿于营造共建共治共享社会治理格局的各方面和全过程，推动新时代司法治理工作理念、制度机制和方式方法的改革创新，实现司法社会功能的有效拓展和司法资源的有效配置，努力建设与国家治理体系和治理能力现代化相适应的更具获得感、幸福感、安全感的法治社会。

一　对新时代社会的司法治理的基本认识

社会的司法治理内涵和外延是什么？与国家治理和社会治理又是一种什么关系？这是首先需要探讨的问题。对此，可以从“大司法”的概念入手，把司法治理置于中国特色社会主义国家治理体系的大背景下去认识，从司法的内在属性和功能去理解。

（一）中国特色社会主义司法实际上是一种“大司法”的概念

传统意义上对司法的理解，有狭义和广义之分，在司法治理的语境下，司法更多应该是一种较为广义的理解。习近平总书记在通常的语境下是把司法作为包括侦查、检察、审判、执行等活动在内的一个“大司法”概念来理解，如“司法改革、司法体制、司法公信力”等，仅仅在特定语境下才把司法作为与审判等值的概念①。从制度层面来看，中国特色社会主义司法有别于欧美国家“三权分立”的狭义司法，它实际上是一种“大司法”的概念。传统意义上，西方的司法权等同于“裁判权”，中国的司法权等同于“审判权”和“检察权”，法检机关被认为是传统意义上的司法机关。从机构职能来讲，过去通常不将司法行政部门纳入司法机关范畴，但中央和国家机构改革将司法行政部门和政府法制部门职责进行了整合，中央全面依法治国委员会办公室设在司法部，省市也相应作出调整，实现了立法、执法、司法、守法、普法各环节全面贯通，这也说明中国推行的是与国家治理体系相适应的独特的司法治理模式。就广义的司法主体而言，它不仅包括传统意义上的司法机关，而且还应该包括具有司法性质的其他机关，以及从事与司法工作相关的社会组织和机构，如仲裁机构、公证处、律师事务所、司法鉴定机构和医调委、婚调委等专业调解组织，体现了司法治理实践主体范围的适度扩大。据此，无论从司法权的运行、司法能动性的增强，还是司法制度设计来看，中国特色社会主义司法应该是一种“大司法”的概念，只有建立在“大司法”基础之上，中国社会的司法治理才能充分彰显其制度优势和创新优势。

（二）社会的司法治理是国家治理体系的重要组成部分

根据马克思主义社会系统观点，“社会”是指由一定的经济基础和上层建筑构成的整体。社会的司法治理对于这个整体而言，具有公正性、规范性和稳定性特征。国家治理现代化离不开社会治理的法治化和司法社会功能的有

① 张文显：《习近平关于司法和司法改革的理论》，法律出版社，2016，第 2 页。

效拓展。从司法功能作用来讲，司法作为现代社会中的一种主体性结构的存在，其功能应不局限于适用法律、保障权利及个案的审判裁量，还应该延伸到促进经济发展、调处社会纠纷、实现社会控制、维护社会稳定以及保障社会福利等多个领域。社会的司法治理是国家治理体系的重要组成部分，也是实现国家治理现代化的应然之举，必将在国家治理体系中发挥越来越重要的作用。党的十九届四中全会对新时代的法治建设和司法治理提出了新的更高要求，要主动适应社会主要矛盾的转化，创新司法介入社会问题源头治理的法治方式和法治渠道，更加有效地维护社会公平正义，确保社会在深刻变革中既生机勃勃又井然有序。

（三）新时代司法治理的过程是法治社会建设的重要过程

新时代赋予司法治理更加丰富的内涵。基于对“大司法”概念的认识，可以这样认为，司法治理实际上是中国特色社会主义“大司法”制度机制的具体实施和社会实践过程，同时也是法治社会建设的重要载体和实践过程。鉴于此，对于新时代的司法治理，需要从传统司法主要形式和内容要件上加以理解，从司法价值、司法功能与司法效果更为广义和深刻的层面去认识，突出司法在社会治理中的规范、服务和保障作用，主动融入共建共治共享社会治理格局，使司法治理渗透到社会生活的各个方面，夯实社会治理的法治基础，实现从司法治理的“单一主体”向“多元主体”转变，从过去主要倾向于司法治理的法律效果向更加注重政治效果、法律效果和社会效果相统一转变，打造多元参与、社会协同的司法治理共同体。从这个意义上来讲，社会治理的目标与法治社会建设的目标是一致的。

二　推进新时代珠海司法治理的路径考量与实践探索

珠海是全国最早成立的四个经济特区之一，被赋予改革开放“试验田”和“重要窗口”的历史使命。在探索中国特色社会主义社会治理道路和法治建设道路的伟大进程中，珠海以“敢闯敢试、敢为人先”的特区精神，深入贯彻落实习近平总书记对广东工作重要讲话和重要指示批示精神，率先以市委、市政府名义出台了《关于在营造共建共治共享社会治理格局上走在全省前列行动方案》，强化法治在市域社会治理中的基础性和保障性作用，坚持以党的领导为核心、以司法为民为导向、以公平正义为根本，积极探索具有时代特征、区位特点、珠海特色的司法治理模式，推动司法治理向市域社会治理各领域延伸拓展，逐渐走出了一条经济、社会与法治协调发展、相互促进的良法善治之路。2017 年和 2018 年，珠海连续两年被评为“全国社会治理创新示范市”。

（一）强化党的领导，突出司法治理的党建引领

习近平总书记强调，政法姓党是政法机关永远不变的根和魂。《中国共产党政法工作条例》首次以党内法规的形式，对党领导政法工作作出规定。推进社会的司法治理，必须把坚持党的领导放在第一位，强化党组织的政治功能，以党的建设引领社会治理创新。珠海始终坚持以习近平新时代中国特色社会主义思想为指导，坚持和加强党对政法工作的绝对领导，发挥全面依法治市委员会的牵头抓总作用，协调推进科学立法、公正司法、规范执法、全民守法各项工作，探索建立法治建设“四级同创”地方标准体系，统筹推进律师、公证、法律援助、司法鉴定、仲裁、人民调解工作，推动刑事案件律师辩护全覆盖，深化“法律顾问进村居”工作，法律顾问服务覆盖全市 319 个村居；统筹推进市、区、镇（街）、村（社区）四级综治中心规范化建设，整合司法、公安、卫健、民政、应急等职能部门资源，打造全科网格服务管理模式，各类矛盾纠纷调解成功率达 99.7%。

（二）践行司法为民，实现“三个效果”的有机统一

习近平总书记指出，加强和创新社会治理，核心是人。司法治理作为维护社会稳定、促进社会和谐的重要路径，必须顺应人民意愿，回应社会关切。珠海司法治理始终坚持以人民为中心的发展思想，凸显司法为民的核心价值和正确导向，不断增强人民群众的司法获得感，促进政治效果、法律效果和社会效果的统一。实践中，珠海市司法局在全国率先创新实行行政复议开庭

审理，推行“阳光复议、便民复议”；推动建立司法、行政和社会力量广泛参与的家事纠纷多元调解机制，试点经验被国家立法吸收；构建消费、医疗、金融、劳动争议、道路交通等领域诉讼调解对接机制，司法审判与社会力量优势互补，有效促成矛盾纠纷化解。市仲裁委发布国内首部临时仲裁规则，标志着临时仲裁在中国境内真正落地。市检察院创新开展公益诉讼工作，组织开展保障生态环境和落实食品安全等专项监督活动，有效解决群众反映强烈的治理难题。市公安局首创珠海“平安+”市域社会治理指数，以小指数撬动大平安，不断增强群众获得感、安全感和满意度。

（三）维护公平正义，彰显司法的核心价值

公正是司法的灵魂和生命，促进公平正义是司法的核心价值追求。司法机关是维护公平正义的最后一道防线，担负着权利救济、定分止争、制约公权的功能。珠海坚持以司法治理守护公平正义、保障和改善民生，大力推动以审判为中心的诉讼制度改革，推行“阳光司法”、强化司法监督，着力解决影响公正司法和制约司法能力的问题；推行法官办案责任制，将审判权还给法官，法官的审判不再受到院领导等行政化的干预，真正落实“让审理者裁判，由裁判者负责”的司法责任制；在全国率先探索主任检察官办案责任制、检察官惩戒监督机制，在公安分局设立主任检察官办公室引导侦查取证；率先出台了全国首部规范“两法衔接”工作的地方性法规《珠海经济特区行政执法与刑事司法衔接工作条例》，有效规范行政执法、强化法律监督；强化司法在民生领域的保障作用，有效打击涉民生热点犯罪，先后依法审结“e租宝”非法吸收公众存款、跨境电信诈骗等涉民生犯罪案件，公正合理地调整利益关系，有效维护公平正义。

（四）发挥区位优势，增强司法合作的联动效应

作为全国唯一与港澳陆桥相连的内地城市，珠海始终牢记确保港澳地区繁荣稳定的重大使命，立足“一国两制三法域”的特殊区位环境，发挥毗邻港澳的优势，在深化跨区域、跨法域合作上大胆探索，开辟区际司法合作便

捷通道，首次以中葡双语发布《珠海法院涉澳民商事审判白皮书》，设立最高人民法院中华司法研究会涉澳研究基地，加强涉澳司法研究；与澳门保安司签署合作备忘录，并先后举办了五届“澳门 · 珠海警务论坛”，珠澳执法司法合作不断取得新的突破；广东自贸试验区珠海横琴片区积极打造海上丝绸之路法律服务基地，设立了全国首家粤港澳合伙联营律师事务所，更好服务“一国两制”伟大实践和粤港澳大湾区建设。

实践表明，经济社会的发展过程，就是司法治理体系逐步健全完善和法治环境不断优化的过程。经济社会发展在不断倒逼司法制度机制适应性重构的同时，司法治理社会功能的渗透力与规制力也在不断增强。

三　国家治理体系和治理能力现代化背景下推进新时代司法治理需要处理好“四个关系”

推进新时代司法治理，必须“跳出司法看司法”，立足“五位一体”总体布局和“四个全面”战略布局，主动融入国家治理体系和治理能力现代化大局，善于运用法治思维和法治方式推进法治社会建设，正确处理好司法治理与系统治理、依法治理、综合治理、源头治理的关系，推动司法治理向基层下移，增强法治社会建设的系统性、协调性和科学性，不断提高社会治理法治化水平。

（一）处理好司法治理与系统治理的关系

社会治理是一项系统性、社会性的庞大工程，跨越多学科、涉及多领域，可以说是包括政治学、法学、哲学、社会学、公共管理学等学科的共同任务，需要社会各方力量的鼎力合作。司法治理作为社会治理系统工程中的关键环节，在营造共建共治共享社会治理格局中的作用尤为重要。只有坚持系统治理的思维，强化司法治理的顶层设计和系统推进，动态科学配置司法治理资源，才能真正发挥司法在解决矛盾纠纷中的职能优势，凸显司法治理在社会治理中的独特作用。司法治理的过程，需要系统把握司法与社会各方面的相互联系和发展变化，研究解决各种制度性、机制性和瓶颈性问题，全面提升司法治理效能，进而更加有效平衡各方利益、应对公共危机和回应社会关切。

（二）处理好司法治理与依法治理的关系

司法在现代社会正以显而易见的方式广泛参与国家政治和社会生活。与西方国家相比，中国司法所扮演的角色和发挥的功能是复杂和多层次的，特别是改革开放后更加强调司法的多样化服务功能，如维护市场经济秩序、保障人权和维护改革发展大局等。由此，不同时期的司法任务和目标决定了司法机关参与社会治理的手段不同。依法审理涉及教育、就业、医疗、消费、婚姻、养老等民生领域案件，严惩危害食品药品安全犯罪，最大限度维护人民群众合法权益、维护社会公平正义的核心价值。比如，检察机关通过发出行政公益诉讼诉前检察建议的方式倒逼行政机关依法履职尽责，实际上对行政机关也起到制约和平衡作用。

（三）处理好司法治理与综合治理的关系

司法治理，既需要制度力量，也需要动员、厚植社会力量参与，把司法治理既看作每个人的权利，更看作每个人的义务，通过诉讼或者非诉等多种方式支持司法治理。在各级党委和政府的统一领导下，以司法机关为骨干，依靠人民群众和社会各方面的力量，齐抓共管、各司其职，综合运用法律、政治、经济、行政、教育、文化等各种手段，惩罚犯罪，改造罪犯，教育挽救失足者，有效预防犯罪，维护社会稳定。将司法治理与“综治中心 + 网格化 + 信息化”建设结合起来，推动司法资源向基层社会治安综合治理平台下移，完善基层公共法律服务体系，满足人民群众多元化的司法需求。充分发挥司法在社会治理中化解矛盾纠纷的作用，动员社会力量参与，更好地守护国家安全、社会安定、人民安宁，实现政治效果、法律效果、社会效果的统一。

（四）处理好司法治理与源头治理的关系

司法治理的优越性在于将社会问题法治化，更好地发挥司法主体相对中立性和专业性的优势，缓和社会矛盾、彰显公平正义，达到源头治理社会问题的理想效果。诚然，当前司法治理的效果与群众的新期待还有较大差距，需要通过有效的司法治理，健全依法维权和纠纷化解机制，建立健全社会矛盾预警机制、利益表达机制、协商沟通机制、救济救助机制，畅通群众利益协调、权益保障的法律渠道①。其关键是坚持司法治理与源头治理相结合，以司法治理渠道解决各类社会矛盾，引导群众通过制度化法律化的方式维护权益；坚持共治理念和新时代“枫桥经验”，建立多元化纠纷解决机制，推动形成人民调解、行政调解、司法调解“三调合一”的大调解格局，发挥司法资源的最大效能，形成纠纷化解合力。

结　语

历史发展的车轮滚滚向前，面对各种严峻复杂的风险挑战，“中国之治”之所以能够创造经济快速发展和社会长期稳定“两大奇迹”，根本上是因为有以习近平同志为核心的党中央的坚强领导，有习近平新时代中国特色社会主义思想的科学指导。展望未来，珠海将立足“建设粤港澳大湾区重要门户枢纽、珠江口西岸核心城市和沿海经济带高质量发展典范”的新定位，以推进粤港澳大湾区和“一带一路”建设为契机，以推动珠海经济特区“二次创业”加快发展的勇气与担当，对标先进、携手港澳，积极探索创新“一国两制三法域”环境下的司法治理，打造具有时代特征、区位特点、珠海特色的新时代“枫桥经验”珠海版，以司法治理和法治社会建设的新成效争创珠海发展新优势，奋力把珠海建设成为最安全稳定、最公平公正、法治环境最好的地区，进一步推动习近平新时代中国特色社会主义思想落地生根、开花结果，为全国提供更多可复制、可推广的珠海经验。

---

① 李晓倩:《大数据助力司法治理能力提升》,《光明日报》2018年7月23日，第11版。

B.18

党建统领基层社会治理的衢州经验

中国社会科学院法学研究所法治指数创新工程项目组*

摘　要：十九届四中全会指出，坚持党的集中统一领导是中国国家制度和国家治理体系的显著优势之一，因而必须把党的领导落实到国家治理各领域各方面各环节。基层党建必须统领基层社会治理，基层社会治理必须以基层党建为前提。当前，基层党组织“三化”和基层党员三个“不认为”问题成为基层党建阻碍，也让基层社会治理面临巨大风险。浙江省衢州市走出了一条党建统领基层治理的创新之路，通过构建以“四大五加”为主要内容的体系架构和“主”字形运行架构，加快形成“三位一体”“三治融合”“三防齐抓”“三共并推”的基层治理新格局，回应了基层党建新的时代命题，不断丰富基层党建的实践经验和理论探索，努力为“中国之治”的基层之治提供标准、方案、样本。

关键词：基层党建　社会治理　群众路线

基层党建是执政党必须不断回应的永恒命题，基层治理是国家治理体系和治理能力现代化的基础性环节，事关党的长期执政，事关国家长治久安。《中共中央关于坚持和完善中国特色社会主义制度　推进国家治理体系和治理

* 项目组负责人：田禾，中国社会科学院国家法治指数研究中心主任、研究员；吕艳滨，中国社会科学院法学研究所法治国情调研室主任、研究员。项目组成员：王小梅、王祎茗、刘雁鹏、胡昌明、栗燕杰（按姓氏笔画排序）。执笔人：王祎茗，中国社会科学院法学研究所助理研究员；田禾。

能力现代化若干重大问题的决定》指出:“中国共产党领导是中国特色社会主义最本质的特征，是中国特色社会主义制度的最大优势，党是最高政治领导力量。必须坚持党政军民学、东西南北中，党是领导一切的，坚决维护党中央权威，健全总揽全局、协调各方的党的领导制度体系，把党的领导落实到国家治理各领域各方面各环节。”因此，习近平总书记指出:“把抓好党建作为最大的政绩。”

一　党的领导是做好基层社会治理的根本

（一）基层治理中党建必须正确面对的问题

1. 基层党组织弱化、虚化、边缘化

《中国共产党支部工作条例（试行）》第二条指出:“党支部是党的基础组织，是党组织开展工作的基本单元，是党在社会基层组织中的战斗堡垒，是党的全部工作和战斗力的基础，担负直接教育党员、管理党员、监督党员和组织群众、宣传群众、凝聚群众、服务群众的职责。”基层党组织是坚持党的领导、贯彻党的路线方针和决策的关键，是凝聚基层党员的核心，是密切联系群众、服务群众的桥梁纽带，基层党组织能否成为坚强的战斗堡垒直接关乎党的执政基础是否牢固。但当前部分基层党组织出现弱化、虚化、边缘化的问题（以下简称“三化”问题），定位出现偏差，战斗力减弱，必须尽早着手解决。

基层党组织弱化主要表现为个别基层党组织对党中央的路线方针政策不能坚决贯彻落实到位，意志薄弱、执行力欠缺从而导致党的各项决策不能“一根杆子插到底”；基层党组织虚化主要表现为个别基层党组对各方面工作的领导搞形式主义，总结汇报“天花乱坠”，实质内容缺失，遑论实际行动实际抓手；基层党组织边缘化表现在个别基层党组织由于领导力、行动力皆差，在党员群众心目中缺乏“存在感”，不再是凝聚基层党员群众的核心。

“三化”问题已经引起了党中央的高度重视，党的十九大报告专门提出要加强基层组织建设，要“着力解决一些基层党组织弱化、虚化、边缘化

问题”。

2. 基层党员先锋模范作用缺位

支部和党员发挥作用缺少载体，造成基层党组织“失职”“失管”，基层党员“散养”“放养”，出现了“党组织不认为党员是党员，群众不认为党员是党员，连党员自己都不认为自己是党员”的三个“不认为”现象。基层党组织的战斗力下降直接导致基层党员缺乏有效的组织领导，成为“一盘散沙”，久而久之人心涣散的党员淹没在普通群众之中，无法再发挥党员应有的先锋模范作用。党员淡忘了初心，漠视了使命，便与普通群众无异，甚至有极少数党员的思想觉悟还不如普通群众，艰巨任务面前无人勇挑重担，遇到困难危险不再挺身而出，甚至畏缩退后，此类党员早已违背了入党誓言，不再是真正意义上的“党员”。

（二）基层党建不力影响依法治理成效

《中共中央关于坚持和完善中国特色社会主义制度　推进国家治理体系和治理能力现代化若干重大问题的决定》提出，坚持和完善中国特色社会主义法治体系，提高党依法治国、依法执政能力。依法治理是做好基层治理的关键，但依法治理一旦忽视和弱化党的领导、一旦脱离基础党建，就可能事倍功半。

实践中，基层党组织“三化”问题和基层党员三个“不认为”问题影响了党群关系和党组织在群众中的威信，在群众中造成了不良影响，动摇了党的执政根基，更会影响法治的权威。这种副作用会表现在各项工作中，可能导致工作偏离既定方向，甚至违背最基本的原则、准则。在社会治理工作中，一旦不能将党的领导贯彻到底，则可能侵害群众利益，衍生新的矛盾，人为割裂党和人民群众的血肉联系，影响共建共治共享的社会治理大局。

例如，在坚持和发展新时期“枫桥经验”的社会治理实践中，个别地方采用了一方面强迫当事人进行调解、另一方面强制收取调解费的不当做法。在多元纠纷化解尚处于探索完善阶段，调解人员素质和调解过程结果的合法性皆不能充分保证、调解权威性有待进一步确立的前提下，强制调解可能违背当事人意志，甚至有损害当事人诉权之嫌。特别是利用诉讼费作为杠杆，对不愿调解的当事人加重诉讼费负担的做法更违反了《民事诉讼法》等上位制度规定。以市场化的名义对选择调解的当事人强制收取调解费用的做法在现阶段也显得操之过急。市场化是社会调解发展的必然方向，但在公众尚未充分认可这种解纷手段也不能以过硬的调解质量保证“物有所值”的当下强制收费，未免太急功近利。两种强制性手段叠加在一起，直接导致当事人“愿调解要交钱，不愿调解也要交钱”，造成群众反感甚至对调解工作和多元纠纷化解理念产生误解与排斥，影响“枫桥经验”在新时期的生命力。

诸如此类的不当做法在基层实践中出现，其根源还是作为领导者的基层党组织无力，基层党员干部党性不足、政治站位不高，没有把握住各项具体工作的政治方向，造成的社会风险不可低估。基层党建必须得到充分重视和由上至下、由点到面的全面贯彻落实。

二　衢州党建统领基层社会治理的实践

作为浙江省西部的一个地级市，近年来，衢州在基层治理工作中深刻认识到，必须坚持大党建统领大联动治理，真正实现党建、治理“一张皮”。衢州在建设“活力新衢州、美丽大花园”和打造“基层治理最优城市”工作中注重写好“互联网+政务服务”“党建+基层治理”两篇大文章，初步构建起以“四大五加”①为主要内容的党建体系架构和“主”字形党建统领基层治理运行架构，加快形成“三位一体”“三治融合”“三防齐抓”“三共并推”②的基层治理新格局。衢州在基层治理中有意识地贯彻基层党建工作，回应党建的新时代命题，不断丰富基层党建的实践经验和理论探索，努力为“中国之治”的基层之治提供标准、方案、样本。

① “四大五加”：大党建统领、大联动治理、大数据应用、大融合推进，“网络+网格”“线上+线下”“制度十技术”“公转+自转”“共性+个性”。

② 执法管理服务“三位一体”、自治法治德治“三治融合”、人防物防技防“三防齐抓”、共建共治共享“三共并推”。

（一）思想认识到位

衢州“党建治理大花园”建设之所以取得明显成效，首先源于思想认识到位，把党建摆在一切决策和工作的首要位置。决策者深刻认识到“平时不在党建上下苦功，一定会在关键时候吃苦头”，对党建的重要性有清醒的认识。在思想上明确意识到“党建是用来统领基层各项工作的；党建是用来为中心工作服务的，特别是用来克难攻坚的；党建是用来充分体现党组织战斗堡垒作用、充分发挥党员干部先锋模范作用的”。以这种认识作为开展工作的逻辑起点，方可坚持“党建统领活的灵魂、一根红线贯穿始终”，在基层治理中把党建作为基础、核心、灵魂、关键，将党建、治理工作有机统一起来。

在对党建工作重要性保持清醒认识的前提下，开展基层社会治理的问题意识也十分强烈，能够准确把握治理工作的难点、痛点。例如，衢州在落实乡村振兴战略、建设乡村大花园时，提出乡村组织建设不平衡、主体责任不充分的问题，看到了各级党组织尤其是基层党组织抓党建抓治理的水平与新时期要求还不相适应的症结所在，由此才能提出有针对性的解决方案，即农业强不强、农村美不美、农民富不富，关键在基层基础。要把夯实基层基础作为固本之策，建立健全党委领导、政府负责、社会协同、公众参与、法治保障的现代乡村治理体制，确保乡村社会充满活力、和谐有序。其中，党的领导为首要任务，要把党的领导落实到基层治理的各方面、全过程，不断加强基层组织、基层政权，夯实基层基础，统领基层治理，充分激发各级党委总揽全局作用、基层党组织战斗堡垒作用和广大党员先锋模范作用，强调系统治理、依法治理、源头治理、综合治理，在衢州基本实现党建、治理“一张皮”。

（二）制度建设先行

主观上有了正确认识，客观上还需要制度进行保障。衢州把党建统领写进城乡社会治理的各项重要制度文件中。《关于构建新时期衢州发展战略体系加快建设“活力新衢州、美丽大花园”的决定》将“坚持党建统领、贯穿到底”作为基本原则统领衢州经济社会发展各项工作。继而在战略规划体系中将“建设中国基层治理最优城市”这一重要发展战略直接定义为：坚持大党建统领大联动治理，抓实抓好“三个三”基层党建工程，着力构建“四大五加”体系架构和“主”字形运行架构，加快形成基层治理新格局，不断提升基层治理体系和治理能力现代化水平。由此可见，衢州的实践紧紧围绕党建工作展开。通过《打造中国基层治理最优城市攻坚任务书》，将全面推进“三个三”基层党建工程细化为深化完善清单制等7项具体任务，并规定了完成时间和责任主体。《关于全面实施乡村振兴战略 加快乡村大花园建设的指导意见》提出“以党的建设引领和推动乡村振兴”的具体目标，并再次强调党建统领的基本原则，在乡村治理工作中明确农村党建作为重点任务，在服务型党组织建设、深化党旗行动、坚持“三课一会”制度、加强党风廉政建设和农村党员队伍建设等方面均作出明确部署。

通过《关于实行“周二无会日”制度的通知》《关于全面开展“组团联村（社）”工作的通知》《关于建立村（社）党员“1+N”联户机制的通知》《衢州市乡镇（街道）服务指数考评办法（试行）》《衢州市村（社）党组织堡垒指数考评办法（试行）》《衢州市村（社）党员先锋指数考评管理办法（试行）》等制度文件明确各项工作任务目标和实操细则，通过《关于实施党建统领和智慧治理大联动 深化“最多跑一次”改革 推进区域治理现代化的指导意见》《关于构筑“红色物业联盟” 共建共治共享有礼小区的实施意见》《关于在农房体系构建和风貌提升工作中充分发挥基层党组织和党员作用的通知》，在具体工作中贯彻党建统领原则。

（三）运行机制顺畅

制度的生命力在于执行，衢州三横一竖“王”字形运行机制的核心在于为基层党组织和党员在基层社会治理中发挥作用提供强有力的体制机制支撑。

“王字”的“顶线”代表关口前移、重心下移、资源下沉、权力下放，将市级资源力量沉淀于县级。衢州市综合执法、市场监管等多部门共1000多名派驻人员下沉到乡镇（街道）成为“平台干部”。对下沉到乡镇（街道）担任“平台干部”的人员力量实行“双重管理、属地为主”的管理方式，年底考核以乡镇（街道）为主。

“王字”的“中线”代表在乡镇（街道）条块联动、块抓条保，明确属地统领、捆绑考核。以提升乡镇（街道）统筹协调能力为目标，以基层治理“四平台”[①]为载体，形成统一指挥、联合执法、联动治理的乡镇层级治理新模式，着力破解职能部门“管得了的看不见”、乡镇（街道）“看得见的管不着”的问题。

“王字”的“底线”是在村一级深耕网格、做实网格，团结好“一长三员”，四力共用。衢州在做实“底线”、重心下移和深化基层上下功夫，以“六个规范化建设”[②]为抓手，确保全科网格标准化规范化建设落地落实，推动相关管理资源下沉到底。全市所有村（社区）共有网格4174个，成立专门市场等类似专属网格140个；建立起以“两委”班子成员为主的基层网格员队伍，实现村级组织力量与网格力量双向打通，形成了“事在网中办、人在格中走”的工作格局。

“王字”的“竖线”是指打通顶线、中线、底线，上情下达、下情上传，实现“民有所呼、我有所应”的目标。主要借助“雪亮工程”“城市数据大脑2.0”等技术，搭建起“县里大联动中心＋乡镇综合指挥室＋四个平台＋全科网格”的技术链条，通过信息集成平台、联动指挥平台实现线上线下、制度技术、网络网格、系统集成、整体联动。

（四）紧抓队伍建设

为政之要，唯在得人。人是将一切理想付诸实践的核心，是决定工作成败的关键。衢州在党建工作中紧抓队伍建设不放松，打造了一支能战斗的团队、奔跑的团队、温暖的团队，全力助推“活力新衢州、美丽大花园”建设。出台《关于构建抓人促事机制　激励干部新担当新作为的实施意见》，全面

① “四平台”：综治工作、市场监管、综合执法、便民服务四个功能性工作平台。

② “六个规范化”：组团联村、网格划分、网格支部、一长三员、党员联户、考核考评的规范化。

推进“队伍建设”战略落地，最大限度融合政治导向、干事导向、用人导向，坚持严管和厚爱结合、激励和约束并重，着力构建抓人促事机制，激励干部新担当新作为。

衢州不断加强党员干部思想政治教育。通过深入学习党的十九大精神和习近平新时代中国特色社会主义思想，系统学习党的路线方针政策，不断提高各级党员干部政治站位；深入推进“两学一做”学习教育常态化制度化，建立乡镇（街道）讲习所，高标准抓好“不忘初心、牢记使命”主题教育；完善政治考察方式，落实党员管理“十条红线”。在用人之际坚持以事择人，推动人岗相适。选优配强党政“一把手”，重用实绩突出的干部，大力培育高素质专业化干部，建设优秀干部资源库。加强监督约束，构建全方位干部监督体系，对“为官不为”干部建立退出机制，按照有关规定稳妥有序处置不合格党员，从严整治党员干部作风；同时强化激励关爱，健全干部履职容错纠错机制，完善干部澄清保护机制，可谓宽严相济。

衢州着力激发党员先锋模范作用。深化开展万名党员“亮身份、立家规、晒承诺、赛业绩”活动，开展“衢州有礼、党员先行”行动，以好党风引领好家风促进好社风。在乡村振兴工作中注重发挥乡村干部特别是村书记的“领头雁”作用，打好“上下管育爱”组合拳，严管厚爱，培养一批想为、能为、敢为、善为的村干部，让村干部特别是村主职干部真正成为乡村振兴带头人和农村发展“领头雁”、农民群众的“主心骨”。

（五）举措手段务实

衢州为党建统领社会治理工作规划了明确的任务书、路线图，通过“三大主体工程”做实党建责任内容。落实乡镇（街道）主体责任，抓镇促村、镇村联动，党委统揽全局、支部书记抓人促事；扎实村（社）组织“第一道防线”作用，尤其注重发挥村（社）党组织的战斗堡垒作用；充分调动党员群众主体意识，激发广大党员群众的主人翁意识。通过让干部深入下去和把群众发动起来的双向工作，唤醒党员、唤起群众，最终使管理变治理、以民主促民生。

在任务到人基础上，衢州通过“三个全覆盖”[①]做实党建工作载体，解决落实问题。组团联村全覆盖，就是按照“一村一组团”方式，组建联村组团，把党委书记一个人抓党建变成全体班子成员齐心协力抓党建；网格支部全覆盖，主要是打通村（社）和网格，就是坚持“支部建在网格上”，按照“一网格一支部”原则，在村（社）网格设置党支部（党小组），实现党的组织覆盖与综治网格覆盖相融合，在组织设置上解决“两张皮”的问题；党员联户全覆盖，主要是打通党员和群众，按照“就近就亲就熟”原则，每名党员联系服务8~10户群众，联系不漏户、户户见党员，常态化开展联系服务群众“五上门”活动，密切党群干群关系、增进鱼水感情。

在“三大主体工程”“三个全覆盖”的明确指引下，衢州把党建统领基层治理与扫黑除恶、平安建设、基层稳定、乡村振兴等重点工作融合推进、系统集成，全面夯实基层平安稳定根基，在各项重点工作任务中得到很好应用，经受住大战大考的实践检验。

（六）考核督促落实

衢州建立乡镇（街道）党（工）委“服务指数”、村（社）党组织“堡垒指数”和党员“先锋指数”考评体系，实施量化积分，实现精准考核。深化乡镇（街道）党（工）委“服务指数”考评，建立全程“动态监测”考评机制，重点考核乡镇（街道）干部联系服务群众、组团联村（社）等方面情况，把农村基层党建“浙江二十条”、“衢州三十条”、党建责任清单、“周二无会日”、组团联村（社）等纳入考核内容，考核结果与乡镇（街道）分类争先考核、年度综合考核、领导班子和领导干部考核等挂钩。深化村（社）党组织“堡垒指数”考评，深化落实“底线管理”考评机制，重点考核村（社）党组织班子作用发挥、推进中心工作、维护基层稳定等方面情况，把支部主题活动“五个一”任务清单、网格党支部运行情况等纳入考核内容，考核结果与组团联村（社）工作和联村干部个人考核、村（社）党组织分类定级及

① “三个全覆盖”：组团联村全覆盖、网格支部全覆盖、党员联户全覆盖。

村（社）干部述职评议等挂钩。深化党员“先锋指数”考评，推广党员“零基积分”考评办法，重点考核党员履行基本义务、发挥先锋模范作用、遵纪守法等情况，把党员联户、村干部“十条铁规”纳入考核内容，考评结果与评先评优挂钩，激发党员先锋模范作用。

三 衢州党建经验对基层社会治理的启示

（一）基层党组织地位必须牢固

各级党组织必须使党建与社会治理工作高度契合，必须在认识上真正确立抓好党建是本职、抓不好党建是失职、不抓党建是渎职的责任意识，才能真正把党建牢牢扛在肩上、抓在手中、落实在各项具体工作中。作为“一线”也是“终端”的基层党组织必须克服“三化”，做强、做实，成为领导基层治理各项工作的坚强核心和坚不可摧的战斗堡垒。

衢州将党建工作和社会治理中的网格化管理模式有机结合，为党建工作有效开展提供了切合实际的平台，为基层社会治理坚持正确方向提供了坚实的保障。衢州坚持“支部建在连上，一切工作到支部”，把党支部建在网格上，充分发挥党建统领作用，使每个网格都成为有组织机构、党员队伍和活动场所的党建基本单位。坚持“一网格一支部”，党员人数50人以上的村党支部要升格为党总支，100人以上的要升格为村党委，下设若干网格党支部，50人以下的村仍设党支部，下设若干网格党小组。网络支部（党小组）场地设施要求做到“五有”，即有场地、有标识、有设施、有制度、有经费。建立健全村（社）组织体系正常运行发挥作用的一系列制度和规范，实现组织生活的正常化和长效化，网格支部党员固定活动日，并必须按照“五个一”[①]任务清单完成工作。

衢州想方设法持续整顿软弱涣散基层党组织，开展村（社）换届“回头看”，对村（社）两委班子进行届中大考，试行不称职村（社）干部“停职教育”制度，认真落实村（社）干部“十条铁规”。衢州发挥村（社）组织“第

① “五个一”：开展一次学习、通报一些情况、汇报一块工作、认领一批任务、协商一些难题。

一道防线”的作用，特别是村（社）党组织的战斗堡垒作用，从而使得基层党组织社会治理主体作用得以有效发挥的诸多经验可以为多数地方所借鉴。

（二）基层党员作用必须充分发挥

首先，优秀党员必须在基层聚集。一方面，党员干部必须沉淀到基层。衢州“一村（社）一组团”，推动党员干部进村入格服务。从市县领导至村（社）干部都必须深入网格进行服务，各司其职。2019 年上半年，全市组团联村（社）干部已深入基层参加网格巡查 6.2 万余次，协助整治“一户多宅”1.25 万户，谋划和实施各类项目 212 个，有效推动了中心工作和重点项目建设的快速落地。另一方面，农村基层优秀党员人才必须充实。农村基层党组织“空心化”随着农村“空心化”现象日益严峻，基层党组织开展工作的“生力军”严重不足，面临无人可用的窘境，如何吸引党员人才回归基层是基层党建面临的首要难题。衢州注重发展基层优秀党员，并不拘一格重用党员人才。“送钱送物不如送一个好支书”，衢州市对每一个村支书进行摸排分析，选贤任能，甚至出现了能够带领村民致富的村支书“一肩挑两村”。在“能人”支书的带领下，村民在家门口就能去企业做工挣钱，不必外出打工，中青年回家了，人才也回家了，党组织的后备力量也更加充实。截至 2019 年 7 月，“组团联村（社）服务团”帮助村（社）发现和培养了 787 名 35 周岁以下入党对象，挖掘了 2431 名年纪轻、素质高的村级后备干部。

其次，基层党员意识必须觉醒。衢州在党员中开展“大整风”行动，围绕“十个讲清楚”[①] 等内容开展自我剖析，激发广大党员党的意识和党员意识。在建立“红色物业联盟”工作中，注重打通党员干部在社区党组织和机关党

① “十个讲清楚”内容具体是：1. 本人是否在服务企业、服务客商中存在吃拿卡要、推诿扯皮、敷衍塞责等情形；2. 本人及家属是否参与村（社区）志愿服务、按期缴纳物业费；3. 本人及家属是否有乱停车、乱堆放、乱丢垃圾、侵占公共资源等情形；4. 本人及家属是否礼让斑马线、遵守交通信号灯；5. 本人及家属是否孝敬父母、邻里和睦；6. 本人及家属是否有非法集资、拒不履行法定义务等失信行为；7. 本人及亲属是否有一户多宅、违章建筑未拆除等情形；8. 本人是否参与、纵容亲属或怂恿他人非法上访；9. 本人及亲属是否参与邪教及封建迷信活动；10. 本人及亲属是否有阻挠重大项目推进、重点工程施工等情形。

组织的关系，每位机关党员到所在社区或网格党支部报到，在居住小区“亮身份”，签订“有礼小区、党员先行”承诺书。制定党员干部“主动到小区报到、主动参与小区志愿服务、主动按期缴纳物业费”等“三个主动”和“不乱停车、不乱搭乱建、不乱遛狗”等“十二个不”行为规范，对违反相关行为规范的进行“红色预警”，采取谈话提醒、小区红黑榜公示、取消评先评优资格、告知所在单位党组织采取组织处理等措施。按“工作在单位、服务在社区、奉献双岗位”的要求，要求党员干部到小区开展政策宣讲、民意跟踪、解危帮困、纠纷调解等工作，使得“8小时以内党员”转为“全天候党员”，有效杜绝了党员三个“不认为”现象。

最后，党员职责必须明确。衢州推动党员联户全覆盖，以“就近、就亲、就熟”为原则，采用党员申报、组织委派、村民选择多种形式，实施党员“1+N”联户服务，实现党员自身优势和农户的需求有机对接。建立“五上门”①民情联系服务机制和分级分类处理事务机制，使村（社）党员由“无职”变“有责”、从“无位”变“有为”，各项职责不仅明确到人，而且落实到事。

（三）走符合新时期要求的党的群众路线

群众路线是党的根本路线，是中国共产党自成立以来一直坚持的处理党群关系的正确道路，是保证革命和建设不断取得胜利的制胜法宝。当前，中国共产党领导中国人民走进新时期，无论是客观的社会形势还是人民群众的主观愿望都对党的群众路线提出了新的更高的要求。党中央深刻地认识到了这一点，因此党的十九届四中全会精神要求各级党组织、党员，必须“坚持立党为公、执政为民，保持党同人民群众的血肉联系，把尊重民意、汇集民智、凝聚民力、改善民生贯穿党治国理政全部工作之中，巩固党执政的阶级基础，厚植党执政的群众基础，通过完善制度保证人民在国家治理中的主体地位，着力防范脱离群众的危险。贯彻党的群众路线，完善党员、干部联系

① “五上门”的具体内容是：1. 群众有生病卧床要上门看望；2. 群众有红白喜事要上门帮忙；3. 群众有矛盾纠纷要上门劝解；4. 群众有不满情绪要上门疏导；5. 群众有突发事件要上门了解。

群众制度，创新互联网时代群众工作机制，始终做到为了群众、相信群众、依靠群众、引领群众，深入群众、深入基层。健全联系广泛、服务群众的群团工作体系，推动人民团体增强政治性、先进性、群众性，把各自联系的群众紧紧团结在党的周围”[①]。衢州党建统领社会治理的实践对上述要求做了很好的诠释。

衢州基层治理体系建设的最高标准、最高境界就是人民当家作主的“主”字。共产党的初心是执政为民、一切为了群众。走好新时期党的群众路线，就是要充分尊重人民群众主体地位，不断激发主人翁意识，在社会治理工作中发挥群众的主观能动性，于体制内打通上下、条块，于体制外打通干群、党群，从群众中来、到群众中去，唤醒党员、唤起民众，在各项工作中真正体现人民群众主体地位，真正让人民群众当家作主。

变革中的社会利益格局日益复杂，为利益所迷惑的可能性也更大，对任何人皆是如此，党员也不例外。换个角度而言，党员想要在复杂的环境中认清形势、抵制诱惑，亮明身份、冲锋在前，直至牺牲部分个人利益为群众谋福利，对党员的党性要求和个人意志坚定程度的要求更高。为让党员真正走到群众中去，衢州创设“周二无会日”制度[②]。“无会日”不是简单的“不开会”，而是把会开到基层一线、田间地头、网格支部和党员群众家里，把上级无会转变成“田间”有会。“周二无会日”实际上是“组团联村下村日”“网格支部活动日”“主题党日”“民情沟通日”“乡贤议事日”“重点任务攻坚日”。通过这项制度，全市 9097 名联村（社）服务团干部真正扑下身、沉下心，进村入户听民声、察民意、解民忧，做到了“民有所呼、我有所应，民有所盼、我有所为”，以真心换得民心，以行动赢得信任，干部威信显著增强，干群关系明显拉近，群众对基层党组织建设满意度快速提升。

新时期为“一切为了群众”的党的根本宗旨赋予了更加深刻的内涵，习

① 党的十九届四中全会报告。

② 该制度规定，每周二（工作日）市本级不安排以市委、市政府或市委办公室、市政府办公室及部门名义举行的全市性会议或活动，不安排领导干部到乡村（包括街道、社区）调研，不安排针对乡村两级的视察、检查、考核活动，确保各级干部特别是组团联村（社）干部有更多时间和精力深入基层开展服务。

近平总书记指出:“前进道路上，我们必须始终把人民对美好生活的向往作为我们的奋斗目标。”坚持以人民利益为中心的价值追求和人民利益为先的理念必须要有实实在在的举措，让老百姓“看得见”；必须要切实改善民生增强其获得感，让老百姓“摸得着”。截至2019年7月，衢州联村（社）服务团共联系帮扶“五保户”、独居老人、留守儿童等2.61万人，走访群众18.12万人次，协调解决建房审批、看病就医等民生诉求1.6万余条。

新时期也是信息化时代，群众路线也走出了新方式——网上群众路线。龙游的“村村通+全民网格”，就是基层治理“信息化+全民网格”扁平化管理创新模式的一个典型。龙游县东华街道张王村以前是出了名的“上访村”“乱村”，干部群众严重对立。干群矛盾的根源在于信息不对称，老百姓不知情、不参与。适逢社交网络大举进入人们的生活、成为最主要的交流沟通方式，当地干部就在手机上开发了“村情通”软件，把村里大事小情都装进去，用户可查询政务信息，村民办事“最多跑一次，跑也不出村，许多是指尖跑”，民情沟通平台化事事有回音，基层数据“实”起来真实反映民情。最可贵的是，“村情通”将“智慧党建”移植到平台之上，统、比、考[①]三管齐下，发挥基层党组织“神经末梢”的最大战斗力。现在的张王村从原来的“基层组织软弱涣散村”变成了“全省社会治安综合治理先进集体”。“村情通+全民网格”的模式已经在衢州遍地开花，打通了基层治理“最后一米”，这饱含党对群众深情的“一米阳光”照亮和温暖了千家万户。

衢州的经验表明，唯有加强党建在基层社会治理中的作用，才能实现十九届四中全会确定的完善党委领导、政府负责、民主协商、社会协同、公众参与、法治保障、科技支撑的社会治理体系的总体目标，法治保障才能更有力。

① “统起来”是指，把1.3万名农村党员全部纳入掌上智慧管理，让“隐形党员”亮身份，流动党员回到“家”，整体形成“一盘棋”、工作无盲区;“比起来”是指，在线实行党员“零基积分法”，党员通过手机学习获得学分、参与实事获得积分，并推出“实事排行”“积分排行”两张榜单，以积分制度激发党员干事激情;“考起来”是指，把党员工作实事实绩与党建责任考核相挂钩，接受群众评议和监督。

B.19
基层社会治理的余杭实践

中国社会科学院法学研究所法治指数创新工程项目组*

摘　要：杭州市余杭区在面对人口倒挂、执法力量不足、社会压力增大的背景下，主动思考，积极作为，运用信息化手段不断创新监管方式，弥补监管力量不足，推动基层民主协商，预防和化解社会治理中的各类矛盾、纠纷以及风险，逐步推进基层社会治理法治化、专业化、现代化。余杭区仍然面临治理机制有待完善、综治隐患仍然存在、社会力量有待挖掘等问题。未来，余杭应当进一步健全基层社会治理机制，完善基层社会治理体系；进一步提高应对社会风险的能力；进一步激发社会活力，培育专业化基层社会治理队伍。

关键词：民主协商　矛盾化解　智慧治理

党的十九届四中全会要求，“完善党委领导、政府负责、民主协商、社会协同、公众参与、法治保障、科技支撑的社会治理体系，建设人人有责、人人尽责、人人享有的社会治理共同体”。近年来，杭州市余杭区在推动社会治理方面取得了一些值得总结的经验。

---

* 项目组负责人：田禾，中国社会科学院国家法治指数研究中心主任，法学研究所研究员；吕艳滨，中国社会科学院法学研究所研究员、法治国情调研室主任。项目组成员：王小梅、王祎茗、车文博、田纯才、冯迎迎、刘雁鹏、米晓敏、胡昌明、洪梅、栗燕杰（按姓氏笔画排序）。执笔人：刘雁鹏，中国社会科学院法学研究所助理研究员。

一 余杭基层治理的现实需求

余杭区位于浙江杭州北部，面积1228平方公里，辖6个镇、14个街道、386个城乡社区，其中农村社区180个，城市社区186个（撤村建居社区71个），是五千年良渚文化的发祥地，拥有阿里巴巴等多个高科技上市企业，经济总量居浙江省各县（市、区）第一。高速增长的经济带来了各种矛盾纠纷和社会治理难题，给余杭基层社会治理带来了新的压力和挑战。

首先，人口倒挂现象明显。余杭区目前户籍人口112万、外来人口174万、人户分离户口40万，实有人口数320万，全省最多。余杭人口倒挂导致出现了民营企业多、流动人口多、建筑工地多“三多”现象，以及交通流量大、风险变量大、信访存量大“三大”压力。这“三多三大”使余杭区以往的平安建设和社会治理工作经常处于疲于应对状态。

其次，执法队伍面临事多人少的困境。余杭区的各种企业、组织以及社会团体的数量较多，而与之相对应的执法人员数量较少，传统的监管执法模式无法适应经济体量带来的巨量企业形势。以余杭区应急管理部门为例，在编的执法人员仅有13人，其所监管对象则为2万家企业，平均每个执法人员要负责1500余家企业。与此同时，人民群众对于安全生产、食品卫生等要求不断提升，无形中增加了政府监管压力。

最后，剧变的外部环境带来了社会危机。中美贸易摩擦对余杭外贸出口造成了较大影响，有的企业主动减产以应对市场波动，有的则因资金链断裂资不抵债，工厂停工、企业破产，造成工资无法正常发放、工人失业。这些都可能导致社会矛盾激化、影响社会和谐稳定，外部的恶劣环境无疑加重了地方维稳压力。为保障经济运行处于可控状态，地方政府不得不加强对企业资金流向的监管，对异常企业提前预警，防止出现大规模群体性事件。

在上述现实情况以及外部环境的倒逼下，余杭主动思考、积极作为，依托和运用智慧技术手段，不断创新监管方式，推动基层自治，预防社会治理中可能的问题，化解已经出现的新矛盾，应对即将出现的各类新风险，全面推进基层社会治理法治化、专业化、现代化。

二 余杭推动基层治理的主要做法

（一）推动基层民主协商议事

基层民主协商议事是实现基层自治的重要途径，是加强对话、化解矛盾的重要方式，是推动基层治理民主化的主要内容，是缓解因人口倒挂带来的社会风险的方式之一。

余杭通过明确协商主体，确定好协商的内容、程序和形式，建立了适合本地的基层民主协商运作体系。首先，确定议事主体。余杭区由村（居）民代表会议推选产生村（社区）协商议事理事会，理事长由村（社区）党组织书记或威望较高的乡贤担任，理事会成员15~25人，由老党员、老干部、乡贤、村（居）民代表、共建单位代表、公益达人、业委会负责人、网格长、网格员、社会工作者、法律顾问等组成。例如，塘栖的好邻居协商议事中心、临平的相邻相亲协商议事中心、南苑的南客五方议事会、鸬鸟的聚贤议事会等，成为镇街的协商议事品牌。其次，确定议事内容。制定符合本地实际的村（社区）协商议事清单目录，议事内容有“五必议五不议”，必议的是三年任期目标、年度工作计划、季度工作业绩、民生公益项目、热点难点问题等涉及群众切身利益的重大事项；不议的是违背法律法规、与中心和重点工作冲突、与社区实际和经济条件不符、有悖于本地长远规划、有悖于公序良俗的内容。例如，小古城村通过村民提议，解决了大树保护与村级经济发展、生态保护的问题。再次，确定议事程序。创立议题收集、审核、公示、协商、落实的“协商五步法”，由网格员、村（居）民代表等收集议题，村（社区）党组织审核议题，村（居）务公开栏公开议题，协商议事理事会组织召开会议，协商结果向居民公开，接受群众监督，促使城乡社区协商贯穿于基层群众自治全过程，从而增强社区自治功能。最后，确定议事形式。各村社建立固定的“协商议事日”，提前收集和确定议题，针对不同内容确定参加议事的人员，根据不同议题选择会议协商、走访协商、书面协商、网络协商等不同形式，推动协商议事有效发挥作用。例如，良渚街道新港村在义务劳动中创新了“田间议事、草帽协商”模式，临平街道创新“圆桌议事会”等。余杭通过基层协商议事制度的实践，增强了城乡居民民主协商意识，推动了村社群众性自治组织从“一年选三年管”到“一年选三年商”的转变，激发了各方协同参与基层治理的活力。

（二）纠纷化解线上线下相结合

线上调解矛盾纠纷具有不受时间空间限制的优点，可以随时随地化解矛盾纠纷，而且还可以通过数据汇集，分析研判矛盾纠纷的趋势，为进一步预防化解矛盾纠纷提供参考。线下调解矛盾可以做到充分沟通交流，有利于矛盾纠纷能够彻底、真实、完全化解。余杭区在化解矛盾纠纷方面，善于推动线上线下相结合。

在线上层面，余杭打造矛盾在线调解平台，通过建立各类预警模型，做好矛盾纠纷的事前预测预警；通过法律智库、智能盲调、在线调解等科技手段，提高事中高效精准处置水平；通过打通平台、汇聚数据，做好事后矛盾纠纷趋势规律分析研判。首先，实现全区矛盾纠纷归集。余杭打通矛盾调解在线平台，同时将人民调解数据、信访数据、110 接警矛盾数据等近 10000 件数据汇总至矛盾调解在线平台，实现对全区全社会矛盾纠纷的在线汇聚。其次，构建各类预测预警模型。一是建立全区风险感控模型。通过数据汇聚，对全区、各镇街一定时间段内矛盾纠纷的进行统计分析，建立风险预测模型，监测预测区域性、类型性、时段性纠纷高峰。二是建立重大疑难复杂纠纷及涉稳信息预警模型。对非正常死亡类、涉群体性、涉重点人群及深度情感等可能存在风险的纠纷在录入后自动跳出预警信息，分级作预警通报。再次，建设“矛盾处置智库”。提供法律法规库、纠纷案例库等纠纷调处辅助功能，为网格员、人民调解员及工作人员化解纠纷推送相关法律法规和类似案例，提供法律支撑与“类案支持”。建设调解专家库，公、检、法、司及各行业主管部门、律师、“金牌人民调解员”中的矛盾纠纷化解骨干人才，为重大疑难纠纷化解“把脉问诊”。最后，搭建远程调解平台。矛盾调解在线平台作为区社会矛盾预防和化解工作的指挥平台，依托区综治中心建立可视化的视频会议指挥系统；依托三级视频可视化系统，建立镇街、村（社区）在线调解室，各人民调解委员会、网格、村（社区）、镇街可实现矛盾纠纷在线调解，可通过视频实现专家在网上指导与参与调解，做到调解、专业指导均在线上实现。

在线下调解矛盾纠纷方面，余杭积极推动矛盾纠纷化解“最多跑一地”。矛盾纠纷化解工作可能会反反复复多次调解，虽然很难“最多跑一次”，但余杭区努力推动矛盾纠纷化解“最多跑一地”。余杭区将原有的各类化解矛盾纠纷的社会资源集中在区、镇街、村社区三级社会治理综合服务中心，将其打造为化解矛盾纠纷的聚集地。发生在余杭地区的矛盾纠纷，只需要前往社会治理综合服务中心，就可以调动与矛盾纠纷相关的各个部门。余杭区社会治理综合服务中心入驻了包括法院、住建、人社、司法行政等20多个部门，共计200余名专业工作人员从事各类矛盾化解工作。余杭区还注重线上与线下相结合，开发了便民服务热线、区长公开电话、社会治理平台等，为群众提供信访、调解、仲裁、诉讼全程服务，真正做到“最多跑一地”。

（三）城市大脑辅助城市管理

余杭在大量汇集全区社会治理数据的基础上，通过对历史数据和实时信息的统计分析、智能计算，以指标性社会治理指数动态显示全区社会治理状况，建立了城市大脑。目前，城市大脑在城市管理方面的应用尤为突出。智慧城管应用包含AI视频巡逻、垃圾分类监管、渣土车监管等功能，依托大数据手段实现人性化、精细化城市管理。首先，AI视频巡逻实现自动识别。以人行道违停为例，系统向车主发送违停提醒短信及附近可用泊位信息，督促车主自觉改正违法行为，若10分钟后未驶离，再向附近的城管队员推送执法任务。从巡查发现，到记录违停信息、推送短信，再到原地复查，一系列操作均由系统自动完成，队员只需完成最后的违停现场处置即可。在南大街试点设置摄像头的第一个月，共抓拍到有车牌的违停430起，其中10分钟内车主自动驶离的共331起，预警整改率达77%，没有驶离的由队员现场处置。这一违停治理模式充分体现了人性化执法理念，更容易获得市民群众的理解和支持。其次，建立全区生活垃圾分类评价平台，实现对镇街、村社、小区、住户四级生活垃圾分类情况的精准评价和管理。通过二维码实现居民分类源头可溯，结合督导员扫码巡检、按户评分，数据实时传输至评价平台分析统计，对参与居民发送提醒短信，有效提高居民参与率和分类正确率。目前全区已有558个小区实现源头可溯，每日巡检达5万余条，通过督促分类，全区易腐垃圾分出量从年初的200吨/天提升至631吨/天。最后，防止渣土车偷倒渣土。余杭区三面拱卫杭州，区域范围大、建设项目众多，工程渣土偷倒行为易发，有些甚至有专人望风放哨，给执法工作带来较大困难。余杭区城管局通过对渣土车GPS轨迹建模分析，判断停车地点是否为合法的消纳场，一旦发现有多辆渣土车在某处短暂停留并折返，系统就会研判该处为疑似偷倒点，通过查询偷倒点的监控视频就可以看到车牌和具体位置等内容，为执法部门实地勘察提供依据。自2018年至2019年底，共发现疑似渣土偷倒点228处，查实偷倒行为49批次，查处渣土车共计102辆次。

（四）监管经营数据预防欠薪

企业经营困难是欠薪的首要原因。而目前缴纳的工资保证金往往不足以支付拖欠工资，故预防因经营不善跑路成为防止欠薪的路径之一。一般而言，企业经营不善往往会伴随水电费缴纳困难、纳入失信被执行人名单、经济纠纷等状况，因此加强相关信息的收集、整理与监管，可以提前预防企业负责人跑路，防止企业拖欠员工工资。余杭将企业经营状况等可能会导致欠薪的因素纳入数据库，接入包括企业水费、失信黑名单、欠薪信访、企业用电、社保缴费、市场监管处罚、经济涉诉、工资专户、在建工程、舆情信息十类数据，其中，信访、舆情、工资专户的信息直接产生预警，其余7类数据通过算法模型综合研判，生成预警信息。此外，部分企业工资款与工程款混同支付，容易导致欠薪案件发生。余杭区自2018年起开始施行农民工工资专户制度，要求在建工地必须以项目为单位建立工资专户，通过专户发放民工工资。余杭不仅可以获取在建工地工资专户总体异常信息，还可扩展到工地所有民工工资支付信息，能够有效识别民工工资是否按月足额支付。目前，余杭区在建工程项目600余个，建筑面积超过3800万平方米，体量占全市的 50% 以上。面对如此庞大的项目数量，以往执法队伍以及人力不足导致只能抽查，现如今通过数据监管变成了全方位覆盖。通过监管经营数据的方式，极大地提高了监管效能，节省了人力成本，取得了良好效果。例如，2019 年 8 月 15 日，预警算法模型发现某项目建设工地工资专户未按规定发放工资，系统判定为存在欠薪风险，先后预警交办至区住建局、属地乔司街道，在街道督促协调下该公司于 9 月 15 日、25 日支付 7、8 月份工资，一起潜在的群体性欠薪风险因预警平台的提前感知、快速交办得以妥善处置。

三 基层治理的经验

（一）党的领导是保障

党的十九届四中全会明确提出，构建基层社会治理新格局，健全党组织领导的自治、法治、德治相结合的城乡基层治理体系。这就要求，政府、社会、公民等多元力量要在党的领导下，共同参与基层社会治理活动。基层治理现代化、民主化、法治化离不开党的领导。一方面，党的领导可以有效整合多元力量参与基层治理活动。基层治理需要统筹政府、社会、公民等多元主体力量共同参与，任何一方都不可能做好基层治理工作，需要多方形成合力。坚持党的领导，通过基层党建可以有效整合各方力量。余杭区党委根据地域、党组织以及党员情况，优化地域网格设置，整合社区、村居、综治、城管等各类力量，形成行之有效的网格体系，将党支部或者党小组建立在网格之上，随时随地了解基层情况，随时随地调用可用的资源和力量，推动不同部门共同参与基层治理活动。另一方面，党的领导可以确保基层社会既充满活力又和谐有序。基层治理的各项政策兼具原则性与灵活性，原则性政策保障基层治理和谐有序，灵活性政策保证基层治理充满活力。对于中央要求的原则性政策，需要从中央到地方一以贯之；对于灵活性政策，则需要地方根据实际情况灵活变通具体情况。党的领导是坚持原则性与灵活性相结合的最佳选择，唯有坚持党的领导才能保障中央原则性政策得以落地，才能保证地方灵活性政策得以实施。

（二）为民服务是宗旨

在推动基层治理工作过程中，地方党委政府难免会站在自身角度，以管理者的身份从事各项工作。有些法律政策规定的内容虽然已经实施，但群众的感受不佳，效果不好，体验较差。余杭区在推动基层治理工作过程中，无论是矛盾化解线上线下服务，还是智慧城管，抑或是预防欠薪，都要求以人民为中心，将为民服务、便民、利民为根本宗旨和根本遵循。便民利民要求在制度设计过程中要站在人民群众的角度看待问题，而不是站在政府部门的立场看待问题。例如，在矛盾纠纷化解方面，近年来，余杭区在道路交通纠纷网上数据一体化处理、网络纠纷调解等诸多重点领域，构筑了一站式、标准化“互联网+”智能化公共服务平台，方便群众解决道路交通纠纷，极大地提高了矛盾化解效率。对于不习惯网上矛盾纠纷调解的群众而言，余杭整合建立了区级、镇街、村社三级社会治理综合服务中心，通过功能的整合、业务的协同、系统的支撑，实现“只需跑一地”就实现矛盾纠纷一揽子解决、一条龙服务、一站式接待。再如，在“民生微实事”方面，余杭深化城乡社区基层治理，组织实施“微实事”“微治理”项目，支持鼓励服务民生的社会组织参与，以落实“群众点菜”和“政府配餐”互补方式，及时解决社区居民身边小事、急事、难事，提高群众获得感。

（三）数据归集是手段

城市大脑运作的前提是数据归集，若数据不真实、不准确、有瑕疵，则城市大脑所作出的判断可能会出现漏洞。余杭区在整合22个部门单位的29个信息系统过程中，统一了地址库建设，解决了不同行业地址标准无法兼容而导致的数据归集难题。以余杭区社会治理综合服务中心为例，按民政的标准是余杭区临平街道西大街65号，按公安的标准是余杭区临平街道工农新村社区西大街65号，测绘的地址描述是余杭区临平街道西大街65号（东海石油大楼）。虽然上述地址表述指的是同一个地方，但是描述的内容不尽相同，系统本身无法准确识别，不同部门的数据无法相互融合和关联。但通过统一地址库建设，可以赋予区中心一个 20+1 位校验码的统一编码，形成了该地址独有的“身份证号码”。地址统一之后，可以将房子信息、企业信息、事件信息、通信信息、户主信息等相关的社会治理要素附属在地址上。统一地址库也支持搜索功能，输入“乔司街道五星村 3 组 26-1 号”，可以迅速查找该地址码关联的建筑实有房屋、人员、企业、事件的相关信息。余杭区已归集约 25 万条企事业单位信息、305 余万条人口信息、111 余万条房屋地址信息、100 万条事件信息。通过智安小区、智慧安监建设，关联了人脸门禁、水压、电压、烟感传感器等 12 项 1.2 万余项物联感知设备。

（四）多元参与是路径

多元参与是分担政府压力、提高基层治理效率的重要路径，多元参与的前提是有足够多的社会组织能够参与基层治理活动。余杭区在推动多元参与的过程中，注重为社会组织搭建平台，培育各种类型的社会组织，逐步推动形成了以党组织为核心、居民为主体、社工为骨干、社会组织为伙伴的城乡社区治理体系。首先，搭建社区综合服务平台。社会综合服务平台是社工的主要活动场所，是培育社会组织的基础设施。余杭区按照城市社区不小于 800 平方米、农村社区不小于 1000 平方米的标准，实现了社区综合服务中心全覆盖。其次，建立三级社会组织服务平台。余杭区以区社区服务中心、区社会组织服务中心为支撑，推动 20 个镇街社会组织服务平台实体运作，孵化培育本土社会组织和社区社会组织，形成三级联动格局。目前，余杭区城市社区社会组织登记备案 2932 家，农村社区社会组织登记备案 1252 家，已经初具规模。上述社会组织开展区级、镇街级活动 300 余次，服务群众 13.6 万人次。最后，推动三社联动项目运作。余杭区针对党委政府重点工作部署、当地居民迫切需求解决的实际困难和矛盾纠纷，展开服务项目。2016 年以来开展各类城乡社区项目、农村社区公益项目、暖心为老服务项目、优抚服务项目、邻里协商幸福家园项目、网群共治项目等 450 余个；每年投入三社联动专项资金 350 万余元。将社会工作理念逐步从城市社区延伸至农村社区，推动形成城乡一体化发展格局，同时引导社会力量参与，促进政府职能向购买服务转移。

（五）制度建设是基础

基层治理过程中一些好的做法应当及时总结提炼，成为常态化、普遍性的制度机制。缺少制度建设，则做法和经验不仅很难推广，而且无法长期坚持。余杭为推动基层社会治理的各项工作能够顺利落地，建立了以下制度。一是建立一事一档、全过程公开晾晒制度。由民主协商议事会建立“一事一档”备案制度，利用村务公开栏等对协商事项和协商成果进行全过程公示，接受群众监督。例如，中泰街道南峰村对协商结果采取村报公开，发至每个农户，成功推动大到之江实验室项目征地工作、小到临时用工、犬类管理等议题 52 件。二是跟踪处理，实行挂牌销号制度。坚持结果导向，对协商结果进行持续动态跟踪，协商结果落地一个、销号一个，促进协商成果转化。余杭区深化村务监督委员会职能，全程参与协商监督以及绩效评估活动，及时将协商成果向村（社）党组织、村（居）民委员会反馈。例如，径山镇打造村监会“3+x”监督模式，在 3 名村监会成员基础上，根据不同议题确定专家、利益相关村民和热心村民参与监督，推动大事要事、关键小事 130 余项落实落地。三是优良经验交流制度。余杭区注重交流各村、社区在推动基层治理过程中形成的优良经验，提炼相关做法，并进行推广。例如，2019 年以来，有效助推了垃圾治理、老旧小区改善等 10 个区级民生实事、131 个镇（街）民生实事项目落地；切实提升了社会治理质效，为圆满完成全国“双创”活动周、良渚申遗等两大“国字号”任务提供坚实的基层基础和组织保障。

四　仍然面临的问题

尽管余杭在推动基层治理过程中形成了一套行之有效的方案，积累了若干有益的经验，但余杭在推动社会治理过程中仍然存在一些问题需要解决，一些障碍需要克服。

（一）治理机制有待完善

目前，基层治理与服务体系仍然有较强的公权力主导性，社会组织介入或参与仍然处于低级水平，“政社分离、协商互动”的治理与服务机制尚不完善。一是基层治理工作量大，基层干部承担行政职能大于服务职能，尽管一直提倡基层减负，也制定了职责事项进村社准入制度，但操作难度大、实效差。基层干部都被迫成为多面手，既要应对行政业务工作，也要参与综治维稳活动，还要化解复杂的基层矛盾。超强负荷的工作量导致部分基层治理工作受到影响。二是存在部门间职责不清、多重统筹的现象。基层治理涉及的问题复杂多样，很多问题可能会牵涉不同的部门，有的问题即便仅牵涉一个部门，但部门内部对于问题归属也可能存在不同意见。职责不清导致出现部分问题多部门争着处理、部分问题没有部门处理的局面。三是部分部门对基层社会治理工作意识还不强。一些机关企事业单位的基层治理工作理念还存在偏差，认为基层治理工作价值存在感低，无论是精神回报还是物质回报均不值一提，工作做得好不能得到奖励提拔，工作做得差反而可能会被问责。因此，部分单位在地方党委关注的领域可能会积极配合，一旦地方党委不重视，则会出现对某些基层治理工作懈怠、不愿配合的现象。

（二）综治隐患仍然存在

余杭现有的举措保证了基层社会基本稳定，但余杭人口倒挂造成的综治隐患仍然存在。一方面，未来几年余杭外来人口、流动人口仍会持续增长，随之而来的是公共管理成本的增加，以及针对社会治安、消防安全、食品安全、医疗卫生的监管难度增加。与之相对应的是，短期内余杭执法力量无法成比例扩张，投入基层治理的资源不能即刻变现，原本有效的经验会遭遇新的挑战。另一方面，随着外来务工人员、创业人员变成新余杭人，随之带来的是资源分配问题。即便余杭能够逐步推动经济权利、社会权利、政治权利均等化，但资源分配的不平等仍然会造成新余杭人心理落差。余杭地区外来人口与户籍人口比例约为 1.55 ∶ 1，这就意味着在资源短缺的情况下，会有更多的新余杭人难以公平获得资源，从而导致内心怨愤。例如，余杭推动外来务工人员子女就近入学，但附近学校学位不足，导致外来务工人员子女无法真正享受到教育福利，从而引发不满。

（三）社会力量有待挖掘

多元参与基层治理并不是设立一些社会组织、培训若干志愿者就可以实现，基层治理不仅需要充分发挥社会力量、激发社会活力，而且应当培育一定数量的专业人才。尽管余杭通过平台建设引导社会力量参与到基层治理中，但社会活力仍然未彻底激发，部分社会组织仍处于初级阶段，社会组织中的专业人才仍然处于匮乏状态。一方面，社会组织还处于分散化、小型化阶段，有活力、有能力、有影响力、能主动参与社区治理并发挥其专业化解社会矛盾、解决社会困难、提供社会服务等作用的社会组织少。而且，多数社会组织以依托政府支持和资助维持日常运作，独立管理运作、有效挖掘资源、自我造血能力有限，一旦政府放手不管，这些社会组织难以正常存续。另一方面，部分村社区工作者疲于应对行政部门的各种事务，帮助不同的行政部门收集基础数据、整理材料、制作报表等，这些专职的村社区工作者缺少时间和精力深入了解居民，无法提供满足居民多元需求的服务，也缺少时间接受更专业的培训，一定程度上影响了社会工作专业人才的转型发展。可以说，在社会力量未能有效激活的情况下，社会组织活力不足，加之缺乏专业人才，社会组织发展与社会工作专业人才培育尚未形成良性互补。

五　展望

党的十九届四中全会指出："实现政府治理和社会调节、居民自治良性互动，夯实基层社会治理基础，加快推进市域社会治理现代化。"余杭未来要围绕上述目标，加快推进社会治理体系法治化、治理能力现代化、治理队伍专业化。

（一）健全机制，完善治理体系

一是进一步拓展公众参与渠道，建构社会治理协同机制。公众有效参与是有效减轻基层政府工作人员负担的方式之一，政府应当进一步引导、培育社会组织、群团组织以及行业协会，充分发挥群团组织、社会组织作用，发挥行业协会商会自律功能，使其有序、有效地参与社会治理，建构政府治理和各类组织共同参与的协同机制，实现政府治理和社会调节、居民自治良性互动，夯实基层社会治理基础。二是进一步梳理部门职责权限，使部门职能更加优化、权责更加协同。应当根据法律法规进一步厘清有关基层治理的各项权限，实现基层社会治理全覆盖，破解重复管理和袖手旁观两个极端。此外，权责清单不仅要公开，而且要以老百姓看得懂的方式公开，依照社会公众生产生活的逻辑习惯公开，让公众看得懂、信得过、用得上。三是进一步强化社会治理意识，用好用足绩效评估指挥棒。余杭区针对社会治理开发了社会治理指数评估，通过评估情况对相关部门进行绩效考核，但上述考核的对象是镇街，没有触及区机关事业单位。事实上，社会治理的综合性与全面性与各个部门都有千丝万缕的联系。例如，教育部门若没有解决好适龄儿童入学问题，可能会引起大批家长的不满；市场监管部门没有解决好食品药品安全问题，可能会引起社会公众的愤慨。未来应当用好用足评估的指挥棒，将与社会治理有关的机关单位都纳入考核范围，通过考核逆向施压，提高对社会治理工作的重视程度。

（二）提高能力，应对社会风险

一是以“前瞻治理”理念重构社会治理体制机制。汇总分析各类信息，提前预判，有针对性地提前预判并作出处理。例如，近期实体企业经营出现困难和障碍，就应当预判可能出现大规模欠薪事件。二是进一步推进矛盾就地解决，构建矛盾高效处置机制。通过大数据应用，随时掌握社会治理的趋势，合理高效配置资源，推动矛盾纠纷就地解决。同时优化社会治理 ODR、机关“内跑”系统，实现对群众信访、矛盾纠纷化解、法律咨询、政策咨询等服务的线上受理、分流处置。三是进一步拓宽利益表达渠道，引导舆论走向，将社会风险发生的概率降到最低。一方面，要让社会公众及时了解自己的权益，知晓利益诉求表达的正规渠道，让公众能够正常表达心中所想。对此，可以针对不同群众年龄、文化和习惯，通过网站、微信、报纸、邮箱、来信来访等多种方式表达利益诉求。另一方面，则应当及时回应公众的疑问和困惑，同时坚持正确的舆论导向，抵制非法利益诉求。四是增强干部识别风险的意识，提高驾驭风险的能力。通过加强对领导干部的培训，提高干部对风险的识别水平，正确评估风险等级，提高运用法治思维和法治手段化解风险的能力。

（三）做强队伍，激发社会活力

一是加强社会工作者队伍建设。建立教育培训长效机制，各镇街开展社工三年轮训计划，推动社工持证率进一步提高。培育选拔一批高素质的社会工作领军人才，提升其实务能力和专业化水平。同时，规范专职社工队伍管理，建立动态薪酬体系，改善社区工作者工资福利待遇。根据社区规模、人口数量等因素调整专职社区工作者配备职数，规范社区工作者选任聘用。建立全区社区工作者管理信息库。二是充分利用高等院校资源，弥补专业人才不足。通过建立高校实践基地的形式，为大学生服务社会提供机会，帮助在校学生了解社会公益事业，增加实践经历，同时对于表现优异的大学生，应当由地方政府、社会组织反馈至所在高校，给予奖励或表扬，并对后续评优、奖学金予以优先考虑。三是推动社会组织逐步走向专业化。推动社会组织之间相互学习、借鉴，并逐步走向品牌化和专业化道路。同时不断提升区级社会组织大平台建设，推进镇街及村社社会组织服务平台建设，进一步推动平台实体化运作，通过资金、场地、能力建设及资助社会组织公益项目、开办补贴、评估、奖励等激发社区社会组织活力。

Abstract

Annual Report on Rule of Law in China No.18 (2020) (Blue Book of Rule of Law) comprehensively summarizes the situation of the rule of law in China in 2019 in such fields as legislation, administrative law, civil, commercial and economic law, criminal law and social law, carries out special analyses of the progresses made by China in 2019 in the development of the rule of law with respect to human rights protection, crime situation, the securities market, business environment, Internet platform employment, and the 5G age, systematically reviews the achievements made by China in the development of constitutional law and social law in the 70 years since the establishment of the People's Republic of China, and, in light of the existing problems, looks at the prospect of the development of the rule of law in China in 2020.

The Blue Book of Rule of Law continues to feature a series of assessment reports on the rule of law index. The Innovation Project Team on the Rule of Law Index of CASS Law Institute, taking web portals as the basis and using such methods as browsing of websites and verification by phone call, continued to carry out index assessment of the government transparency of 254 local governments, the judicial transparency of 94 courts, the procuratorial transparency of 82 procuratorates, the policy transparency of 36 public security organs, and maritime judicial transparency of 10 maritime courts in the whole country, objectively presents the achievements made by China in information disclosure, focuses on underlying problems, and puts forward suggestions on improvement.

This year's Blue Book of Rule of Law in China launches a number of investigation reports on the situation of the rule of law in China, which carry out comprehensive review and analysis of the practices of judicial governance in Zhuhai City of Guangdong Province, social governance guided Party building in Quzhou City of Zhejiang Province, and grassroots governance in Yuhang District of Hangzhou City, and summarize their generalizable experiences.

Contents

I General Report

Abstract: In the construction and development of the rule of law in 2019,

China has adhered to and improved the Party's leadership and taken active measures for realizing scientific and democratic legislation and responding to social demands, implementing administration by law and constructing a law-based government, improving civil, commercial and economic law and optimization of business environment, perfecting the criminal rule of law and safeguarding human rights, deepening judicial reform and realizing fairness and justice, strengthening the safeguards of the people's livelihood and jointly building a law-based society and beautiful China, making a great progress and laying a solid rule of law foundation for fully building a moderately prosperous socity. In 2020, faced with domestic and international pressure, especially the COVID-19 epidemic, China should focus its efforts on taking legal governance responsibilities, improving legislation in key and important fields, implementing administration by law, deepening judicial reform, promoting social governance citywide, and building a safe and secure China.

Keywords: the Rule of Law; Major Administrative Decision-Making; Administration by Law; Administration of Justice; Business Environment

Ⅱ Special Reports

Abstract: In 2019, legislative organs in China had focused on the central work of the CPC Central Committee and the State Council, closely kept up with reform needs, abided by the law of legislation, speeded up the updating of legislation, filled in legislative gaps, timely responded to the people's expectation for good life, and achieved marked results in the legislative work. More specifically, they had increased the efforts on economic legislation to continuously optimize business environment, improved the accuracy of the linkage between legislation and reform to ensure the law-based and orderly implementation of major reform measures, prioritized the legislation in the field of the people's livelihood to advance in a coordinated way the legislation in social, cultural and ecological fields and timely respond to public concerns, strengthened the legislative recordation and review work to advance the effective implementation of the Constitution, and clearly established the power of the National Supervisory Commission to adopt administrative regulations on supervision, intensified the efforts to listen to the opinions of those at grassroots levels, improved the system of disclosure of legislative information, continuously innovated legislative systems and mechanisms, and improved legislative quality and efficiency.

Keywords: Chinese Legislation; General Situation of Legislation; Evaluation and Analysis of Legislation; Prospect of Legislation

Abstract: China's experience of human rights protection in the 70 years since the establishment of the People's Republic of China shows that living a happy life is the primary human right. In 2019, China continued to make steady progresses in the development of human rights theory and the legal system of human rights protection, stepped up the effort on poverty reduction and endeavored to leave no one behind in the process of realization of the right of existence and the right to development, ensured the coordinated development of various human rights, including the right to health, the right to education, the right to social security, and the access to justice, and given equal protection to the rights of women, children, ethnic minorities, persons with disability, and the elderly. While comprehensively raising the level of the domestic protection of human rights, China has continued to participate with an open and cooperative gesture in the exchange and sharing of human rights experiences with other countries and in promoting the healthy development of global human rights governance.

Keywords: Path of Human Rights Development; Right of Existence; Right to Development; Right to Health; Global Human Rights Governance

B.4 Crimes in China: Situation in 2019 and Prospect in 2020

Gao Changjian / 066

Abstract: With the implementation of the strategy of ruling the country by law, the continuous advancement of the construction of Safe China, and the modernization of the social governance system, the overall crime situation in China has been improving continuously. In 2019, the terrorist crime had been effectively contained: the high crime incident situation had been put under control, and the rate of the crime had basically dropped to zero; under the favorable conditions created by the Special Campaign against Crime Syndicates, the rate of serious violent crimes continued to drop and the crime detection rate maintained at a relatively satisfactory level; at the same time, however, crimes of telemarketing scams and internet fraud, endangering public security and disrupting economic order still occurred frequently and caused great harms to society. In 2020, China should step up the effort to fight against crimes of endangering public security, crimes of disrupting economic order, crimes against property and crimes against women and children, continuously enhance the people's sense of safety, and build a higher-level Safe China.

Keywords: Crime Situation; Crime Rate; Public Security

Abstract: China initiated a new round of judicial reform in courts in 2019. It also initiated a new round of reform on the functional configuration and internal institutions of procuratorates in the same year. This round of reform is a component part of the comprehensive support reform of the judicial system and supporting measures aimed at deepening the reform through informatization, technicalization and intellectualization. With respect to the mechanism for the operation of judicial power, the competence of the trial committee has been further clarified, the assessor system elaborated, the mechanism for the unified application of law enriched, the level of informatization of judicial openness raised, the criminal as well as the civil procedure law reform improved. With respect to the safeguarding of litigation rights, China has ensured that every accused person is represented by a lawyer, attached importance to protecting through the criminal justice system the personal and property rights of entrepreneurs, further improved the judicial relief system, and ensured the steady operation of the state compensation system.

Keywords: Judicial Reform; Mechanism for the Operation of Judicial Power; Right of Action and Litigation Rights; Informatization

Abstract: The adoption of the revised Securities Law was a major event in the development of the rule of law in the securities market China in 2019. The revision of the law had taken nearly five years, in which a total of four deliberation drafts had been put forward. The whole revision process had been accompanied by twists and turns in the development of the securities market in China. The revised law abolishes at the level of legal text the system of examination and approval of the issuance of securities and replaces it with a registration system, strengthens the protection of investors and the punishment of violations, and establishes the securities representative litigation system. As such, it embodies many commendable progresses in the reform of the relevant institutions while at the same time also leaves some regrets. The practice of science and technology innovation board has provided an important sample of the development and the rule of law practice of the Chinese securities market, not only testing the entire market environment, but also posing more challenges to the risk prevention and investors protection system. With the adoption of the revised Securities Law and the advancement of the rule of law practice in the securities market, the development of the securities market will become an "institutional test field" of the capital market that captures the attention of the world and China will be able to find the key point and a balance point between the law of the market and the rule of law in the interaction between legal texts and their implementation.

Keywords: Revision of Securities Law; Definition of Securities; Registration System; Science and Technology Innovation Board; Securities Representative Litigation System

B.7 The Chinese Practice of Building a Law-Based Business Environment

Meng Tao / 103

Abstract: The year 2019 is the first year of building a law-based business of environment in China. In this year, China adopted the method of promoting the building of business environment through assessment, applied the World Bank Doing Business Index to carry out assessment, and vigorously developed government business environment assessment and various third-party assessments. These assessments have accurately diagnosed the relevant problems, provided strong motive for construction, and effectively changed the features of business environment. The building of law-based business environment in China is carried out in the following four fields: legislation, administration, justice and society. China has vigorously advanced the making, revision, and abolition of laws and administrative regulations on business environment, developed a normative system with administrative regulations and local regulations as the main body, and carried out assessment index-oriented administrative reform and established a more efficient, convenient, transparent, and democratic administrative mechanism. Judicial organs have overcome the difficulties in enforcement, and safeguarded business environment with professional trial, informatization, and judicial interpretation. Mechanisms for social participation and supervision have also been extensively established.

Keywords: Business Environment; the Rule of Law Construction; Assessment Method

Abstract: Since the world-wide rise of Internet platform employment along with the rapid development of mobile network technology, China, by relying on its information infrastructure and labor resource, has taken a leading position in the world in platform employment in terms of its scale and type. Meanwhile, platform employment has also led to legal disputes in China over such issues as how to determine the nature of the legal relations in this new form of employment. In view of the diversity of platform employment, we should not make a generalized conclusion on this issue, but divide platform employment into two categories according to their functions: autonomous platforms and organizational platforms, and accordingly take different regulatory measures. With respect to this innovative mode of employment, China should not mechanically apply the existing labor law norms, but adopt new norms with the vision of the digital age, and classify and adjust different forms of platform employment according to their characteristics. In the current institutional building, China should focus on the construction of a platform work-related injury insurance system, while at the same time strengthen government regulation, scientifically define platform responsibilities, and effectively control the social risks of platform employment.

Keywords: Platform Employment; Social Risks; Labor Law; Insurance against Work-Related Injuries; Platform Liability

B.9 Legal Preparation for the 5G Era in China

Wu Jun / 133

Abstract: The 5G era has raised higher demands on the construction of the rule of law in China. Firstly, China should further advance the reform of the telecommunications system in accordance with the principle of the rule of law, establish a telecoms supervision system compatible with the entire competition law system, encourage the competition between telecommunications operators, and ensure the independence and professionalism of telecom supervision organs. Secondly, China should ensure the security of the telecoms network, and seek certain legal consensus at the global level, so as to protect the interest of Chinese telecommunications manufacturers. Finally, the commercial use of 5G and the development of the telecommunications industry can be legally safeguarded only when the rights of individuals and users are safeguarded. All these require China to further advance the reform and expand the opening-up on the basis of the rule of law and effective protection individual rights.

Keywords: Reform of the Telecommunications System; Telecoms Supervision; Telecommunications Law; Protection of Personal Information

Ⅲ Seventy Years of Development of the Rule of Law in China

Abstract: The Constitution is closely linked to the future of the country and the fate of the people. A review of the development of the rule of law in China in the 70 years since the establishment of the People's Republic of China shows that the Chinese Constitution has always shared the same breath with the development of the times and provided basic normative basis for state governance in the country. The forty years of experience of the implementation of the current constitution has fully demonstrated that this constitution is a good constitution compatible with the national condition and the demands of the times. With the development of socialism with Chinese characteristics entering into a new era, the CPC Central Committee is attaching more and more importance to the role played by the implementation of the Constitution in state governance and in ruling the country by law in an all-round way, stressing that ruling the country by law is first and foremost ruling the country by Constitution, and exercising the ruling power by law is first and foremost exercising the ruling power by Constitution, and pointing out that the comprehensive implementation of the Constitution is the primary task and basic work of China in the construction of a socialist country under the rule of law. The Constitution is the general basis of the state governance system. In advancing the modernization of the state governance system and capacity, China should place the safeguarding of the implementation of the Constitution and the upholding of the authority of the Constitution in a more prominent position, continuously improve the systems and mechanisms for ensuring the comprehensive implementation of the Constitution, so as to push the constitution implementation to a new level.

Keywords: Constitutional Development; Constitutional Implementation; State Governance

Abstract: Social law is one of the seven branches of law in the system of socialist law with Chinese characteristics. Social laws are the laws made for the solution of social problems. They are social interest-oriented laws with universal social significance, aimed at protecting citizens' right of subsistence, realizing social justice, and promoting social welfare. In the 70 years since the establishment of the People's Republic of China, social law in China has undergone a process of exploration, transformation, development and continuous improvement. The development of socialism with Chinese characteristics in a new era has raised new demands on and brought new opportunities to the social law. In the future development of social law, China should adhere to good law and good governance, deepen theoretical research, safeguard the realization of social rights, and respond to actual social demands.

Keywords: Social Law; Social Security; Labor and Employment

Ⅳ Rule of Law Index

Abstract: In 2019, the CASS Center for the Study of National Rule of Law

Index and the Innovation Project Team on the Rule of Law Index of the CASS Law Institute continued to carry out third-party assessment of the work of openness of government affairs of 49 departments under the State Council, 31 provincial-level governments, 49 governments of larger cities, and 125 county (municipal or district) governments with respect to decision-making, management and service, enforcement and results, policy interpretation and response to public concern, and disclosure upon application. The assessment shows that, in 2019, the provisions on openness of government affairs had been gradually perfected, the openness of decision-making had been steadily advanced, and marked progresses had been made in the openness of government services, administrative law enforcement and management results. In the future, China needs to further enhance the consciousness of openness, pinpoint public demands, integrate openness into the whole process of government operation, and raise the level of informatization safeguards.

Keywords: Openness of Government Affairs; Government Transparency; Rule of Law Index; Government Websites

Abstract: In 2019, the Innovation Project Team on the Rule of Law Index of CASS Law Institute carried out assessment of indices of judicial transparency of 94 courts throughout the country in the following five aspects: openness of trial affairs, disclosure of trial information, disclosure of enforcement information, openness of judicial data and disclosure of judicial reform information. The assessment shows that, in 2019, China has continuously elaborated the provisions on judicial openness, expanded the scope of openness, and attached increasing importance to the construction of platforms of judicial openness. However, there are still some prominent problems in the current work of judicial transparency in China, including imperfect mechanism for the normalization of judicial openness, unsatisfactory openness in some fields, lack of standardization in the disclosure of information, and unbalanced development of the construction of platforms of openness, which should be solved by further enhancing the consciousness of openness, elaborating standards of openness, and clarifying the responsibilities for openness.

Keywords: Judicial Openness; Judicial Transparency; Judicial Reform; Rule of Law Index

Abstract: In 2019, China had continuously deepened the reform of the judicial system and steadily advanced procuratorial reform. As a result, judicial and procuratorial openness has become a consensus among courts and procuratorates at various levels throughout the country. Against this background, China has achieved marked results in procuratorial openness. The disclosure of information about staff members of procuratorial organs has been continuously popularized, the openness of procuratorial documents has been pushed to a new level both in terms of breadth and in terms of depth, and more and more categories of reports have been made public. Generally speaking, procuratorial activities are becoming more open, transparent, and convenient and friendly to the public. To adapt to the demands of the new era, China needs to plan and advance the openness of procuratorial affairs at a higher starting point, continuously enhance the quality and effect of procuratorial openness by focusing on the central work, attach importance to the development of new functions of openness of procuratorial affairs, expand public participation through openness, strengthen policy interpretation and response to public concerns, make procuratorial work more convenient for the people, more intelligent and more efficient, and enhance the procuratorial credibility in a new era.

Keywords: Procuratorial Openness; Web Portals; Rule of Law Index; Procuratorial Service

Abstract: In 2019, the Innovation Project Team on the Rule of Law Index of CASS Law Institute further improved the Chinese police transparency index system and carried out assessment from the perspective of the websites of public security organs of the transparency of police affairs of public security organs in four municipalities directly under the Central Government, 27 provincial capitals, and five municipalities with independent planning status. The assessment shows that the assessment targets have done a good job of disclosing information about their functional structure, made breakthroughs in the disclosure of their personnel and financial information, released their reports on the construction of a law-based government in a satisfactory way, and kept the channels of interaction between the police and the public smooth and given feedbacks in a timely manner. Some public security organs have also provided the public with powerful "microservices". The assessment also reveals some problems in the work of openness of police affairs in 2019, including the strong propaganda color, unreasonable setup of columns, excessive collection of personal information, scattered platforms, insufficient disclosure of information about the powers and obligations of the police, overly narrow understanding of information disclosure, and inconsistency between the scope of information processing and the scope of information disclosure. In the future, China should increase the transparency of police affairs by being demand-orient, carrying out intelligent police work, strengthening the disclosure of documents, and establishing and disclosing standards of confidentiality.

Keywords: Transparency of Police Affairs; Openness of Law Enforcement; Big Data; Rule of Law Index

B.16 Report on Indices of Maritime Judicial Transparency (2019): From the Perspective of Disclosure of Information through the Websites of Maritime Courts

Innovation Project Team on the Rule of Law Index of CASS Law Institute / 276

Abstract: In 2019, the Innovation Project Team on Rule of Law Indices, CASS Law Institute, carried out the seventh assessment of the situation of judicial transparency of maritime courts in China. The result shows a steady improvement in the maritime judicial transparency in China, which was manifested in the English version websites, the volume of maritime adjudication whitepapers, and the publication of typical maritime cases. At the same time, some shortcomings have not been changed as well, such as the regular regime of update was not set up yet, and the polarization was clearer. With the increasing strength of open reform, maritime adjudication becomes more and more important. Judicial openness is an effective way to help uniform standard of judgment, improve judicial credibility, and promote international influence. China should further enhance the strength of judicial openness, increase maritime judicial transparency, issue maritime trial whitepapers, and explore maritime guiding case regime.

Keywords: Maritime Court; Judicial Transparency; Judicial Openness; Rule of Law Index

V Survey of National Situation of the Rule of Law

Abstract: Social governance is a huge systematic and long-term social project. Against the background of the modernization of state governance system and capacity, the Government of Zhuhai City has grasped firmly the general requirements put forward by the Communist Party of China at the Fourth Plenary Session of its Nineteenth Central Committee, given full play to the unique role played by administration of justice in social governance, and gradually explored and developed a judicial governance mode with characteristics of the times, regional characteristics and Zhuhai characteristics. This project takes the Zhuhai practice as a sample to deepen the understanding of judicial subjects and their social functions under the concept of "big justice" and put forward the idea that the process of judicial governance is an important process of construction of a law-based society that embodies the deep integration of judicial governance and social governance, the effective expansion of the social functions of administration of justice, and the effective allocation of judicial resources, and that its main objective is to build a law-based society compatible with the modernization of state governance system and capacity and capable of enhancing the people's sense of gain, sense of happiness and sense of security.

Keywords: Judicial Governance; Judicial Subjects; Social Functions of Administration of Justice; Law-Based Society

B.18 The Quzhou Experience of Guiding Grassroots Governance by Party Building

Innovation Project Team on the Rule of Law Index, CASS Law Institute / 293

Abstract: The Communist Party of China pointed out at the Fourth Plenary Session of its Nineteenth Central Committee that adhering to centralized and unified Party leadership is one of the prominent advantages of the state system and state governance system in China, and therefore, the Party's leadership must be implemented in every field, every aspect and every link of state governance. Grassroots social governance must be guided by grassroots Party building and take grassroots Party building as a prerequisite. Currently, the "weakening, non-substantialization and marginalization" of grassroots Party organizations and "the refusal to regard grassroots Party members as Party members by Party organizations, by the masses and even by Party members themselves" have become a major obstacle to grassroots Party building and a huge threat to grassroots social governance. The Government of Quzhou City, Zhejiang Province have explored an innovation way of guiding grassroots governance by Party building, constructed an institutional framework and operational structure with "four bigs (big Party-building guidance, big coordinated governance, big data application and big integrated advancement)" and "five pluses" (Internet plus grid, online plus offline, institution plus technology, revolution plus rotation, and commonality plus particularity) as the main content, speeded up the development of a new grassroots governance pattern characterized by "integration of law enforcement, management and service", "integration of self-governance, the rule of law, and the rule of virtue", "attaching importance to the combination of three preventions (namely combining prevention by human resources, prevention by material means and prevention by scientific technological means)", and "simultaneous advancement of joint construction, joint governance and sharing", thereby responding to new epochal challenges, continuously enriching the practical experience and theoretical exploration of grassroots Party building, and providing standards, plans, and samples for grassroots governance in China.

Keywords: Grassroots Party Building; Social Governance; the Mass Line

Abstract: Against the backgrounds of migrant residents outnumbering permanent residents, insufficient law enforcement force, and increasing social pressure, the Government of Yuhang District of Hangzhou City has adopted positive thinking, taken positive actions, and utilized informatized means, continuously innovated regulatory methods, made up for the deficiency in the regulatory force, promoted grassroots democratic consultation, prevented, resolved or eliminated various contradictions, disputes and risks in social governance, and gradually advanced the law-based, professionalized and modernized grassroots social governance. Meanwhile, Yuhang District is still faced with such problems as imperfect governance mechanism, hidden dangers in comprehensive management, and underdeveloped social force in grassroots governance. In the future, the Government of Yuhang District should further improve the grassroots social governance mechanisms and systems, enhance the capacity for coping with social risks, stimulate social vitality, and cultivate a professional grassroots social governance team.

Keywords: Democratic Consultation; Conflict Resolution; Intelligent Governance

皮书

智库报告的主要形式
同一主题智库报告的聚合

✧ 皮书定义 ✧

皮书是对中国与世界发展状况和热点问题进行年度监测，以专业的角度、专家的视野和实证研究方法，针对某一领域或区域现状与发展态势展开分析和预测，具备前沿性、原创性、实证性、连续性、时效性等特点的公开出版物，由一系列权威研究报告组成。

✧ 皮书作者 ✧

皮书系列报告作者以国内外一流研究机构、知名高校等重点智库的研究人员为主，多为相关领域一流专家学者，他们的观点代表了当下学界对中国与世界的现实和未来最高水平的解读与分析。截至 2020 年，皮书研创机构有近千家，报告作者累计超过 7 万人。

✧ 皮书荣誉 ✧

皮书系列已成为社会科学文献出版社的著名图书品牌和中国社会科学院的知名学术品牌。2016 年皮书系列正式列入“十三五”国家重点出版规划项目；2013~2020 年，重点皮书列入中国社会科学院承担的国家哲学社会科学创新工程项目。

中国皮书网

（网址：www.pishu.cn）

发布皮书研创资讯，传播皮书精彩内容

引领皮书出版潮流，打造皮书服务平台

栏目设置

◆ 关于皮书

何谓皮书、皮书分类、皮书大事记、

皮书荣誉、皮书出版第一人、皮书编辑部

◆ 最新资讯

通知公告、新闻动态、媒体聚焦、

网站专题、视频直播、下载专区

◆ 皮书研创

皮书规范、皮书选题、皮书出版、

皮书研究、研创团队

◆ 皮书评奖评价

指标体系、皮书评价、皮书评奖

◆ 互动专区

皮书说、社科数托邦、皮书微博、留言板

所获荣誉

◆ 2008 年、2011 年、2014 年，中国皮书网均在全国新闻出版业网站荣誉评选中获得“最具商业价值网站”称号；

◆ 2012 年，获得“出版业网站百强”称号。

网库合一

2014年，中国皮书网与皮书数据库端口合一，实现资源共享。

基本子库
SUB DATABASE

中国社会发展数据库（下设 12 个子库）

整合国内外中国社会发展研究成果，汇聚独家统计数据、深度分析报告，涉及社会、人口、政治、教育、法律等 12 个领域，为了解中国社会发展动态、跟踪社会核心热点、分析社会发展趋势提供一站式资源搜索和数据服务。

中国经济发展数据库（下设 12 个子库）

围绕国内外中国经济发展主题研究报告、学术资讯、基础数据等资料构建，内容涵盖宏观经济、农业经济、工业经济、产业经济等 12 个重点经济领域，为实时掌控经济运行态势、把握经济发展规律、洞察经济形势、进行经济决策提供参考和依据。

中国行业发展数据库（下设 17 个子库）

以中国国民经济行业分类为依据，覆盖金融业、旅游、医疗卫生、交通运输、能源矿产等 100 多个行业，跟踪分析国民经济相关行业市场运行状况和政策导向，汇集行业发展前沿资讯，为投资、从业及各种经济决策提供理论基础和实践指导。

中国区域发展数据库（下设 6 个子库）

对中国特定区域内的经济、社会、文化等领域现状与发展情况进行深度分析和预测，研究层级至县及县以下行政区，涉及地区、区域经济体、城市、农村等不同维度，为地方经济社会宏观态势研究、发展经验研究、案例分析提供数据服务。

中国文化传媒数据库（下设 18 个子库）

汇聚文化传媒领域专家观点、热点资讯，梳理国内外中国文化发展相关学术研究成果、一手统计数据，涵盖文化产业、新闻传播、电影娱乐、文学艺术、群众文化等 18 个重点研究领域。为文化传媒研究提供相关数据、研究报告和综合分析服务。

世界经济与国际关系数据库（下设 6 个子库）

立足“皮书系列”世界经济、国际关系相关学术资源，整合世界经济、国际政治、世界文化与科技、全球性问题、国际组织与国际法、区域研究 6 大领域研究成果，为世界经济与国际关系研究提供全方位数据分析，为决策和形势研判提供参考。

法律声明